VADIM TSCHENZE

Wer war ich in meinem früheren Leben?

Buch

Jeder Mensch hat von Geburt an verschiedene Lernaufgaben. Doch oftmals erweist es sich als schwierig, diese Anforderungen zu ergründen. Hier gibt uns Vadim Tschenze mit seinem Buch einen unverzichtbaren Kompass an die Hand, mit dessen Hilfe wir befähigt werden, entscheidende Einsichten über uns selbst und unseren Lebensweg zu gewinnen: So erfahren wir u.a., wie wir unser Karma reinigen oder Probleme bewältigen können, weil wir deren Herkunft und Ursachen verstehen. Abgerundet wird seine Karma-Lehre mit konkreten und nützlichen Tipps für den Alltag.

Autor

Vadim Tschenze arbeitet seit Jahren als praktizierender Vetucha-Geistheiler und Schamane am Bodensee in der Schweiz. Er wurde 1973 in eine russische Familie geboren, in der das Heilen durch Spiritualität seit Generationen gepflegt wird. Vadim Tschenze selbst beschäftigt sich seit seinem zwölften Lebensjahr mit schamanischem Geistheilen, dem Medizinrad sowie mit den Themen Karmabewältigung und Planetencode. Zudem entwickelte er das schamanische Aurakorrektur-Verfahren.
Er bietet Workshops und Seminare in den Bereichen Impulslehre, schamanische Karmaheilung, Vetucha-Healing-Methode, Channeling, Kräuter- und Edelsteinlehre an, moderiert Fernsehsendungen und leitet eine Akademie für Geistheilen, Schamanismus und Medialität in Tägerwilen bei Konstanz.

Von Vadim Tschenze sind bei Goldmann außerdem erhältlich:

Vadims Methode (22073)
Vetucha-Heilung (22136)

Vadim Tschenze

Wer war ich in meinem früheren Leben?

Die alte russische Karma- und Reinkarnationslehre

GOLDMANN

Der Goldmann Verlag weist ausdrücklich darauf hin,
dass im Text enthaltene externe Links vom Verlag nur bis zum Zeitpunkt
der Buchveröffentlichung eingesehen werden konnten. Auf spätere
Veränderungen hat der Verlag keinerlei Einfluss. Eine Haftung
des Verlags für externe Links ist stets ausgeschlossen.

Verlagsgruppe Random House FSC® N001967

1. Auflage

Originalausgabe Juli 2016
© 2016 Wilhelm Goldmann Verlag, München,
in der Verlagsgruppe Random House GmbH,
Neumarkter Str. 28, 81673 München
Umschlaggestaltung: UNO Werbeagentur, München
Umschlagmotiv: © FinePic®, München
Lektorat: Ingrid Lenz-Aktaş, Aschheim
fm · Herstellung: cb
Satz: Satzwerk Huber, Germering
Druck: GGP Media GmbH, Pößneck
Printed in Germany
ISBN 978-3-442-22143-1

www.goldmann-verlag.de

Inhalt

Vorwort 9

Kapitel 1
Evolution unseres Daseins 13
   Baba Waljas Weisheiten 13
   Reinkarnation 19
   Unsere Welt 20

Kapitel 2
Was ist Karma? 25
   Was versteht man unter Karmalehre? 26
   Warum wissen Sie nichts über Ihre letzten Leben? 28
   Wie arbeitet Karma? 33
   Absurde Fälle, karmische Beispiele 34
   Tipps zur Verbesserung von Karma 40
   Wie kann man Karma messen und bestimmen? 44

Kapitel 3
Niemand kann nichts beweisen 45
   Was erwartet uns nach dem physischen Tod? 47
   Der Glaube in der Gegenwart 51
   Ihr persönlicher Weg zur Selbstvervollkommnung 56

Wer soll besonders auf Karma achten	59
Fünf Elemente	59

Kapitel 4
Ihre Datumswerte

	63
Persönliche Werte nach dem Geburtsdatum	63
Waren Sie Mann oder Frau?	77
Berechnung der Todesursache des letzten Lebens	79
Finden Sie sich selbst	80

Kapitel 5
Berechnungen Ihres letzten Lebens

	83
Widder 21. | März – 20. April	83
Stier 21. | April – 20.Mai	101
Zwilling 21. | Mai – 21.Juni	118
Krebs 22. | Juni – 22. Juli	135
Löwe 23. | Juli – 23. August	151
Jungfrau 24. | August – 23. September	168
Waage 24. | September – 23. Oktober	186
Skorpion 24. | Oktober – 22. November	204
Schütze 23. | November – 21. Dezember	222
Steinbock 22. | Dezember – 20. Januar	239
Wassermann 21. | Januar – 19. Februar	257
Fische 20. | Februar – 20. März	276

Nachwort 295

Literatur 297

Seminare 298

Dank

Ich danke allen, die mir bei der Erstellung dieses Buches von Anbeginn zur Seite standen. Mein besonderer Dank gilt meiner Familie, meinen Ahnen und dem Verleger. Ich bedanke mich aber auch bei all meinen Lesern und Schülern, die mich bei meiner Arbeit motiviert haben.

Vadim Tschenze

Vorwort zur neuen Auflage

Lieber Leser,
ich habe dieses Buch bereits vor mehreren Jahren zum ersten Mal veröffentlicht. Doch bleibt man nicht stehen, sondern entwickelt sich ständig weiter. Auch die Reinkarnationslehre verändert sich. Deshalb halten Sie nun eine komplett überarbeitete Auflage in Ihren Händen.

Die Impulse der Neuzeit beschleunigen Ihr Leben. Einige Erlebnisse aus der Vergangenheit kommen an die Oberfläche. Nicht jeder kann sie jedoch verstehen. Durch mein Buch werden Sie mehr Durchblick in Ihrem eigenen Leben erhalten und dadurch einiges besser verstehen lernen.

In diesem Buch möchte ich mit Ihnen das Thema Reinkarnation und Karma besprechen. Ich gebe Ihnen das Werkzeug an die Hand, beide Begriffe zu verstehen und anzuwenden. Wir werden von unserer Evolution reden, von Problemen, die wir heute haben, und wie wir diese Probleme beseitigen können. Nach dem Lesen des Buches werden viele Fragen, die Sie sich schon lange gestellt haben, beantwortet sein. Sie werden verstehen, was mit Ihnen und mit Ihrer Welt passiert. Jeder hat schließlich eine eigene Realität. Erkennen Sie sie!

Nichts im Leben passiert einfach so. Für alles, buchstäblich für jeden Vorfall gibt es einen Grund. Wir leben in der Zeit, in der die Menschheit neue Wege sucht, um sich zu entwickeln und weiterzukommen. Wir können sie als »Wassermannzeit« oder auch »Neuzeit« bezeichnen. Menschen befinden sich in einer Phase, in der sie nicht nur existieren, sondern auch leben können. Sie glauben heute an Ufos, können die eigene Aura fotografieren, sprechen mit dem Jenseits und kommunizieren mit den Schutzengeln. Menschen fangen an zu erkennen, dass man nicht alles ablehnen darf, was man nicht sieht oder nicht versteht, und dass es noch mehr Unentdecktes zwischen Erde und Himmel gibt, als sie fühlen oder sehen können. Noch vor zwanzig Jahren haben wir uns einiges, was wir heute sehen oder hören, nicht vorstellen können; wir erkennen langsam unsere Aufgaben auf diesem Planeten, unseren göttlichen Ursprung und unsere Möglichkeiten.

Dieses Buch wird Ihnen unter anderem helfen, Ihre Fähigkeiten zu entdecken und zu erweitern. Es eignet sich für jeden, der sich finden will, und für Menschen, die spirituelle Beratungen durchführen. Ich bitte Sie, mit mir zusammen sich selbst zu erforschen und die noch nicht entdeckten Möglichkeiten ans Licht zu bringen. Denn Sie sind hier, um sich weiterzuentwickeln und die Welt des Unbekannten kennenzulernen. Ihre unsterbliche Seele ist nicht zum ersten Mal hier, sie kennt andere Zeiten, andere Völker und andere Religionen, andere Umstände und Charaktere. Tibeter wissen schon im jetzigen Leben, als was und wo sie im nächsten Leben geboren werden. Deshalb achten Sie darauf, was Sie in diesem Leben vollenden möchten. In dem, wie Sie heute leben, bestimmen Sie das Schicksal Ihrer weiteren Leben, Ihre Zukunft und die Zukunft Ihrer Kinder.

Die reale Welt kann man sich wie einen Eisberg, der in der Antarktis schwimmt, vorstellen. Oben, oberhalb des Wassers, befinden sich Ihre Gedanken und Ihr Wissen, Ihr Gedächtnis und Ihre Erfahrung. Das, was unter Wasser liegt, der größte Teil des Eisbergs, ist Ihr Unterbewusstsein, das, was Sie noch nicht kennen oder wieder vergessen haben. Auf diesem größeren Teil basiert Ihre Energie und Ihre Welt. Sie können diese kennenlernen und entdecken. Denn alles ist eins und miteinander verbunden. Diese versteckte Seite des Daseins ist von dem Ganzen nicht getrennt, sondern eher vor Ihren Augen versteckt, bis Sie sich dafür zu interessieren beginnen.

Öffnen Sie zunächst diese Grenzen. Fangen Sie an, sich kennenzulernen und zu finden. Erfahren Sie, wer Sie sind und wo Sie waren. Ihre persönlichen Ausrechnungen, die Sie mittels dieses Buches machen werden, gelten für alle, die in Europa, Amerika und Asien geboren sind.

Viel Spaß beim Lesen und möge meine Arbeit vielen Menschen zu mehr Lebensfreude verhelfen.

Ihr Vadim Tschenze

Kapitel 1

Evolution unseres Daseins

Baba Waljas Weisheiten

Lieber Leser,
dieses Buch ist etwas ganz Besonderes. Menschen leben in einer Welt, die sie nicht immer verstehen. So entstehen Ängste zu leben und viele offenen Fragen. Diese Welt funktioniert nach ihren eigenen Gesetzen, und sie birgt viele Überraschungen. Doch kann man durch verschiedene Methoden einige Geheimnisse dieser Welt entschlüsseln und viele Probleme bewältigen.

Man lebt sein Leben, und irgendwann stellt man sich folgende Fragen: »Warum lebe ich gerade hier?«, »Was sind meine Aufgaben?«, oder auch: »Was habe ich hier auf der Erde verloren?« Um diese Fragen zu beantworten, versuchen Menschen zu forschen, zu lesen und sich weiterzubilden. Man kann diese Welt analysieren und einiges lernen. Denn sie ist eine Projektion. Alles ist in dieser Welt verbunden, und es gibt Tausende Kettenreaktionen in ihr. Auch Ihr Leben unterliegt geistigen Gesetzen dieser Welt – Gesetzen, die unabhängig von Ihrem Geist funktionieren. Sie waren vor Millionen Jahren da und regieren die Erde bis heute. Durch dieses Buch können Sie einige Projektionen dieser Welt oder, anders gesagt, die verschiedensten Spiegelungen erkennen und werden verstehen, warum Ihr Leben so verläuft, wie es verläuft.

Jeder Mensch hat verschiedene Lernaufgaben. Doch es ist immer schwer, diese Aufgaben zu verstehen. Die Lektüre meines Buches bringt Ihnen Erkenntnisse über Sie selbst und über Ihr Dasein. Sie leben in den Begriffen von Raum und Zeit. Menschen haben die Veranlagung, alles zu begrenzen. Doch es gibt keine Grenzen in dieser Welt.

Wie verläuft Ihr Leben weiter? Kommen Sie immer damit klar? Ist es gut so, wie es ist, oder kämpfen Sie immer wieder mit verschiedenen Problemen? Man kann viele Probleme bewältigen, wenn man weiß, wie das geht und woher diese Probleme kommen. Genau darum geht es in diesem Buch! Hier finden Sie viele nützliche Tipps für den Alltag! Altes Wissen, das auch heute helfen kann, das eigene Leben zu genießen und Harmonie zwischen Körper, Geist und Seele zu schaffen, wird Ihnen vermittelt. Auch einige neue Erkenntnisse werden Sie durch dieses Buch gewinnen. Finden Sie Ihr Leben lebenswert? Wenn Sie gerade darüber nachgrübeln, ob sie es als lebenswert empfinden, ist das Buch womöglich ein Rettungsring für Sie! Hier finden Sie Antworten von A bis Z auf viele Fragen, die Sie sich stellen. Profitieren Sie von diesem Wissen! Dieses Wissen müsste jedem zugänglich gemacht werden, und genau das habe ich mir zum Ziel gesetzt. Leben Sie leichter und sinnvoller mit diesen Informationen!

»Wenn man die schwarze Vergangenheit mit der hellen Zukunft zusammenlegt, dann ergibt sich graue Gegenwart«, so sagte meine Großmutter. Sie lebte nach geistigen Gesetzen und lehrte mich, auch nach diesen Gesetzen zu leben.

Die wichtigsten Leitsätze im Leben, die Sie haben sollten und die auch Ihren Freunden für ihr Leben unvergessen bleiben und eine ständige Herausforderung bieten, sind:

»Vor Gott sind alle gleich.«
»Lasse dich nie brechen, auch wenn es dir das Herz bricht.«
»Lasse keine Verbitterung in dein Herz hinein.«
»Kämpfe für Gerechtigkeit und Frieden, nicht gegen Menschen.«
»Versuche Zufriedenheit in deinem Herzen zu finden.«

»Beurteile Menschen nach ihrer Herzenswärme, nicht nach Äußerlichkeiten.«

Meine Großmutter Baba Walja war eine sehr weise Frau. Sie lehrte mich weitere karmische Gesetze. Hier ist eine Auswahl davon:

»Der Weg von der Jugend bis zum Alter ist sehr kurz und steinig. Vergiss dich selbst nicht auf diesem Weg!«

»Jeden Tag siehst du Menschen, die zwar Ohren haben, aber nichts hören, und die zwar Augen haben, aber nichts sehen … Höre auf dein Herz! So lebst du dein Karma.«

»Der Mensch wird geboren, und gleichzeitig wird sein Schicksal geboren. Sei deinem Weg würdig.«

»Der Mensch muss alles erforschen, beobachten und analysieren. Er sucht nach viel und findet oft nichts. Der Mensch ist jedoch ein Teil der Welt und ist durch Gottes Licht geladen. Finde das Licht!«

»Einige denken, wenn sie über Geld verfügen, wäre alles möglich. Oft ist es so, dass das Geld über die Menschen verfügt. Man kann durch Geld etwas freier werden, man kann jedoch dadurch nicht klüger werden. Man kann für Geld keine Liebe oder Gesundheit kaufen. Diese Werte muss man bewahren.«

»Einige denken: ›Ich werde reich und alles wird gut‹, doch das Leben ist anders. Das Geld ist ein Mittel, aber kein Ziel des Lebens. Finde deine Ziele.«

»Man sollte gütig sein. Schaue die Kirschbäume an: Im Frühling sind sie voll mit Blüten, aber einige davon bringen keine Früchte. Nur die werden zur Frucht, die Freude bekommen haben. Schenke Freude an deine Mitmenschen.«

»Du hast nichts außer dir selbst. Der wichtigste Mensch in deinem Leben bist du, liebe also diesen Menschen!«

»Alles ist von oben bestimmt. Glaube an die Kraft des Universums! Wenn ein Mensch arbeitet und an das Universum glaubt, findet er immer eine Antwort auf seine Fragen. Früher oder später wird er unterstützt.«

»Auf jede Frage existiert eine Antwort. Man sollte nur lernen, die Fragen richtig zu stellen.«

»Manche Menschen machen ihre schönen Jahre zu den unschönsten, damit die unschönen noch unschöner werden. Lebe heute und nicht morgen!«

»Wir leben in einer schweren Zeit. Oft regiert das Geld diese Welt, jedoch nicht das Leben.«

»Viele Menschen denken sich neue Kleidung, neue Gesetze und neue Verhaltensweisen aus und vergessen zu leben.«

»Das menschliche Herz ist mit dem Kosmos verbunden und der Kopf mit Mutter Erde. Höre auf dein Herz und du wirst keine Fehler machen.«

»Denke nicht, dass das ganze Leben vor dir liegt! Die Zeit zwischen Jugend und Alter ist zu kurz. Lerne, dich zu entspannen und zu leben. Lerne, dich zu lieben!«

»Wie jeder Blinde weiß, dass es Licht gibt, wie jeder Kranke weiß, dass auch Gesundheit existiert – so sollte jeder Mensch wissen, dass es eine göttliche Kraft gibt, die alles zusammenhält. Vertraue!«

»Deine Worte sind materiell. Denke, bevor du redest. Was willst du erschaffen?«

»Mache heute das, was man heute erledigen kann. Heute ist doppelt so viel wert wie morgen.«

»Wenn man Menschen auf der Straße anschaut, sieht man oft Greise. Oft könnten diese Menschen Schilder tragen, auf denen steht ›Ich bin hochnäsig‹, ›Ich bin der Beste‹ oder ›Ich bin ein Mobber‹, ›Ich bin ein Lügner‹ oder ›Ich bin der Besserwisser‹. Das einzige Schild, das jedoch getragen werden sollte, ist ›Ich bin ein Mensch‹.

»Wenn du in deiner Seele nicht verzeihen kannst, bist du ein Nichts. Verzeihen ist der Anfang der Liebe! Lasse los! Fange an zu leben!«

»Jedes Lebewesen auf der Erde sowie die Erde selbst unterstehen kosmischen Gesetzen. Zerstörst du Harmonie, zerstörst du dich selbst. Lerne zu verzeihen und erlebe Liebe!«

»Wir kommen und gehen – was spielt es für eine Rolle, wie lange man gelebt hat, wenn man in dieser Zeit nichts erschaffen konnte und nichts hinterließ? Was hinterlässt du hier?«

»Deine Talente sind wie Münzen. Man kann sie zur Zahlung verwenden oder vergraben. Doch bewegen vergrabene Münzen nichts in der Welt. Suche nach deinen Münzen (Talenten)!«

»Leben nur für sich selbst ist kein Leben. Nur gute Taten Menschen gegenüber machen aus Menschen Menschen.«

»Keiner kann alleine alles schaffen oder das Leben leben. Nur zusammen hat das Leben Wert. Lasse Menschen in dein Leben!«

»Man sollte sich über Vergangenheit oder Gegenwart nicht beklagen. Ohne Veränderungen gibt es kein Leben. Leben ist immer eine Veränderung! Sieh nach vorne!«

»Das Alte vergeht, und das Neue kommt. Wenn ein Weg beendet ist, wird immer ein neuer Weg offenbart.«

»Achte auf deine Gesundheit. Kümmere dich schon in jüngeren Jahren um sie, sonst wird es nichts mehr geben, um was man sich im Alter noch kümmern könnte.«

»Es gibt nichts Gutes oder Schlechtes in dieser Welt. Es gibt nur deine Wahrnehmung, was gut oder schlecht wäre. Alles geschieht im Kopf. Frage immer dein Herz danach, was gut ist.«

»Alles in diesem Leben ist zeitbegrenzt, auch Pechphasen. Freue dich auf schöne Zeiten!«

»Man ist erst dann frei, wenn man aufhört zu überlegen, was andere über einen denken oder sagen.«

»Derjenige siegt in diesem Leben, der sich selbst besiegt hat.«

»Lerne abzuwarten! Der, der warten kann, ist mutig. Der, der mutig ist, ist klug und glücklich.«

»Einige schätzen Bücher nach Seitenzahlen. Das wahre Wissen ist kurz und bündig und einfach zu verstehen.«

»Setze deine Pläne schnell in die Tat um. Etwas nicht zu schaffen, ist immer besser, als etwas nicht anzufangen. Wer nichts riskiert, erlebt ganz wenig in diesem Dasein!«

»Habe keine Angst vor Freunden, im schlimmsten Fall verraten sie dich. Habe keine Angst vor Feinden, im schlimmsten Fall töten sie dich. Habe Angst vor Ignoranten und Gleichgültigen, durch ihr Schweigen geschehen die schlimmsten Dinge in dieser Welt.«

»Es gibt keinen schlauen Menschen, der sein Schicksal umgehen könnte. Nimm das Leben so an, wie es ist, und mache das Beste daraus.«

»Mache nie etwas, was nicht aus dem Herzen kommt. Bleibe dir treu. Frage immer das Herz, was es sich wünscht.«

»Willst du klug sein, dann lerne zuzuhören, zu schweigen, richtige Fragen zu stellen und zu beantworten und höre zu reden auf, wenn nichts mehr zu sagen ist.«

»Die Zahl der Jahre ist nicht die Länge des Lebens. Du lebst, indem du liebst und geliebt wirst.«

Wahre Worte meiner Oma Baba Walja ... Menschen entwickeln sich und lernen permanent etwas Neues. Sie wachsen und befinden sich immer in einer Entwicklungsphase. Ihr Geist, Ihre Seele – nenne jeder es so, wie er mag – macht eine Evolution durch. Wie verläuft die Evolution des Kosmos, der Seele, der Erde und des Universums?

- Die körperliche Evolution eines Menschen beinhaltet folgende Etappen: Zuerst werden Sie gezeugt, dann werden Sie geboren. Sie leben als Kind, dann als Pubertierender, als Reifender und schließlich als Erwachsener. Dann kommen das Altern, der Tod, die Wiedergeburt und so weiter. Es ist eine unendliche Evolution.
- Die seelische Evolution beinhaltet ebenfalls mehrere Etappen. Sie verläuft durch mehrere Daseinsebenen, durch Reinkarnationen. Ihre Seele verbessert ihre Substanz und sammelt ihre Erfahrungen.
- Die kosmische Evolution beinhaltet beide oben genannten Komponenten, sie ist die Summe von beiden.

Jede Evolution und Reinkarnation ist einem karmischen Gesetz untergeordnet. Das ist ein Gesetz des Universums. Viele Menschen verstehen nicht, was Karma ist und warum es ein Karma gibt, sie fragen sich, wozu das alles? Allerdings ist alles viel einfacher, als Sie sich das vorstellen. Karma bedeutet Evolution. Menschen, die verstehen, was eine Evolution ist, können auch den Begriff Karma definieren. Das Wort Karma werden Sie in den nächsten Kapiteln noch öfter lesen. Aber zunächst zur Wiedergeburt-Vorstellung. Was spricht dafür, und was spricht dagegen? Bald werden Sie verstehen, warum dies oder jenes mit Ihnen passiert.

Reinkarnation

Reinkarnation ist das Wieder-geboren-Werden und das Wieder-Sterben menschlicher Seelen zum Zwecke der Vervollkommnung.

» Wer war ich in meinem letzten Leben, wer war ich davor?«
» Woher komme ich?«
» Wohin gehe ich?«
» Wer bin ich?«
» Ist mit dem Tod wirklich alles aus? Oder ist das Sterben nur ein Übergang in eine neue Dimension?«

Diese Fragen stellt sich fast jeder von uns, unabhängig vom Alter oder Geschlecht. Menschen wollen wissen, was mit ihnen passiert und was schon geschehen ist. Mit diesem Buch wird jedem ermöglicht, hinter die Kulissen zu schauen.

Reinkarnation – die Lehre von der Wiedergeburt – ist eine sehr schwierige Lehre. Die Idee der Wiedergeburt hat unsere Vorfahren vor Tausenden von Jahren schon beschäftigt, genau wie sie heute uns beschäftigt. Ihre Seele und Ihr Geist, auch der Kern der Seele genannt, sind ein Teil von Ihnen, der auf die weite Reise in den Kosmos geht, von einer Reinkarnation in die andere. Sie sind ein Kind des Kosmos. Sie stehen durch Ihre Organe mit dem Kosmos fortwährend in einer engen Verbindung.

Unser Kosmos und das Universum sind mehrdimensional, insgesamt gibt es sechs bis sieben Dimensionen, die wir heute kennen. Aus geometrischer Sicht sind es sogar zwölf. Wir alle verbringen unser Leben in der vierten Dimension – der Welt (Höhe – Breite – Länge – Zeit). Zugleich gibt es andere, feinere Dimensionen, die wir mit unseren Händen nicht fühlen können und mit bloßem Auge nicht erkennen. Diesen feinen Ebenen ordnen wir den Intellekt, den Willen, die Intuition, Vorahnungen, Liebe, Gefühle etc. zu.

Unsere Welt

Unsere Welt besteht zudem aus mehreren kleinen Welten, die verschiedene Aufgaben haben. Die erste Welt ist die, in der wir leben. Die zweite ist die energetische Welt, und die dritte stellt eine astrale Welt dar. Die vierte Welt ist unsere karmische Welt, die fünfte die mentale Welt, die sechste die intuitive Welt. Die siebte ist die höchste Welt der Liebe und Harmonie und zugleich die stärkste Welt. Die letzte Welt ist die der negativen Energien und des Hasses. Mit diesen Begriffen werden wir nun arbeiten.

Zusammenfassung:
- Dasein = materielle Welt
- Energie = energetische Welt
- Astralkörper = astrale Welt
- Karma = karmische Welt
- Mentales = mentale Welt
- Intuition = intuitive Welt

- Liebe und Harmonie, Kosmos = positive Welt der Gefühle
- Hass = negative Welt der Gefühle

Von jeder der oben genannten Welten erhalten Menschen Energien und Informationen, die ihr Leben beeinflussen. Ihr Körper nimmt diese Informationen durch energetische Zentren (Chakren) und durch verschiedene »Augen«, die auch Energiepunkte genannt werden, auf. Stellen Sie sich vor: Sie haben über 70 Augen am Körper, die Ihnen dabei helfen, die Strahlen aus dem Kosmos zu empfangen! Es ist von Vorteil, wenn Sie diese Augen geöffnet halten. Ihr Energiekostüm besteht aus vielen weiteren Teilen. Dazu gehören mehrere Schaltstellen, die Energiehülle mit ihren Ringen und die sogenannten Schnüre. In meinem Buch »Vadims Methode« finden Sie mehr dazu.

Kommen wir jedoch zu unserem Thema zurück, Reinkarnation und Karma, den zwei Begriffen, die miteinander verbunden sind. Das Wort Reinkarnation bedeutet Wiedergeburt, d.h. alles, was um Sie geschieht, folgt dem Prinzip Geburt – Tod – Geburt. Anders gesagt ist der Tod nicht das Ende des Lebens, sondern ein Übergang in die andere Realität. Die im Osten und Westen weit verbreitete Lehre von der Wiedergeburt (Reinkarnation) beruht auf der Annahme, die Seele eines Menschen löse sich im Tod vom Körper und werde zu einem späteren Zeitpunkt in einem anderen oder sogar in mehreren Körpern wiedergeboren. Dabei ist es wichtig zu wissen, dass sich die Seele eines Menschen im Grunde genommen so weit evolutioniert hat, dass sie nicht mehr in einem untergeordneten Körper, zum Beispiel im Körper eines Tieres oder eines Baumes, wiedergeboren werden kann. Es ist jedoch denkbar, dass die Seele keine Zeiten kennt. Daher kann sie sowohl in der Zukunft als auch in der Vergangenheit inkarnieren.

Unabhängig von jeder esoterischen Lehre bezeichnet das Wort Reinkarnation eine Lehre vom Dasein, nach welcher eine materielle Form von einem unsichtbaren, ätherischen Prinzip bewohnt ist. Jedes Lebewesen auf unserem Planeten hat mehrere Leben – ungefähr 500 bis Tausende in der Vergangenheit und mehrere vor uns. Das Wort Reinkarnation bedeutet jeden Wiedereintritt in eine beliebige physische Hülle.

Steckt in jedem Körper also eine Seele, die schon mehrmals lebte, starb und wiederkam? An eine Wiedergeburt glaubt heutzutage jeder Fünfte. Immer mehr »Reinkarnationstherapeuten« führen durch Hypnose in »frühere Leben« zurück – und heilen damit. Doch oft ist es pure Neugier, aus der Menschen erfahren wollen, welche Staaten sie bewohnt haben und wo sie überall gewesen sind.

Mit meiner einzigartigen Methode kann den Menschen gezeigt werden, welche Kapazitäten, welche guten und schlechten Erlebnisse und welche Seiten des vergangenen Lebens sie im Laufe der Zeit gehabt, erworben, gestärkt oder vernachlässigt haben. Und es wird erkannt, was den Menschen im Heute aus der Vergangenheit noch beeinflusst. Das kann weniger gut sein oder genauso gut zum Vorteil gereichen. Ein schönes Beispiel dafür ist der Baum, der auch oft mit dem Lebensbaum in Verbindung gebracht wird. So, wie ein Baum die Blätter verliert, die ihm Nahrung schenkten, die dann absterben und Platz für neue Knospen machen, so verläuft auch Ihr Leben, das Leben Ihrer Seele und Ihres Egos. Ihre mehrfache Verkörperung sind die Blätter, die immer wieder sterben – Ihre Seele bleibt und wächst wie ein Baumstamm.

Den physischen Körper überschätzen wir sehr. Leider. Das ist eine falsche Einstellung, die andererseits verständlich ist, denn unser Körper ist ein sehr empfindliches und leicht verletzliches Instrument, das uns z.B. durch Schmerzen und Krankheit Informationen sendet. Wie unsere Bekleidung für uns da ist und wie diese lediglich durch Gewohnheit bedingt notwendig geworden ist, genauso bedürfen wir auch unseres Körpers, der zur Erfüllung unserer Endzwecke dient. Wir müssen lernen, den Körper weder zu überschätzen noch zu unterschätzen. Denn unser Körper ist nur für eine kurze begrenzte Zeit hier; unsere Seele dagegen ist in immer wieder neuen Körpern so lange auf der Erde, bis sie bereit ist, der anderen, hoch entwickelten geistigen Welt zu begegnen.

Die Ägypter, Kelten, Inder, Juden und Griechen – sie alle glaubten an die Unsterblichkeit der Seele. Unsere geistige Essenz wird auch seit Jahrhunderten im Westen nicht mehr so vehement angezweifelt. Das Interesse an der Unsterblichkeit hat im Laufe der Jahre auch bei uns erheblich zugenommen. Von einem objektiven Beweis kann man hier zwar nicht sprechen, aber immerhin von mehreren überzeugenden und klaren Indizien. Sie werden gleich einige Beispiele finden, und ob Sie daran glauben wollen oder nicht, entscheiden Sie dann selbst.

Das Wichtigste, was es zu begreifen gilt, ist, dass die beiden Begriffe Karma und Reinkarnation zusammengehören und dass sie in einem Zusammenhang verstanden werden müssen. Aber was ist nun Karma?

Kapitel 2

Was ist Karma?

Wenn Sie das Wort Karma hören, verbinden Sie das vielleicht mit etwas Negativem. Stopp – Karma bedeutet nichts Negatives! Karma ist die Summe Ihrer Erfahrungen, Taten und Einstellungen. Erfahrungen, die Ihre Seele sammelte, werden zu einem vollendeten Ganzen vereinigt, sodass endlich der vollkommene Mensch als das göttliche Resultat einer Entwicklung zum Vorschein kommt. Der ganze Schatz Ihrer Erfahrungen wird somit zusammengefasst und ergibt das Karma, welches Sie in Ihren früheren Leben geerntet haben. Karma ist nichts anderes als die Summe all Ihrer Taten in allen Leben, die Sie hatten. Ihr Karma ist ein Resultat aller Dinge, die im Leben Sie und auch Ihre Vorfahren erledigt haben. Es gibt mehrere Karmaarten. Das wären: eigenes Karma des Einzelnen, Beziehungskarma zwischen zwei oder mehreren Menschen, Familienkarma, Landkarma, Staatskarma, Volkskarma und so weiter. Es gibt schweres, leichtes, negatives und positives Karma. Ich werde mit dem eigenen Karma arbeiten, damit Sie verstehen können, wieso dies oder jenes im Laufe Ihres Lebens passiert.

Was versteht man unter Karmalehre?

Die Lehre vom Karma (das Wort bedeutet »Handeln«, »Wirkung« oder »Tat«) besagt, dass grundsätzlich jede Handlung eine Wirkung hat. Es gibt negatives und positives Karma, auch Dharma genannt. Negatives Karma ist die Summe der »schlechten« Taten; positives ist »abgearbeitetes« Karma, indem man negative Taten durch gute Handlungen ersetzt und damit das Karma verbessert. Ein verbessertes Karma ist kleiner als ein negatives Karma. Also merken Sie sich: Karma kann verbessert werden. Am besten wäre es, wenn überhaupt kein Karma vorhanden wäre. Aber das ist definitiv nicht möglich, und es gibt auch äußerst selten ein neutrales Karma. Sollten es einige Menschen schaffen, kurzfristig »karmafrei« zu werden, glauben Sie mir, dieser Zustand wird nicht lange anhalten. Entweder stürzen sie sich aus Übermut, Neugier, Wissen-Wollen oder Aktivitätshunger in neue Aktivitäten, aus denen dann im Handumdrehen neues Karma entsteht – nur diesmal mit dem Unterschied, dass es keine Zeitverzögerung oder Verschiebung ins nächste Leben gibt. Oder die karmafreien Menschen fangen an, sich zu langweilen, und werden durch verpasste Chancen und nicht genutzte Möglichkeiten karmisch wieder belastet.

»Für unsere Sünden werden wir von oben nicht bestraft«, meinte meine Oma Baba Walja. Wenn jemand sagt, dass man für irgendwelche Taten sanktioniert wird, für irgendwelche Geschehnisse aus der Vergangenheit, ist das absurd. Kein Gott wird einen Menschen bestrafen, kein Universum wird einem kleinen Menschen etwas antun. Doch wenn kein Gott sich damit beschäftigt, kein Kosmos etwas damit zu tun hat – wer dann? Es sind Sie selbst! Sie, der Bewohner dieses Planeten. Niemand sonst. Sie selbst schaffen Ihr Karma, Sie selbst verursachen alle karmischen Situationen um sich herum, und Sie können diese auch selbst auflösen.

Wenn es Ihnen schlechter geht als in früheren Jahren, so basiert das auf Ihren negativ gesetzten Schritten. Es ist ein Irrtum zu glauben, dass das Leben Sie bestraft. Es warnt Sie durch Ihre schlechte Verfassung nur vor weiteren negativen und für Sie schädlichen Schritten beziehungsweise vor dem falschen Weg. Wenn Sie zum Beispiel erkranken, ist das eine Warnung des Lebens, dass irgendetwas mit Ihnen nicht stimmt; das Leben selbst hält Sie von Schritten ab, die nicht gut wären. Verändern Sie Ihr Verhalten nicht und bleiben auf dem »schlechten« Weg, werden Sie buchstäblich als eine Krebszelle des großen Organismus Universum erkannt. Das ist keine Bestrafung. Es ist eine Warnung. So bekommt jeder, was er verdient hat. In der Lehre vom Karma spielt also eine Art Schicksalsglaube eine bedeutende Rolle.

Die Karmalehre ist geeignet, Arme, Kranke und Unterdrückte dahingehend zu beeinflussen, sich mit ihrer Situation abzufinden, da sie ja unvermeidlich sei. Das Einzige, was Menschen tun können, um Karma zu verändern, allerdings ist: nicht nur passiv warten, sondern positiv handeln, dann wird die bittere Ernte vorangegangener Handlungen aus der Vergangenheit »erschöpft«.

Karma – also das »Universum-Schuldenkonto« – ist wie eine Buchführung Ihrer Fehlschläge und Erfolge. Und tatsächlich gibt es kosmische höhere Instanzen, die die Wiedergeburt einer Seele überwachen oder sogar lenken. Aber es gibt niemals Bestrafung, und es gibt auch keine Schuld und keine Sünden. Gott ist Liebe, und Liebe straft niemals.

Sie werden gemessen, nicht verurteilt – nur gemessen. Das Maß ist die Reinheit des Lichts und des Kosmos, und so werden Sie an den Farben Ihrer Aura, also den Farben Ihrer Gedanken, Gefühle und Taten sowie dem Klang und dem Duft Ihres Wesens gemessen. Ziel ist Ihre vollkommene Reinheit, Ihre vollkommene Harmonie, Ihre vollkommene Liebe zu anderen, und die wird erreicht durch gute Taten.

Warum wissen Sie nichts über Ihre letzten Leben?

Ihre bisherigen Inkarnationen vergessen Sie, sobald Sie wieder auf die Erde gekommen sind. Wenn Sie schon mehrmals gelebt haben – warum erinnern Sie sich nicht mehr daran? Die Antwort ist nicht schwer: Sie erinnern sich nicht mehr, weil die Erinnerungen aus den früheren Existenzen Ihr Denken und Handeln im jetzigen Dasein stören würde. Dann würden Sie nicht mehr wissen, wie es weitergehen soll. Tatsächlich sind die Erfahrungen nicht ganz verschwunden, denn man kann sie durch Hypnose wieder zugänglich machen. Außerdem würden Sie die Erinnerungen auch von den neuen Zielen in diesem Leben abhalten. Sie wären nicht in der Lage, sich auf neue Ziele, auf das, was das Schicksal von Ihnen erwartet, zu konzentrieren.

Jeder liegt so, wie er sich selbst gebettet hat. Wenn man für andere Gutes tut, wird man in Zukunft gutes Karma ernten. Aber erwarten Sie diesen Effekt nicht bereits am morgigen Tag. Es verhält sich genau wie mit einem Sparkonto – wenn das Guthaben anwächst, kann man auch wieder etwas abheben. Gutes Karma kommt vor allem davon, dass der Mensch vermeidet, sich zu verunreinigen. Gutes Karma ist das Ergebnis dessen, was man vermeidet und was man tut. Durch das unerbittliche Gesetz des Karmas, das Gesetz von Ursache und Wirkung, wird diese Welt in Gang gehalten. Vergessen Sie nie: Auf jede Aktion, ob gut oder schlecht, folgt eine Reaktion.

Durch Ihre Handlungen und sogar durch bloße Gedanken binden Sie sich selbst und Ihre Nachkommen und sind daher im Kreislauf von Geben und Nehmen gefangen. Das karmische Gesetz verliert erst dann seine Wirkung, wenn Sie mit Gott und Universum – jeder nenne es, wie er will – eins werden. Eine Erhöhung und Verherrlichung des materiellen Lebens sollte nie über das seelische Leben gestellt werden. Dies führt wiederum zu Leid und Schmerz. Je größer Sie den Schmerz empfinden, desto größer die Liebe des Wesens, das es vermag, ihn Ihnen zuzufügen. Wenn Sie jedoch keine negativen bewussten oder unbewussten Handlungen vornehmen, so kann der Schmerz sich auch nicht bei den Menschen manifestieren. Sie ahnen schon, dass Ihre ärgsten Feinde eigentlich die Wesen sind, die Sie am meisten lieben. Durch diese Wesen werden Sie gewarnt, dass irgendetwas in Ihrem Dasein nicht stimmt. Nur so können Sie auch zu einer positiven Handlung kommen, auch wenn das auf den ersten Blick widersprüchlich klingt. Hier gilt es einfach, weiter- oder etwas umzudenken. Solange ein Individuum Karma produziert, gutes oder schlechtes, ist es also genötigt, in dieser Erscheinungswelt zu leben. Immer wieder auf die Erde zu kommen ist nicht sehr angenehm. Es ist zwar ein beruhigender Gedanke, aber auf Dauer gesehen nicht praktisch. Irgendwann sollten Sie sich so weit entwickelt haben, dass Sie reif für andere Dimensionen werden. Es gibt mehr als genug Dimensionen neben der irdischen. Die Erde gilt in vielen Lehren sogar als die schwächste Dimension des Universums. Einige bezeichnen sie als Hölle oder Gefängnis.

Wenn Sie mit Karma umgehen können, ist es sehr einfach, ein Kinderspiel. Karma ist ein Licht, das Ihnen Ihre Wege zeigt. Sein Strahl beleuchtet nur eine Richtung, genau die, die Sie zu diesem Zeitpunkt brauchen. Sie treffen jemanden, sprechen mit jemandem, reisen irgendwohin. Sie haben jemanden geliebt, jemanden gehasst, jemanden geschlagen oder beschimpft. Nicht irgendjemanden und nicht einfach so. Sie mussten ausgerechnet diese Menschen treffen, Sie mussten ausgerechnet in diese Städte reisen, es war nicht umsonst. Sie mussten da hindurchgehen, um etwas zu lernen. Ihr karmisches Licht hat Ihnen Ihre Wege beleuchtet. Genau die Wege, die Sie gehen mussten. Sie konnten nicht anders, denn es ist Ihr karmischer Weg.

Nach dem karmischen Gesetz haben Sie sozusagen eine unsichtbare Lampe an Ihrem Körper, die Ihnen den Weg zeigt. Dadurch sehen Sie nur das, was Sie sehen sollen und dürfen.

Noch einmal ist festzustellen, dass nichts einfach so passiert, es gibt keine Zufälle. Sie sind hier, um etwas zu lernen und um besser zu werden. Das Universum hat Ihnen die Gelegenheit gegeben, sich zu evolutionieren und zu entwickeln. Sie dürfen diese Gelegenheit nicht verpassen. Also beginnen Sie am besten heute zu lernen, um weitergehen zu können, um in die Zukunft und in die anderen Welten zu gelangen. Diese Möglichkeit hatten Menschen schon immer, in jeder der Inkarnationen, doch früher war es weitaus schwieriger, an vernünftiges Wissen heranzukommen, um sich weiterzuentwickeln, als heute. Der Zeitpunkt ist da, um es nun endlich zu schaffen, Ihre Energie so vollkommen in den Griff zu bekommen wie irgend möglich.

Jeder weiß, dass es im Leben immer wieder Pechsträhnen gibt. Vieles wiederholt sich seltsamerweise. Entweder sind das mehrere Erfolge oder auch mehrere Negativitäten, die aufeinanderfolgen. Sie verlieren zum Beispiel Geld, danach wird noch eine Nachzahlung fällig oder Sie müssen etwas begleichen. Oder es stirbt jemand in der Familie und bald folgt der nächste Todesfall. Oder Sie werden Opfer eines Betruges und durchleben danach eine Zeit, in der Sie immer wieder belogen werden.

Viele merken, dass sich nach einer Änderung ihrer Einstellung zu dem Geschehen eine ganz neue Entwicklung in ihrem Leben zeigt: Sie bemitleiden sich beispielsweise nicht mehr, wenn sie Geld verloren haben, sondern sagen sich, dass das den Ärger nicht wert ist. Sofort verändert sich die Situation, und es geht ihnen besser. Ich will damit nur sagen, dass das Karma von Ihnen selbst gelenkt wird. Mit Ihrem Karma können Sie gut leben, Sie müssen nur lernen, mit ihm umzugehen. Alles ist nicht so kompliziert, alles ist einfacher, als Sie denken. Die karmische Ursache ist in Ihnen, sie wurde mit Ihnen geboren und kann durch Ihre Taten behoben werden.

Sie müssen lernen zu unterscheiden, welche karmischen Taten für Sie gut und welche negativ sind. Was machen Sie, wenn ein Mitmensch, den Sie pflegten, der bettlägerig war und an Krebs gelitten hat, endlich stirbt? Sie weinen, fragen den Himmel, wieso, warum und weshalb er gestorben ist. Sie verstehen dabei nicht, dass es von oben gut gemeint war, und dass Sie sich selbst von den Leiden befreien, dass der Verstorbene auch nicht mehr leidet und auch Sie selbst nun andere Wege gehen können. Das ist nur ein Beispiel von vielen.

Was passiert mit Menschen, die karmische Gesetze verletzen? Sie werden im Grunde genommen mehrmals gewarnt, dann als Krebszelle im irdischen Körper erkannt und zum Schluss, wenn auch diese Maßnahme nicht geholfen hat, geschlagen. Das passiert durch Unfälle, Krankheiten, durch schwere Leiden oder Verluste.

Abstürze von Flugzeugen, Autokatastrophen, all dies sind nur scheinbare Zufälle. In einem abgestürzten Flugzeug finden sich diejenigen zusammen, die karmische Gesetze in irgendeiner Weise verletzt haben und mehrmals davor gewarnt worden sind. Sie fragen bestimmt, wie ist es mit kleinen Kindern, die dabei auch sterben? Diese Kinder besitzen das Karma von früheren Leben, sie sind auch mit dem Karma ihrer Eltern verbunden. Es wird niemand bei einer solchen Katastrophe sterben, der ein gutes oder ein neutrales Karma besitzt. Das klingt hart. Aber es gibt keine Zufälle.

Gleiches gilt, wenn es um das Geld geht. Sie freuen sich, wenn Sie finanziell gut dastehen, wenn Ihr Kapital wächst. Sie dürfen aber nicht vergessen, dass das Geld Ihnen dienen muss und nicht Sie dem Geld. Diejenigen, die den wahren Sinn des Lebens vergessen haben und sich nur auf das Finanzielle ausrichten und konzentrieren, geraten in negatives Karma und werden schnell merken, dass immer wieder in einigen Bereichen ihres Daseins etwas schiefläuft. Hierzu gehört zum Beispiel die Gesundheit.

Man wird buchstäblich davon abgehalten, seinen Geiz und seine Geldliebe auszuleben. Man darf natürlich reich sein, man darf aber das Geld nicht höher bewerten als alles andere. Ein Beispiel aus dem Leben einer Unternehmerfamilie: Die Chefs, Menschen, die sehr wohlhabend sind und sich im Grunde genommen nicht den Kopf zerbrechen sollten, wie sie die kommenden Jahre überleben (denn mit mehreren vermieteten Immobilien in Deutschland und mehreren Besitztümern im Ausland haben sie immer genügend auf der hohen

Kante), erlebten durch ihre »falsche Einstellung« im Laufe der Zeit ihr blaues Wunder. Die Geschäfte gingen immer schon gut, der Familienbetrieb blühte, allerdings wurde in den 30 Jahren des Betriebsbestehens nie ein gesundes Arbeitsklima geschaffen. Was am schrecklichsten war – die Chefs haben sogar für sich selbst so wenig Geld ausgegeben, wie es nur ging. Die Chefin kaufte für ein paar Euro zwanzig Brötchen für die ganze Woche, nur um zu sparen ... Der Chef fuhr ein altes Auto und jammerte, dass es nicht funktionierte. Der Geiz und die Geldliebe trieben die Unternehmer in den gesundheitlichen Ruin. Angestellte kamen und gingen wieder, wenn sie bemerkten, dass es keinen Sinn hatte, dort zu arbeiten und dass man sowieso nie eine Anerkennung bekommen würde. Geld war alles für die Chefs, so, als wollten sie es mit ins Grab nehmen. Alles andere war ihnen nicht so wichtig. Was haben sie heute davon? Geerntet haben sie nur eins: Sie wurden krank, schwach, unglücklich. Zuerst starben eine Reihe von Verwandten: Mutter, Schwiegermutter, dann die Geschwister, die allerdings mit dem eigenen Karma konfrontiert waren. Sie entstammten einer Familie und waren sich alle ähnlich. Zu guter Letzt erreichte die Krankheit den Chef persönlich. Die Diagnosen waren erschreckend: Gelenkprobleme, die jahrelang nicht geheilt werden konnten, Magengeschwüre mit Polypen, Krebs u.v.a.m.

Bis heute geht es diesen Menschen nicht besser. Möglicherweise werden sie durch den prekären Krankheitsverlauf doch noch einsichtig und lernen zu verstehen, was sie so weit gebracht hat. Das Karma dieser Menschen schließt sich, und ein paar gute Taten reichen für eine Änderung der Situation nicht aus. Der Astralkörper und das Karma der beiden wurde dermaßen belastet und durchlöchert, dass sie sehr wenig Chancen auf eine schöne und angenehme Inkarnation haben werden, wenn überhaupt. Und was dieses Leben betrifft, so werden sie es wegen ihres eigenen Zorns und ihrer Wut nicht mehr lange schaffen.

Es ist nicht schwer, sich selbst zu beobachten. Tiere sind ein guter Bezugspunkt, um eigene Energien oder auch Karma zu erkennen. Haben Sie schon mal beobachten können, ob Katzen oder Hunde auf Ihren Schoß kommen, ob Sie irgendwelche Tiere anziehen? Ob viele Vögel bei Ihnen im Garten zwitschern oder sich aufhalten? Wenn nicht, machen Sie sich darüber ein paar Gedanken. Alle Tiere fühlen den Astralkörper, sie sind viel empfindlicher als manche von uns. Sie sehen astral und können unterscheiden, wer gute Energie spendet und wer Energien von anderen abzieht. Die Tiere spüren Ihr Karmapotenzial.

Katzen sind am empfindlichsten, sie kommen nicht zu jedem. Katzen sind selbst kleine Sauger, ungefährliche Vampire, die Ihre Energieblockaden sogar lösen können. Wenn Sie Bauchschmerzen haben, kommt die Katze zu Ihnen, legt sich auf Ihren Bauch und die Schmerzen vergehen. Die Katze löst Ihre Blockaden auf, indem sie den Energiestau behebt. Hunde sind dagegen kleine Spender, sie geben selbst viel Energie ab. In den Vögeln wohnen bereits Seelen, deren Evolution noch nicht abgeschlossen ist. Sie sind noch nicht so weit wie die Menschen. Sie kommen zu Ihnen, wenn Sie Energiearbeit leisten, egal welche Arbeit es ist, ob Kartenlegen oder Gedichteschreiben.

Wie arbeitet Karma?

Menschen verstehen oftmals nicht, wie das Karma arbeitet. Wenn sie sich unpassend benommen haben, bekommen sie sogenannte Warnungen, und zwar mehrfach. Man wird durch diese Warnungen motiviert, sein Verhalten zu verändern. Geschieht diese Veränderung der Haltung nicht und wird die Warnung nicht beachtet, geht der Prozess weiter. Es passieren Unfälle, Katastrophen, man kommt ins Krankenhaus oder landet im Gefängnis. Dort hat dann jeder genügend Zeit zu überlegen und etwas an sich zu verändern. Hilft auch das nicht, folgt eventuell der Tod. Deshalb hatte jeder nach der letzten Inkarnation eine andere Todesursache (siehe Tabelle). Betrachten Sie sich mal durch die Augen anderer Menschen und Sie werden verstehen, was Sie verändern sollten.

Heute gibt es in einer Familie, in einer Firma, in einem Raum »Mörder« und »Getötete«, sie sollten sich kennenlernen, damit sie einander verstehen lernen. Alles gehört zusammen. Jeder weiß, dass im Leben sehr oft etwas aus der Kontrolle gerät, es sind buchstäblich mehrere Pechsträhnen, die den Menschen verfolgen. Irgendwelche Geschehen, die karmisch gesteuert werden.

Absurde Fälle, karmische Beispiele

In unser aller Leben spielen sich viele absurde Geschichten ab. In meiner Praxis sehe ich immer wieder etwas Neues und Unvorstellbares. Auf einige interessante Fälle möchte ich näher eingehen.

Fall 1
Einmal kam zu mir die fünfunddreißigjährige Frau K. in die Praxis. Sie war verheiratet, aber der Mann akzeptierte sie nicht. Er hatte sie jahrelang betrogen, geschlagen und beschimpft. Sie zeigte mir ein Foto von ihm. Nachdem ich es angesehen habe, teilte ich ihr mit, dass sein Karma geschlossen sei und er nicht mehr lange Zeit zu leben habe. Sie werde erlöst sein. Frau K. bestätigte mir, dass ihr Mann an Krebs leide und ich recht habe. Aber sie würde damit nicht klarkommen, wenn er stürbe, sagte sie. Denn dann hätte sie niemanden mehr, den sie pflegen könne. Das war ihre Aufgabe, und etwas anderes hatte sie nicht gelernt. Sie weinte und bat um Hilfe.

Natürlich ist es schwer, wenn jemand uns verlässt oder wenn jemand aus der Familie stirbt. Ich riet ihr aber, sie solle trotzdem versuchen, damit klarzukommen, denn jegliche Hilfe für ihren Mann würde zu spät kommen. Andererseits solle sie verstehen, dass es ihre

Absurde Fälle, karmische Beispiele 35

Erlösung bedeute und sie selbst endlich etwas Eigenes schaffen könne und auch genügend Zeit für sich selbst hätte, um ihr eigenes Karma aufzubessern. Sie ging. Ein paar Tage später rief sie mich an und teilte mir mit, ihr Mann sei gestorben. Sie weinte und war verzweifelt.

Ein paar Monate später kam sie erneut in meine Praxis. Strahlend hat sie sich bedankt. Sie war aufgeblüht, lebensfroh und hatte es geschafft, den Tod ihres Mannes aufzuarbeiten. Dieser war doch eine Erlösung für sie. Frau K. hat verstanden, dass es auch andere Aufgaben für sie gibt, und zwar noch in diesem Leben, auf dieser Erde. Später lernte sie einen neuen Mann kennen und äußerte: »Ich habe nie denken können, dass das Leben so schön sein kann und dass ich je von einem Mann auf den Armen getragen werde.«

Fall 2
Die Beziehung zwischen Frau N. und Herrn S. ist karmisch. Verliebt – verlobt – verheiratet – geschieden. Aber beide können sich nicht richtig voneinander lösen. Immer wieder karmische Begegnungen, immer wieder treffen sich beide. Keiner kann abschließen. Wo liegt das Problem? Frau N. kommt zu mir, um ein Ritual zur Karmaauflösung durchzuführen. Wir machen es, und es klappt. Die Begegnungen hören auf, sie selbst denkt nicht mehr an ihn. Einen Monat später ruft sie mich an und weint. Sie weint, weil sie ihn nicht mehr will und weil sie ihn nicht mehr vermisst. Sie hätte ihn gerne wieder. Absurd. Widerspruch! Frau N. zeigte mir wieder überdeutlich, wie wichtig es ist, genau zu wissen, was man will. Denn ein Heute-so-und-morgen-ganz-anders wird die Betreffende auf Dauer nicht glücklich machen und durch Frust zu neuem Karma führen.

Fall 3
Im Leben gibt es immer Bewegung. Menschen vollbringen gute und schlechte Taten, und sie bekommen alles zurück. Gutes wird von Menschen meistens nicht bemerkt, sie wollen es einfach nicht se-

hen, aber Schlechtes sieht jeder. Vor einiger Zeit war bei mir eine Frau A. zur Beratung. Sie ist Witwe. Sie war krank und wusste nicht wovon. Nach der Aussprache sah ich, dass Frau A. selbst die Ursache ihrer Krankheiten war. Ihre fehlende Reue, die ganze Verbitterung über ihren verstorbenen Mann und ihren verstorbenen Vater, alles, was sie nicht verzeihen konnte, hat zurückgeschlagen. Karmisch hat sie sich selbst fast vernichtet. Das Einzige, was ich ihr raten konnte, war, den beiden Männern in ihrem Leben zu verzeihen und den Hass in der Vergangenheit zu lassen.

Das »Wunder der Heilung« für Frau A. hat nicht lange auf sich warten lassen. Nach drei Monaten kam sie wieder in meine Praxis und berichtete, dass es ihr sehr gut gehe und dass sie den beiden Männern alles verziehen habe. Ihre gesundheitliche Lage hatte sich sehr verbessert. Sie fühlte sich schon fast glücklich.

Fall 4

Was ist Glück? Es ist generell etwas Gutes, nicht wahr? Allerdings sehen Menschen das Glück nicht immer. Gute Ereignisse werden von ihnen übersehen. Besonders dann, wenn sie diese Ereignisse nicht erwarten. Glück ist also für viele Menschen nur ein Ereignis, das erwartet wurde.

Warum erhalten Sie nicht alles, was Sie sich wünschen, und was ist dabei der Haken? Damit Sie glücklich werden und Ihre Wünsche in Erfüllung gehen, sollten Sie nicht nur bewusst etwas wollen, sondern auch unbewusst. Das hat mit den gefühlten Vorstellungen zu tun. Im nachfolgenden Beispiel aus meiner Praxis versuche ich das näher zu beschreiben.

Zu mir kam eine Dame namens Petra Glaubwürdig (Name verändert). Sie berichtete mir von den vielen Pechsträhnen in ihrem Liebesleben. Sie will endlich eine ganz normale Beziehung haben, kommt aber mit keinem Mann zurecht. Sie will nicht nur eine durchschnittliche Beziehung, sondern eine auf Dauer, mit Geborgenheit und Sinn. Das ist ihr bewusster Wunsch. Sie stellt sich eine schöne sympathische Person vor, mit blonden Haaren etc. Unbewusst sagt sie aber, dass sie diesen Mann auch lieben will und nach einem sucht, den sie lieben kann.

Letztlich sieht ihr idealer Partner, den sie findet, ganz anders aus. Beide Wünsche (bewusst und unbewusst) führen zur goldenen Mitte. Der Partner ist ein kleinwüchsiger und dunkelhaariger Mann, den sie allerdings aufgrund seiner besonderen Vorzüge lieben könnte. Zufrieden war sie jedoch nicht. Und damit ist die Frage beantwortet, warum Menschen oft nicht das bekommen, was sie wollen und sich wünschen: Das ist immer dann so, wenn es Unterschiede zwischen ihren beiden Wünschen, den bewussten und den unbewussten, gibt.

Fall 5

Noch ein anderes Beispiel. Nehmen wir an, Sie sind ein Mann, der schwarzhaarige Frauen attraktiv findet. Solche Frauen imponieren Ihnen. Sie lieben es, wie sie sich verhalten, wie stark sie sind. Und Sie treffen so eine Frau, verlieben sich bis über beide Ohren in sie. Sie stellen sich vor, dass diese Liebe etwas Besonderes ist und bis zum Sarg hält. Dabei haben Sie bestimmt vergessen, dass Ihnen Ihre blonde Oma, Ihre blonde Mutter oder auch andere Blondinen in Ihrer Kindheit oft genug gesagt haben, dass Schwarzhaarige gefährlich, leichtsinnig und wählerisch seien und einen Mann nie glücklich machen könnten. (Das Beispiel funktioniert natürlich umgekehrt auch mit einer Blondine statt einer Schwarzhaarigen!)

Sie heiraten und bekommen ein Problem mit sich selbst. Sie fangen an zu zweifeln, eifersüchtig zu werden, Ihrer Frau etwas zu verbieten, ohne ihre Meinung einzuholen, Sie verbieten ihr, Freundinnen zu treffen, nehmen sie auch nirgendwo mit hin, sagen ihr, sie sei ein Teufel und sei zu dominant. Und Sie merken nicht, dass es hier um Ihre eigenen Probleme geht, und ahnen auch nicht einmal, wieso Sie so reagieren. Was passiert? Es kriselt, die Ehe zerbricht, die Scheidung wird durchgezogen, und nun? Sie wollten glücklich sein, aber stattdessen sind Sie unglücklich. Und wer ist hier schuld? Sie selbst haben diesen Engel in eine Furie verwandelt. Sie haben aus ihr eine Streitmaschine gemacht. Wie geht es weiter? Sie heiraten noch einmal. Wieder und wieder. Eine Dunkelhaarige nach der anderen, aber es ist immer das Gleiche. Alles fängt mit der Zeit wieder von vorne an, Sie werden eifersüchtig, Sie werden närrisch. Was passiert hier? Das ist Karma. Sie können daran nichts ändern, Sie machen immer wieder das Gleiche. Sie wollen zwei verschiedene Sachen haben, die nun einmal nicht zusammenpassen.

Dieses Dilemma passiert Menschen ständig und überall: in der Ehe, in der Beziehung, im Beruf. Bezüglich der eigenen Gesundheit wollen sie heute stark und athletisch und morgen schutzbedürftig sein und sich in die starken Arme des Partners kuscheln. Menschen sind widersprüchliche Wesen. Beleidigt sein, wütend, eifersüchtig, unzufrieden oder geizig sein – das sind sichtbare Auswirkungen des Karmas. Ängste und Schuldgefühle gehören dazu. Alles zusammen oder auch einzeln verschlechtert dies das Karma.

Fall 6

Kurz zum Schuldgefühl: Das negative Karma kann man als eine Krankheit bezeichnen, die Sie zerstört. Besonders, wenn Sie jemanden beschuldigen oder sich selbst schuldig fühlen. Jeder von uns hat sich schon einmal gefragt, wieso es irgendeinem Idioten gut geht. Idioten haben alles, was sie nicht verdient haben, und alles läuft in deren Leben wie geschmiert. Was ist da los? Haben die einfach kein Karma, oder sind sie besser als Sie? Nein, so ist das nicht! Ein primitives Wesen kennt keine Schuldgefühle. Anders ist das bei empfindsamen, gefühlvollen klugen Menschen. Je gefühlvoller ein menschliches Wesen ist, desto mehr Schuldgefühle kennt es. Desto mehr Karma hat es zu bearbeiten.

Hier ein Beispiel aus der Praxis: Eine Familie Becker aus H. kam zu mir und bat um Hilfe. Frau Becker ist eine liebevolle und empfindsame Dame, sehr romantisch und offen. Herr Becker ist ein Säufer. Was passierte mit den Beckers im Laufe ihrer Ehe? Frau Becker ist eine treue Frau, die gerne ausgeht, zu Freundinnen und auch anderen Geselligkeiten. Sie hätte gerne einen größeren Kreis um sich und möchte auch Familienfreundschaften schließen. Herr Becker ist ein Zuhause-Hocker, ein eher stiller introvertierter Zeitgenosse, dem das abendliche Bier vor dem Fernseher reicht. Seine Frau drängt ihn immer öfter und pocht auf seine Gesellschaft. Was passiert bei Herrn Becker? Er zieht sich immer mehr zurück, bekommt ein schlechtes Gewissen und fühlt sich schuldig, weil er nicht mitgeht. Er versucht seine Schuldgefühle mit Alkohol zu bekämpfen. Vergeblich.

Fall 7
Bei Herrn Schmidt aus S., einem selbstständigen Maschinenbauer, scheint alles in Ordnung zu sein. Er hat eine liebevolle Frau, die ihn versteht, unterstützt und liebt. Seine Frau ist gutherzig, zwar nicht so, wie Mutter Teresa war, aber trotzdem verständnisvoll. Liebevolle Kinder, ein Haus, reichlich Geld. Alles harmoniert. Aber – eines Tages kommt der Augenblick, in dem Herr Schmidt seine Schuldgefühle entdeckt, nicht gut genug zu sein. Er denkt sich außerdem, dass nur ein schlechter Mann keine Geliebte habe. Er versucht eine zu finden, um sich zu bestätigen. Es wird noch interessanter: Seine Frau erwischt ihn, und er kanzelt seine Frau ab. Wer ist hier schuldig? In seinen Augen seine Frau, denn in ihren Augen hat er angeblich gelesen, dass er kein toller »Hecht« mehr sei. Ausreden!

Schuldgefühle greifen auch Ihre Gesundheit an. Magengeschwüre, Impotenz, Krebs und andere Leiden entstehen aus dem Selbst. Gott oder Universum – jeder nenne es, wie er will – sind hier keine Ankläger. Menschen schaden sich selbst, machen sich krank und geben den Kräften von oben einen negativen Impuls, der wieder zu ihnen zurückkehrt und sie selbst vernichtet.

Fast alles, was den Menschen passiert, ist dem Karma zuzuschreiben. Man soll zwischen positivem und negativem Karma unterscheiden. Ihr Karma steckt in Ihrem Energiefeld und begleitet Sie. Negatives Karma (systematisch, unangenehm, energielos) ist nicht nur die Krankheit eines Menschen, sondern auch der gesamten Bevölkerung.

Tipps zur Verbesserung von Karma

Um Ihr Karma innerhalb kurzer Zeit zu verbessern, können Sie diese Tipps befolgen.

1. Die gesamte Lebensenergie des Menschen geht von den Fußsohlen und vom 7. Halswirbel aus. Gehen Sie deshalb so oft wie möglich barfuß. Befeuchten Sie mehrmals am Tag Ihre Fußsohlen und den 7. Halswirbel mit kaltem Wasser. Sie wissen, dass die Wirbelsäule aus mehreren Bauteilen besteht, den 24 freien Wirbeln zuzüglich acht bis zehn verwachsenen Wirbeln sowie den dazwischen liegenden Bewegungssegmenten wie den Bandscheiben. Jeder Wirbel besteht aus Wirbelkörper, Wirbelbögen und Fortsätzen. Der 7. Halswirbel ist sehr einfach zu finden, weil er einen größeren bzw. längeren Dornfortsatz hat. Der Dornfortsatz tritt daher am Übergang vom Hals zum Rumpf am stärksten hervor. Wenn Sie im Sitzen Ihren Kopf etwas nach vorne beugen, können Sie mit den Fingern diesen Wirbel tasten. Es ist der kleine Höcker, der etwas hervorsteht.
2. Lassen Sie zu Hause öfter Kerzen brennen, um Energie zu tanken. Heilungen durch Kerzen sind gut, aber man sollte nicht dem irdischen Feuer dienen, sondern dem seelischen, einem kosmischen Feuer. Das Wichtigste bei der Heilung sind Energie und Glaube. In letzter Zeit treten unzählige neuer Heiler auf, die viel versprechen, aber wenig bewirken. Das liegt daran, dass viele ihrer Rituale nur dem irdischen Feuer dienen und keine Energie in die Heilung fließt.

3. Räumen Sie alle Fotos von verstorbenen Lieben und anderen Menschen weg, legen Sie sie in eine Schublade und nehmen Sie sie nur bei Bedarf zum Anschauen heraus. Fotos von Verstorbenen beinhalten einige Energien, die Ihr Karma negativ beeinflussen.
4. Legen Sie nie Fotos von Lebenden und Verstorbenen in einem Album zusammen. Wenn beide Gruppen auf einem Foto sind, zählt das nicht. Noch schlimmer wäre es, wenn Sie Fotos von einer Beerdigung in Ihr Familienalbum stecken.
5. Sie sollen wachsen und an Größe gewinnen, der Kosmos braucht Sie für eine Weiterentwicklung. Bilden Sie sich weiter, lernen Sie etwas Neues. Alle Menschen, die nichts Besonderes können, bleiben einfach auf der Stelle stehen. Jemand erzählt Ihnen: »Ich habe das und jenes gelernt, und ich kann das und noch viel mehr. Ich bin stolz darauf.« Ein anderer kommt und sagt: »Ich kann das auch.« Was passiert mit Ihnen? Sie sind enttäuscht, verzweifelt und empfinden sich vielleicht als klein und unwissend. Dadurch verschlechtern Sie Ihr Karma. Suchen Sie deshalb immer neue Wege. Ihre größten Schätze sind Ihre Kenntnisse – nicht die irdische Materie. Die Menschen, die im letzten Leben reich waren, versuchen in diesem Leben alles materiell auszugleichen.
6. Machen Sie sich bewusst, was Sie denken. Alles, was Sie denken, fällt auf Sie zurück, auch Negatives. Gedanken sind stark. Auch das Gesagte ist stark und kann wirken.
7. Analysieren Sie sich. Menschen denken, dass sie frei sind. Nein, Sie sind nur bis zu 20 Prozent frei. Sie gehen in ein Geschäft und kaufen einen roten Rock. Denken Sie, dass Sie das selbst entschieden haben? Nein, Sie müssen einen roten Rock kaufen, weil es so sein sollte. Weil es vielleicht Ihre Schutzfarbe oder Ihre Lieblingsfarbe ist. Die rote Farbe hat Ihnen nicht einfach so zugesagt. Allerdings liebt man die Schutzfarbe nicht immer, nur dann, wenn die Zeit reif ist und wir diese Farbe benötigen. Statt scheinbarer Freiheit bestimmt Karma Ihre Wahl.

8. Tragen Sie so oft wie möglich Ihre Schutzfarbe, sie schützt Ihre Energie. Entnehmen Sie Ihre Schutzfarbe den nachfolgenden Berechnungen aus den Reinkarnationsbeschreibungen.
9. Sicher ist Ihnen schon aufgefallen, dass Sie bei mancher Unterhaltung müde werden oder sogar anfangen zu gähnen. Oder Sie waren Gast, hatten sich auf den Besuch gefreut – doch dann fühlten Sie sich schlecht, denn die Gastgeber hatten gestritten. Sie spürten es sogar, wenn der Streit kurz vorher stattgefunden hatte. Wenn Sie in ein Haus gehen, wo viel gestritten wird, kommt sich Ihr Inneres bald vor wie eine ausgepresste Zitrone. Fühlen Sie sich manchmal nicht wohl beim Einkaufen oder auf Messen, wo viele Menschen anwesend sind? Dann sollten Sie sich schützen. Ansonsten wird Ihr Astralkörper durchlöchert. Legen Sie einfach einen Birkenzweig unter Ihr Bett. Er bereinigt Karmaursachen.
10. Wenn Sie Gold tragen, dann reinigen Sie es jeden Tag mit etwas Weihwasser, denn das Gold speichert Negativitäten. Deshalb wäre es besser, Silber zu tragen. Es hilft sehr oft, Krankheitsgefühle zu beseitigen, wenn man einem Menschen goldene Sachen abnimmt. Zum Beispiel goldene Ohrringe von Frauen.
11. Menschen denken zu oft an die Vergangenheit zurück, indem sie versuchen, sich an ihre jungen Jahre zu erinnern. Besser ist es, nur in die Zukunft zu schauen, sich auf die Zukunft zu konzentrieren. Das Karma ist ein Rad. Menschen spielen sehr oft den Hamster in diesem Rad, laufen unermüdlich, kommen aber nicht vorwärts. Sie müssen da raus. Selbstverständlich bedeutet das nicht, dass Sie sich nicht mehr mit Freunden treffen sollen, um über alte Geschichten und lustige Erlebnisse zu lachen. Doch auch da sollte Trauriges vermieden werden, Sie sollten stattdessen freudige Pläne für die Zukunft schmieden.
12. Reisen Sie gerne? Versuchen Sie darüber nachzudenken, wo Sie schon überall waren und was Sie mit diesen Ländern verbindet. Sie haben bestimmt einige Aufgaben an diesen Reisezielen erledigt. Oder sogar etwas Karmisches aufgelöst. Zufälle gibt es nicht.

Tipps zur Verbesserung von Karma 43

13. Seien Sie nicht zu materiell. Verschenken Sie die Dinge, die Sie nicht mehr brauchen. Heutzutage dienen Menschen den Dingen. Es muss umgekehrt sein, die Dinge müssen Ihnen dienen. Menschen verlieren lieber einen Freund als eine Sache.
14. Wenn Sie Feinde haben oder vor einer Prüfung im Leben stehen, machen Sie diesen in Ihrer Fantasie (im Kopf) Geschenke. Verschenken Sie Autos, Fabriken, Torten und Blumen. Sie werden merken, dass es Ihnen besser geht und Sie sogar viel leichter vorwärtskommen.
15. Vergessen Sie nicht, dass nicht nur das Leben Sie beeinflusst, sondern auch Sie das Leben beeinflussen.
16. Menschen wollen sich körperlich vermehren, doch sollten Sie sich weniger mit dem körperlichen Verlangen wie Sex beschäftigen, sondern sich mehr auf die seelische und geistige Entwicklung konzentrieren. Es ist an der Zeit, sich seelisch zu vermehren.
17. Die rechte Gehirnhälfte erlaubt dem Menschen weniger Zugriff als die linke Gehirnhälfte, allerdings befindet sich dort der seelische Körper. Der karmische Körper befindet sich im Hinterkopf und im Solarplexus. Dort ist er verankert. Menschen wollen nicht denken. Um Gottes willen – nur nicht denken! Sie verletzen einander, sagen böse Worte, schimpfen und sind neidisch. Wenn Ihr Hinterkopf wehtut, ist es Zeit, sich zu verändern. Denken Sie daran, es kommt zu Ihnen zurück, wenn Sie sich nicht ändern.
18. Der Solarplexus (die Magengegend) ist der Nabel des Karmas. Bei energetischen Arbeiten sollten Sie sich deshalb schützen. Tragen Sie einen Onyx, Fuchsit oder einen schwarzen Opal an dieser Stelle. Sie spüren auch eine Enge oder einen Schmerz in der Magengegend, wenn es zu einer karmischen Begegnung kommt.
19. Essen Sie Pilze und Bambussprossen, das hilft, karmische Probleme zu verarbeiten. Diese verschwinden dann schneller. Pilze und Bambussprossen sind gute Energieträger. Sie speichern negative Energie und entgiften dadurch den Körper.

20. Stellen Sie sich in schweren Zeiten auf etwas Gutes ein. Dadurch werden sich Ihr Karma und Ihr Astralkörper auf ein positives Geschehen einstellen. Sie werden gewiss erhalten, was Sie sich wünschen. Die beste Nahrung für Ihren Astralkörper ist immer noch die Liebe.
21. Und zum Schluss: Sie sollten auch Ihren physischen Körper gut ernähren. Gut und richtig. Deshalb – wenig Fleisch, Fisch, Salz, Kartoffeln, Kaffee und Zwiebeln. Vermischen Sie Ihre Speisen farblich nicht, sie sollten in einem Farbbereich bleiben. Wenn Sie zum Beispiel einen Salat kreieren, nehmen Sie also entweder grüne Blattsalate oder nur rotes, oranges und gelbes Gemüse. Auf grünes sollten Sie dann im zweiten Fall verzichten.

Wie kann man Karma messen und bestimmen?

Es gibt ein einzigartiges Experiment, das in Russland seit Hunderten von Jahren bekannt ist. So können auch Sie Ihr Karma und Ihre Auraausstrahlung messen und bestimmen:

Füllen Sie ein Glas mit Wasser, bitte nur mit kaltem Wasser. Nehmen Sie ein Hühnerei. Das Ei muss frisch und aus einem Bioladen sein. Schlagen Sie das Ei sehr vorsichtig auf und geben Sie es ohne die Schale in das Glas. Das Ei sinkt langsam hinunter. Stellen Sie das Glas auf Ihren Kopf. Halten Sie das Glas mit einer Hand ungefähr fünf Minuten lang dort. Nun nehmen Sie das Glas herunter und schauen, was mit dem Ei im Glas passiert ist. Wenn Sie nichts feststellen, ist Ihr Karma in einem ausgewogenen Zustand. Wenn Sie aber mehrere aufsteigende Bläschen (meistens aus dem Eiweiß) oder Fäden sehen, dann stimmt etwas nicht, und Ihre Aura ist sehr beschädigt. Je mehr Bläschen oder gar Fäden, desto schwieriger ist das Karma. Versuchen Sie es und vermessen Sie Ihr Karma.

Kapitel 3

Niemand kann nichts beweisen

Zum Thema Wiedergeburt ist zunächst einmal zu sagen: Niemand kann beweisen, dass er schon einmal gelebt hat – und niemand kann das Gegenteil beweisen. Das sind Tatsachen. Wer Ihnen etwas anderes erzählen will, kennt sich mit der Materie nicht aus.

Versuchen wir uns näher mit dem Wort und der Bedeutung von »Wiedergeburt« zu befassen. Das Wort Reinkarnation bedeutet: Ich habe schon einmal gelebt. Ob man das glaubt oder nicht glaubt, das sollte jeder für sich allein entscheiden, denn diese Behauptung kann noch nicht bewiesen werden. Sie aber deswegen von vornherein abzulehnen, nur weil der Sachverhalt bis heute noch nicht wissenschaftlich bewiesen werden konnte, halte ich nicht für sinnvoll. Nichtsdestotrotz sind Sie hier auf Ihren Glauben angewiesen.

In der angewandten Reinkarnationstherapie erleben Sie unter anderem Ihre persönliche Geburt – wie Sie durch den Geburtskanal in das Leben treten. Nachdem Ihnen dieser Geburtsvorgang ins Gedächtnis oder Bewusstsein gerufen worden ist, stellt man Ihnen Fragen: Was fühlen Sie und denken Sie? Wenn Sie dann in tiefer Trance oder Hypnose sind, erinnern Sie sich beispielsweise an ein Zimmer. Was war in diesem Zimmer? Was fühlten Sie? Was erkennen Sie? Was machen die Menschen? Was passiert mit Ihnen? Sie erleben, wie Sie geboren werden. So in etwa läuft eine Behandlung mit einem Reinkarnationstherapeuten ab.

Rückführungen dienen auch dazu, Probleme, die Sie in diesem Leben noch vor sich haben, zu erkennen und rechtzeitig die Lebensumstände zu verändern. Einige Beispiele werden Ihnen schnell verdeutlichen, was damit gemeint ist: Eine Frau ist einmal fremdgegangen und kann jetzt nicht mehr mit ihrem Mann schlafen, weil ihr schlechtes Gewissen sie plagt. Da es ihr nicht gelingt, ihr Gewissen zum Schweigen zu bringen, muss sie wohl notgedrungen beichten. Oder: Man gerät ständig an den falschen Mann, zieht immer den gleichen Typ an? Hier muss man seinen Lieblingstyp ändern und weniger anspruchsvoll nach dem Prinzen suchen. Vielleicht hilft Ihnen mein Buch dabei. Dem Karmagesetz zufolge ist es Aufgabe der Seele, einen Körper zu erschaffen und eine soziale Umgebung zu finden, die geeignet ist zur Realisierung des durch die Seele aus ihren früheren Leben erworbenen allgemeinen Charakters. Es wird sogar behauptet, dass eine Seele den Vater sieben Jahre und die Mutter drei Jahre vor der Geburt aussucht.

In dieser neuen für die Seele bereitstehenden Lebenszeit werden die Sünden (Wirkungen des Karmas) eines früheren Lebens ihre Belohnung finden. Nicht in eine schreckliche Hölle mit Teufel und Flammen werden die Seele und das Ego geworfen, sondern sie werden wieder auf diese Erde geschickt, auf dieselbe Ebene, auf welcher gesündigt wurde beziehungsweise die Taten und Handlungen zu Auswirkungen wurden. Was der Mensch gesät hat, das wird er auch ernten. Im Grunde genommen ist Ihr Karma etwas, das in Ihrer Hand liegt. Je nach Ihren Taten ergibt sich schlechtes, gutes oder auch neutrales Karma.

Bei manchen Menschen zeigen sich bereits in frühen Kinderjahren außergewöhnliche oder gar geniale Begabungen, besonders in der Hellsicht und Musik, welche alle Grenzen weit überschreiten. Diese herausragenden Fähigkeiten sind »Erbteile« der Seele aus vergangenen Leben. Genauso kann zum Beispiel die ausgesprochene Kampfeslust einer Person in einer Reinkarnation Ursachen erzeugen, welche dazu führen, das Ego bei einer neuen Wiederverkörperung in ein

Land zu führen, welches eine kriegerische Periode vor sich hat. Ein weiteres Beispiel, und zwar eines der stärksten, ist die Neigung, von welcher die vorhergegangenen Leben beherrscht waren. Das sind die angeborenen Eigenschaften. Ein mit positiver Energie ausgestatteter Mensch, der sich mit Ausdauer nach Reichtümern sehnt und dieses Ziel sein ganzes Leben verfolgt, wird voraussichtlich in einer späteren Inkarnation einer jener Menschen werden, welche man als »Glückspilz« bezeichnet, der Geld hat, der aber andererseits auch gefährdet ist. Die Gefahr besteht daran, dass jemand, der Geld über alles andere stellt, seine übrigen Ziele im Leben vernachlässigt. Solche Menschen werden deshalb sehr oft im Privatleben unglücklich. Sind sie dann auch noch selbstsüchtig, charakterlos, gemein und nur dem Irdischen verpflichtet, so wird ihre nächste Inkarnation wie eine Bestrafung aussehen. Nur durch Erfahrung werden sie erkennen, dass Macht und Reichtum letztendlich vergänglich wie Seifenblasen sind.

Was erwartet uns nach dem physischen Tod?

Nach dem Tod des physischen Körpers geht die Seele auf die Reise durch verschiedene Welten. Bevor Sie inkarniert werden, gibt es mehrere Phasen der Wanderung. Drei Tage nach dem physischen Tod tritt die Energie (die Seele oder ein Teil von ihr) aus dem Ätherkörper aus. Dieser Energiekörper, der auch als Aura verstanden werden kann, schwebt um den physischen Körper. Vom irdischen Standpunkt aus bezeichnen wir so etwas als Ausstrahlung. Nach dem neunten Tag entweicht die Seele aus dem Astralkörper und dann am 40. Tag vollständig aus dem Mentalkörper. Am 110. Tag wird der karmische Körper und am 140. Tag dann der Intuitivkörper verlassen. Anschließend erst folgt die tatsächliche Reinkarnation. Ausnahmen gibt es immer, es kann also passieren, dass die Seele direkt nach dem Austreten sofort in einen neuen Körper wieder eintritt. Meistens dauert es jedoch einige Jahre.

Jeder sollte wissen, dass keine negative Emotion – sei es Ärger in der Arbeit, Wut, Unzufriedenheit, Neid, Eifersucht – spurlos verschwindet, wie so viele denken. Wäre es so, könnten Menschen auf der Erde wie im Paradies leben. All diese Emotionen sammeln sich in Ihrem Karma, das sozusagen eine »Bank der negativen Energie« darstellt. Wichtig ist also nicht die Idee, der Gedanke – auch wenn er schlecht ist –, sondern wie Sie mit dieser Idee, diesem Gedanken leben. Was Karma erzeugt, ist das Aufbauen der schädlichen Emotionen, das sich Hineinsteigern und sich bildlich Ausmalen etc.

Ihre Seele beziehungsweise den Kern der Seele zieht es zur Erde, wenn er noch nicht bereit und reif für andere Welten ist. Deswegen kann Ihre Seele (das Produkt des seelischen Kerns) in mehreren Körpern wiedergeboren sein. Es ist zwar eine Seltenheit, aber ein Muss, wenn die Seele noch mehrere Aufgaben oder noch mehrere Erfahrungen zu sammeln haben sollte. Karmische Wege sind gezielt und die Lebensreise nicht umsonst. Sie lernen auf allen Plätzen der Welt, egal wo Sie sich befinden, etwas Neues, denn die Seele erforscht ständig neue Wege und Möglichkeiten. Deshalb gibt es so viele Wanderungen. Sie suchen Ihre karmischen Teile weltweit. Sie kommen als Siedler in verschiedene Länder ... Wissen Sie, wieso das passiert? Es gibt zwei gute Gründe: Zum einen ist es immer karmisch zu lernen. Zum anderen symbolisieren alle Länder der Welt irdische Organe. Jedes Land stellt ein Organ dar, zum Beispiel ist Deutschland die Leber, den Osten kann man sich als Gehirn vorstellen (viele große Köpfe kamen aus dem Osten), Amerika ist ein Muskel und so weiter. Warum wandern so viele Menschen ausgerechnet in die USA aus? Es ist doch logisch, dass ein Muskel, besonders ein so großer, permanent »gefüttert« werden muss. So wird leicht verständlich, wieso Sie sich ausgerechnet heute da befinden, in diesem Land geboren sind und vielleicht in ein anderes Land ausgewandert sind.

Eine wahrhaft schwierige Frage ist: »Was entscheidet über das Geschlecht des Menschen?« Es können hierüber eigentlich nur Vermutungen angestellt werden. In jedem Leben können Sie als Mann oder Frau geboren werden, das weibliche beziehungsweise männliche Prinzip können Sie in Ihrem momentanen Leben aus dem letzten Dasein immer noch in sich haben. Das Ego selbst ist geschlechtslos, aber jedes Ego existiert im Laufe seiner Inkarnationen sowohl in männlichen wie in weiblichen Verkörperungen. Die Seele ist geschlechtslos. Da der Zweck der Reinkarnation das Schaffen des vollendeten Menschen ist und in dieser vollendeten Menschheit die positiven und negativen Elemente ihr volles Gleichgewicht finden müssen, ist ein Wechsel von Mann zu Frau im Geschlecht notwendig.

Was Ihre Talente betrifft, so sind diese meistens nicht von den Eltern auf genetischem Wege erworben worden. Mithilfe der Astrologie, der Numerologie oder auch des Planetencodes kann man aus den Zahlen alle Fähigkeiten ersehen, die das Individuum besitzt. Es gibt unzählige Beispiele, in welchen ein Kind mit Leichtigkeit ausführte, was andere nur mit Mühe zustande brachten, und rasch vollendete, was die anderen gar nicht zu leisten fähig waren. Mozart hat schon mit vier, fünf Jahren ein Wissen offenbart, das ihn niemand gelehrt hatte. Er besaß nicht nur ein Gefühl für Musik und Melodie, sondern auch die instinktive Fertigkeit, Harmonie zu fühlen und zu verstehen. Seine Musik lebt heute noch und wird uns überleben.

Woher kommt das? Ein Sokrates, ein Puschkin, ein van Gogh, ein Pythagoras, ein Newton oder ein Buddha – woher kommen diese Genies? Ein Kind kommt zur Welt, wird geliebt, unterrichtet und erzogen wie alle anderen Kinder auch; und plötzlich werden seine Talente so groß, dass keiner dem Kind widerstehen kann. Wunderkinder kommen bereits als Genies zur Welt. Fest steht, dass Talent nicht vererbt wird. Menschen kommen nicht als »unbeschriebene Blätter« zur Welt, sondern bringen mehrere einzigartige Charaktereigenschaften mit. Wenn sie in den Genen läge, wäre eine Begabung allgemein vererbbar. Das ist aber nicht der Fall. Ich kenne noch keine Menschen, die ein Talent vererbt hätten. Anscheinend hat man in einem früheren Leben bereits etwas gelernt, was in diesem Leben als große Gabe gilt. Beweisen lässt sich diese Annahme zwar nicht, aber sie ist auch nicht hundertprozentig auszuschließen.

Viele Menschen berichten von Begegnungen mit Verstorbenen, meistens nahen Verwandten. Solche Erfahrungen hatte ich sogar selbst. Meine verstorbene Urgroßmutter erschien im Augenblick ihres Todes bei uns zu Hause. Ich war sechs Jahre alt und habe mich zu dem Zeitpunkt nicht mit Parapsychologie oder Reinkarnation beschäftigt. Sie wurde von vier Familienangehörigen gesehen und gefühlt. Zwei Jahre später erschien sie noch einmal in unserem Haus und wurde wiederum gesehen. Zwei Katzen im Haus haben auch etwas gefühlt, sie reagierten ängstlich auf diese Erscheinung. Soll das nur ein Zufall oder die Ausgeburt der Fantasie von mehreren Personen sein oder verbirgt sich doch mehr dahinter? Häufig werden Erscheinungen als Halluzination hingestellt, aber das ist keineswegs eine befriedigende Erklärung für die Materialisation Verstorbener. Für mich wurde immer deutlicher, dass es noch mehr zwischen Erde und Himmel gibt.

Nahtoderinnerungen oder klinischer Tod sind auch gute Indizien der Reinkarnation. Die »klinisch Toten«, auch wenn es nur um Minuten geht, beschreiben einhellig die gleichen Vorgänge in diesem Zustand. Man sieht dem Geschehen von sich losgelöst zu, man sieht einen Tunnel, man hört alles, was um einen herum gesprochen wird ... Der Amerikaner Raymond Moody, Doktor der Medizin und Philosophie, veröffentlichte mehrere Bücher zu diesem interessanten Thema. In seinen Studien fand er heraus, dass alle Nahtoderfahrungen ein gemeinsames Muster aufweisen.

In engem Zusammenhang mit der Reinkarnation steht auch Ihre Intuition, die eine Wahrheit sofort als solche erkennt. Heutige Kartenleger, Wahrsager, Hellseher und durchschnittliche Bürger erwerben diese Fähigkeit nicht im jetzigen Leben, sondern haben sie schon von früher in sich. Intuition ist meist einfach da, allerdings gibt es mehrere Fälle, in denen man die Intuition erst später entdeckt. Diese Intuition ist nichts anderes als das Wiedererkennen einer bereits in einem früheren Leben vertraut gewordenen Tatsache, welche uns allerdings in diesem Leben nun zum ersten Mal begegnet.

Ein Kind kommt auf die Welt, schon ausgestattet mit einem Gehirn, mit einem Karma und eigenen Zielen. Je nach ihrer »Ausstattung« werden wir in die Familien geboren, die zu uns passen; wie sagt man so schön: »Eltern kann man nicht wählen.« Natürlich kann man das! Wir wählen unsere Umgebung selbst aus, auch alle Seelen, die uns in diesem Leben begleiten sollen, bestimmen wir selbst. Der eine wird in eine Familie, die asozial lebt, geboren; seine Umgebung führt ihn fast unweigerlich auf alle schlechten Wege. Ein anderer wird in eine edle Familie mit besorgten Eltern geboren, sodass er alle niedrigen und gemeinen Gedanken unterdrückt. Dem einen ist ein verbrecherisches Leben vorausbestimmt, er ist zu einem Kampf gegen Schwierigkeiten verurteilt; dem anderen ist dagegen ein Leben wohltätigen Wirkens vorherbestimmt, und sein Kampf wird sich weniger gegen das Böse zu richten haben.

Der Mensch kann zum Bösen wie auch zum Guten organisiert und vorbestimmt sein. Widerstand gegen schlechtes Denken und Handeln, geduldiges Arbeiten für andere Menschen, gewissenhafte Hingabe an nicht selbstsüchtige Zwecke, dies sind die Bausteine, die dem sich inkarnierenden Menschen ein Ego ermöglichen, das ein passendes Werkzeug und ein günstiger Boden für alle guten Neigungen ist.

Der Glaube in der Gegenwart

Dass man sich in unserer Gegenwart für Reinkarnation und Karma interessiert, verwundert mich nicht mehr. Noch nie haben sich alle spirituellen Traditionen der ganzen Welt gegenseitig derart durchdrungen wie heute. Die Selbstverständlichkeit, mit der die aus Indien stammenden östlichen Traditionen mit Reinkarnation rechnen, ist für jeden Menschen der westlichen Zivilisation heute eine echte Herausforderung.

Der Glaube an die Reinkarnation ist sicher nicht die schönste Frucht am Baum der Mystik, aber dieser Glaube gibt doch dem eigenen Leben einen sichtbaren Rahmen. Déjà-vu-Erlebnisse, sogenannte Rückführungen, spontan auftauchende Bilder verhelfen dem Glauben an Wiedergeburt zum Durchbruch im Leben des Einzelnen. Wie bei der Flamme einer Kerze wird nur eine Art Lebenskraft von einer Existenzform an eine andere weitergegeben. Wann aber kommt das »Samsara«, das Rad des Lebens, zum Stillstand? Dann, wenn die Schulden früherer Taten abgetragen sind.

Ob für diese Befreiung der Seele eine höhere Instanz – also ein Gott oder das Universum – zuständig ist oder ob sie sich »einfach so« vollzieht, als Verschmelzung mit einer großen kosmischen Energie, wird unterschiedlich gelehrt. Eines ist klar, Wiedergeburt ist nicht nur eine Hypothese, sondern eine Lehre und eine Tatsache.

In jedem Leben lernen Sie etwas Neues und etwas Besonderes. Da Sie nicht in einem Leben alles lernen können, bekommt jede Seele die Möglichkeit, sich mehrmals zu entwickeln. In einem Leben lernen Sie jemanden zu heiraten, in einem anderen Leben Kinder zu gebären, so und so viele Kinder. Wenn Sie in diesem Leben beispielsweise keine Kinder haben können, denken Sie sich, dass Sie Ihre Kinder vielleicht in einem anderen Leben schon geboren haben, so viele Kinder, dass damit Ihr Ziel erreicht wurde.

Zu mir in die Praxis kam einmal eine Frau, die bitterlich weinte und mir ihre Geschichte erzählte. Ihr erstes Kind war krank geboren worden, das zweite auch. Dann erlitt sie eine Fehlgeburt. »Warum habe ich keine gesunden Kinder? Was stimmt mit mir nicht?«, fragte diese Frau. Für mich stellte es sich so dar, dass sie in ihren früheren Leben mehrere Kinder zur Welt gebracht hat, vielleicht zehn oder zwanzig, die sie anscheinend nicht gut erziehen konnte. Und nun

Der Glaube in der Gegenwart

will sie wieder welche haben, aber es geht nicht. Der Wunsch nach Kindern war für diese Frau bereits erfüllt. In diesem Leben sind ihr andere Ziele, als Kinder zu bekommen, vorgegeben.

In einem Dasein haben Sie jemanden ermordet, in diesem haben Sie Ängste oder Schuldgefühle und wissen nicht, wo diese herkommen. Karmische Schulden, sogenannte karmische Knoten, kann man bewältigen. Man überwindet sie mit der Liebe. Jemandem, der etwas von der Evolution versteht, ist das leicht zu erklären, einem anderen, der sich bis heute damit nicht befasst hat, nur schwerlich.

Zum Beispiel kommen zu mir zahlreiche Menschen, die Probleme mit ihren Sprösslingen haben. Die Kinder sind in irgendwelchen Fächern nicht gut, haben Probleme mit Mathe oder mit Fremdsprachen oder etwas anderem. Liebe Eltern, das Kind hat doch die Mathematik »abgelernt«, in seinen letzten oder vorletzten Inkarnationen; heute braucht es sie nicht mehr! Versuchen Sie zu verstehen und das Kind selbst entscheiden zu lassen, welche Ziele es sich setzen will.

Alle Seelen, die heute auf der Erde sind, sind sehr alte und großartig entwickelte Seelen, die viel für das Universum getan haben. Sie alle haben sehr viel für die Evolution getan, alle wissen, was sie noch in dieser Inkarnation abzuarbeiten haben. Das bedeutet aber nicht, dass ihr bewusster Verstand das wissen muss, denn es ist das Wissen ihrer Seele, und wenn ihnen der Zugang fehlt, bleibt das Wissen verborgen.

Außer der Erde gibt es natürlich auch andere Welten, und wir alle sind mit diesen Welten eng verbunden. Sehen Sie es karmisch, dass Sie dieses Buch heute in Ihren Händen halten, es sollte so sein. Es ist an der Zeit zu überlegen, ob Ihr Leben so weitergehen soll wie bisher oder ob Sie etwas verbessern können. Jede Sekunde ist nun mehr als Gold wert; wer weiß, ob Sie persönlich die Gelegenheit bekommen, noch einmal auf die Erde zu kommen, um in einer neuen Inkarnation etwas zu verändern. Handeln Sie deshalb lieber jetzt, sofort. Und ob Sie glauben oder nicht, das überlasse ich Ihnen selbst.

Jeder Mensch sollte selbst entscheiden, woran er glauben will. Aus wissenschaftlicher Sicht gibt es keinen objektiven Beweis für Reinkarnation. Ebenso gibt es keinen Beweis dagegen. Große Wissenschaftler aller Zeiten glaubten daran, dass es eine Reinkarnation gibt. Dazu gehören Goethe, Pythagoras, Platon, Wagner, Jung und viele andere. Heute sollen Sie entscheiden, ob Sie auch daran glauben wollen. Unsere Seelen suchen eine passende Umgebung und ein passendes Umfeld für sich. Es ist also niemals einfach so, dass Ihre Kinder Ihre Kinder sind und dass Sie Kind Ihrer Eltern sind. Alles hat einen Sinn, Sie wählen sich selbst die passende Umgebung und Eltern aus, Sie wollen in der Nähe passender Seelen sein und mit passenden Seelen in Kontakt bleiben.

Seit Jahren lesen wir immer wieder in der Boulevardpresse Berichte und Spekulationen über UFOs und Ähnliches. Seit mindestens 60 Jahren wird über geheime Abkommen zwischen Regierungen und Außerirdischen spekuliert. Was ist dran? Sind das nur Gerüchte? Oder gibt es tatsächlich Verschwörungen? Einiges, über das gesprochen wird, hat gute Gründe. Oft gelangen Informationen nach außen, doch das Volk darf nicht alles erfahren. Es gibt einiges, was wir nicht wissen, weil die Informationen geheim gehalten werden. Und das geschieht seit unzähligen Jahren. Vielleicht ist das auch gut so, sonst wäre eine Panik ausgebrochen.

Information ist jedoch eine flüssige Materie, sie fließt und erreicht irgendwann die Massen. Sie verbreitet sich. So erschien eines Tages ein Bericht in der russischen Presse, der die Ereignisse von 1953 schilderte. In diesem Jahr entdeckten Astronomen in größerer Höhe verschiedene Objekte nahe der Erde. Spekulationen zufolge nahm die amerikanische Regierung mit diesen Objekten Kontakt auf. Der damalige Präsident Eisenhower soll sogar angeblich ein Abkommen mit einer der kosmischen Rassen geschlossen haben, wie einige Zeugen berichteten. Es wird ebenso spekuliert, dass seit dieser Zeit Geschöpfe dieser Rasse unter uns weilen.

Der Glaube in der Gegenwart 55

Ist diese Information absurd oder doch nicht? Was die UFOs angeht, so sieht man diese mittlerweile fast jeden Tag irgendwo. Das Internet ist voll von Videos mit fliegenden Untertassen und schwebenden Zigarren. Nicht alle dieser Aufnahmen sind echt. Doch viele davon sind keine Fälschung, es gibt unzählige Beweise für deren Existenz.

Es ist naiv zu denken, dass wir auf dieser Welt alleine sind und es kein weiteres Leben geben kann. Die Natur ist sehr vielfältig und erschafft das Leben überall. Sogar in einem Vulkan findet man es in Bakterienform. In der Nähe von Vulkanen, die Lava speien, fanden Wissenschaftler vor einiger Zeit eine Papageienart, die die Bedingungen des Vulkans gut verträgt. Die Vögel bauen ihre Nester direkt am Vulkan und bekommen ihre Jungen dort, wo keine anderen Tiere leben können. Andere Geschöpfe würden die Stickstoffdämpfe nicht überleben.

Glauben oder nicht glauben – es gibt vieles, was wir nicht wissen. Seit Jahrhunderten findet man Kornkreise. Im 19. Jahrhundert tauchten welche in Südengland auf. Von Jahr zu Jahr steigt ihre Anzahl weltweit. So sind 1987 rund 48 solcher Kreise registriert worden. 1990 waren es über 1800, und heute findet man mehrere Tausend davon. Schon 1996 waren fast 10 000 Kreise weltweit dokumentiert. Diese Kreise erscheinen mittlerweile ebenso in China wie in Südamerika. Auch in Litauen, auf der Halbinsel Krim und in sibirischen Dörfern kommen diese Kreise immer häufiger vor. Keiner weiß, was sie bedeuten. Fakt ist, sie können mit Außerirdischen zu tun haben. Alte holländische und englische Dokumente berichten über solche Kreise und nennen sie ein »Teufelswerk«. Dass diese Kreise menschliche Werke darstellen, ist jedoch ausgeschlossen. Diese Kreise kann kein Mensch erschaffen. Sie erscheinen auf Weizen-, Soja-, Reis-, aber auch auf Buchweizenfeldern (wie 2005 in Toljatti, Russland). Diese Kornkreise stellen meistens Ornamente oder Piktogramme dar. Die Struktur dieser Bilder kann sehr vielfältig ausfallen. Man sieht darin Sechsecke, Sterne, Blumen, Schlüssel, Galaxienabbildungen oder auch Insekten. Die Bilder entstehen durch Biegen der Pflanzenstängel im oder gegen den Uhrzeigesinn. Einige Bilder haben sogar Grautöne, die das Bild als 3-D-Bild erscheinen lassen. Bei solchen 3-D-Bildern sind die Stängel der Pflanzen auf verschiedener Höhe geknickt oder miteinander verbunden. Jedes Bild ist einzigartig. Die betroffenen Pflanzen wachsen parallel zur Erde weiter und werden nicht reif, sodass man sie im Feld besonders gut im Herbst sieht, wenn die reifen Felder gelb werden. Russische Wissenschaftler fanden heraus, dass diese Kreise ein tieffrequentes Funksignal aussenden. Tiere und Menschen reagieren sofort darauf. Vögel meiden diese Gegenden ... Sensible Menschen, die sich längere Zeit in der Nähe eines solchen Kreises aufhalten, bekommen oft Kopfschmerzen oder Übelkeit. Auch Angst, die auf einmal auftaucht, ist keine Seltenheit.

Es gibt weitere Phänomene der kosmischen und irdischen Natur: Dinosaurier – warum starben sie überhaupt aus? Es gibt Hunderte Theorien, und doch wissen wir bis heute nicht, was damals geschah. Vor einigen Jahren führte ein französischer Wissenschaftler interessante Experimente mit Schildkröteneiern durch. Er ließ die Eier der Schildkröten bei verschiedenen Temperaturen ausbrüten. Bei 26 bis 27 Grad Celsius schlüpften männliche Schildkröten und bei 28 bis 31 Grad Celsius weibliche aus. Dies lässt darauf schließen, dass die Veränderung der Temperatur auf der Erde vor 65 Millionen Jahren dazu führte, dass entweder nur weibliche oder nur männliche Dinosaurier zur Welt kamen und sie sich nicht mehr reproduzieren konnten.

Auch das Karma bleibt zuerst ein umstrittenes Thema – ein Thema, über das seit Jahrtausenden geforscht wird.

Ihr persönlicher Weg zur Selbstvervollkommnung

Seit den 1950er-Jahren wird die Idee der Wiedergeburt weltweit auch in »therapeutischem« Zusammenhang praktiziert. In der »Fortentwicklung« der Psychoanalyse, die die Ursachen psychischer

Störungen in erster Linie in ungelösten Konflikten der frühen Kindheit sucht, geht die Reinkarnationstherapie in ihrer »Ursachenforschung« weiter zurück. Noch vor der Empfängnis liegt meistens die Ursache von Störungen. Traumatische und unbewältigte Erfahrungen früherer Leben, wie z.B. schwere Krankheit, Schläge, Misshandlung und der eigene Tod, werden sich zwangsläufig in die nächste Inkarnation »übertragen« und sich dort in einer Vielzahl psychischer und psychosomatischer Beschwerden niederschlagen.

Ängste, Schuldgefühle, chronische Schmerzen, Allergien, Epilepsie und viele andere Probleme sind Überreste aus früheren Leben und haben sehr viel mit dem Karma zu tun. Die Symptome lösen sich auf, sobald ihre »wirkliche« Ursache erkannt und noch einmal bewusst durchlebt wird.

Eine Rückführung wird in der Regel auf hypnotischem Wege vorgenommen. Auch sprechen die »Rückgeführten« plötzlich fremde Sprachen, was erneut darauf hindeutet, dass es sich tatsächlich um eine Wiedergeburt handelt.

Jeder von uns hat mehrere Leben hinter sich, jeder wurde mehrmals reinkarniert. Meine Theorie: Insgesamt hatte jeder von uns mindestens 500 bis 700 Leben in einem menschlichen Körper. Innerhalb von 1000 Jahren erreicht man höchstens 15 Leben, je nach dem erworbenen Karma und je nach der Erfahrung des Individuums. Auf 15 Leben kommen meistens diejenigen, die das Karma positiv entwickeln und nach göttlichen Gesetzen leben, die spirituell sind und die Gesetze des Universums akzeptieren und in keiner Weise verletzen.

In diesem Buch erfahren Sie, wo Sie früher waren und wieso. Warum wird der eine in Russland geboren und der andere in Italien? Alles deutet auf Ihr letztes Leben hin. Waren Sie rechtschaffen und haben Gutes getan, werden Sie in einem Land geboren, das Ihnen Wohlstand bietet; waren Sie moralisch instabil, werden Sie in einem Land geboren, das instabil ist – politisch oder materiell. Gerade da können Sie Ihr Karma aufbessern und viel daraus lernen. Denken Sie also darüber nach, ob Sie Ihr Karma aufbessern wollen. Sie werden dazu in der Lage sein, es ist vielleicht Ihre letzte Möglichkeit zur Reinkarnation. Ihr Astralkörper kann sich ausweiten und ist nicht nur auf die fünf Meter Höhe begrenzt wie bei den meisten Menschen und nicht nur auf die 100 Meter, die die Yoga-Technik ermöglicht, sondern Millionen von Kilometern weit – allerdings nur, wenn Sie es zulassen und Ihr Karma verbessern.

Weil der Bereich der früheren Inkarnationen für fast alle Menschen unbekannt und rätselhaft ist und weil nur wenige darüber etwas wissen und noch weniger über ihre eigenen Inkarnationen Bescheid wissen (aber fast alle entweder neugierig sind oder davor Angst haben), werde ich im Folgenden versuchen, den Schleier über dieser »Nebelwelt« zu lüften. Durch meine astrologischen und planetarischen Abgleiche habe ich für jeden Laien Beschreibungen seiner Inkarnationen aufgelistet. So kann jeder, der sich bis heute nicht intensiv mit dem Thema Wiedergeburt oder Impulslehre beschäftigt hat, einiges über sich selbst erfahren. Viele gute Ratschläge, die in diesem Buch stehen, sind seit Hunderten von Jahren bewährt.

Planetencode und Astrologie sind wie zwei große Schwestern, die das Schicksal des Individuums erklären und vorhersagen. Mit diesen beiden Methoden kann man allerdings auch in die Vergangenheit schauen. Alles im Kosmos hat eine Vibration. Jeder Mensch und jeder Gegenstand weist eigene Vibrationen und Schwingungen auf, die keine analogen Wellen sind. Jede Zahl hat ebenfalls eine eigene Vibration (Zuordnung zu einem Planetenimpuls) und eine eigene Bedeutung. Astrologen und Numerologen meinen, dass man anhand der Sterne und der Zahlen jedes Leben vor der Inkarnation »lesen« kann. Sie behaupten sogar, dass unsere Sexualität davon abhängig ist.

Nun, lassen Sie sich überraschen und finden Sie sich in der Vergangenheit wieder. Dann wird Ihnen klar, wieso manches in Ihrem jetzigen Leben passiert und auf was Sie achten sollen.

Wer soll besonders auf Karma achten?

Fische, Löwe, Krebs, Skorpion, Jungfrau
Das sind die Sternzeichen mit einem sehr komplizierten Karma. Wenn Sie zu einem dieser Zeichen gehören, müssen Sie viel Geduld in Ihrem Leben aufbringen. Das Leben ist nicht immer so, wie Sie es gerne hätten, deshalb ist von Ihnen mehr Konzentration gefragt. Alle oben genannten Zeichen sollten auf die eigene Gesundheit (auf den Körper und auf die Seele) aufpassen; Jungfrauen wissen, worüber ich hier spreche, denn sie lieben Diäten, pflegen den eigenen Körper und leiden sehr oft unter verschiedenen Phobien. Skorpione sollten auf ihre Laune achten, Stimmungsschwankungen sind ihre Schwäche. Löwen, Fische und Krebse sollten sich mehr Zeit für sich nehmen, um zu entspannen.

Stier und Wassermann
Sie sollten auf Ihre eigene Energie achten. Sie haben meist ein neutrales (ohne große Belastung) Karma. Lassen Sie sich nicht ausnutzen. Sie brauchen viel Freiraum für sich selbst.

Widder, Zwillinge, Schütze, Steinbock und Waage
Sie haben ein eher ausgeglichenes Karma, Sie können sich gut anpassen.

Sie sind also nicht »einfach so« als ein Widder oder als ein Schütze geboren. Alles hat einen Grund.

Fünf Elemente

Wenn Sie sich ein wenig mit Astrologie befasst haben, wissen Sie, dass man üblicherweise in einem Leben von 16 Lebensabschnitten ausgeht, 16 Phasen, die Sie durchleben. Jede Phase dauert im Durchschnitt fünf bis sieben Jahre, wenn alle Lebensziele erfüllt werden. Bei Nichterfüllen eines Ziels können Abschnitte länger dauern, und man hängt buchstäblich da fest, wo nichts erreicht wurde. Astrologisch werden alle zwölf Sternzeichen vier Elementen zugeordnet. In China kennt man fünf Elemente. Alle Elemente sind karmisch, kosmisch und emotional miteinander verbunden. Bevor Sie später im Buch erfahren, wer Sie früher waren, erkläre ich Ihnen kurz die Zusammenhänge aller Zeichen. So können Sie leichter verstehen, was für Sie persönlich von Bedeutung ist.

Wasser

Krebs, Skorpion, Fisch
Für alle drei Sternzeichen gilt: Sie können Ihre Emotionen nicht unter Kontrolle behalten. Versuchen Sie, Ihre Gedanken und Gefühle zu kontrollieren.

Feuer

Widder, Löwe, Schütze
Für alle drei Sternzeichen gilt: Sie haben Angst, die eigene Individualität zu verlieren. Geben Sie Ihre Liebe an die Menschen weiter, dann wirken Sie bestimmt individueller.

Luft

Zwilling, Waage, Wassermann
Für alle drei Sternzeichen gilt: Sie sollten das Karma verbessern. Sie greifen nach Ideen aus der Luft, laufen aber vor der Realität weg. Seien Sie unabhängig und öffnen Sie Ihre Augen.

Erde

Stier, Jungfrau, Steinbock
Für alle drei Sternzeichen gilt: Sie sind sogenannte »Arbeitstiere« und vergessen dadurch das Privatleben. Konzentrieren Sie sich auf größere Lebensziele, schenken Sie Ihrer Umgebung Liebe, dann fällt die Liebe wieder doppelt auf Sie zurück.

Holz

Neutral
Dieses Element ist bei jedem Sternzeichen zu finden. Das Element Holz symbolisiert Wachstum und Transformation der Seele.

Kapitel 4

Ihre Datumswerte

Persönliche Werte nach dem Geburtsdatum

Jeder Tag, der auf der Erde vergeht, unterliegt eigenen Werten (Besonderheiten). Aufgrund sich wiederholender astronomischer Himmelsereignisse – z.B. der Vollmond alle 29 Tage oder die längere Sonnenscheindauer im Sommer gegenüber dem Winter – wiederholen sich auch die Werte bestimmter Tage Jahr für Jahr. Selbst die Bewegung der Planeten ist für astrologische Voraussagen von großer Bedeutung. Die Planeten stehen in Verbindung mit den Sternzeichen und können zugeordnet werden. Die Sterne beeinflussen Ihr Schicksal durch ihre Position zum Zeitpunkt Ihrer Geburt. Nachstehende Daten zeigen Ihnen Ihre Werte, die an Ihrem Geburtstag vorhanden waren und Ihnen mit in die Wiege gelegt worden sind. Diese können im Laufe des Lebens verändert (verstärkt oder auch verloren) werden.

Ihre persönlichen Werte entsprechend Ihrem Geburtsdatum sind entweder

   positiv + oder
   neutral ± oder
   negativ –

Finden Sie das Datum, an dem Sie geboren wurden, und lesen Sie nach, welche Besonderheiten dieser Tag hatte. Ist es ein positiver Tag gewesen oder eher ein neutraler oder gar ein negativer?

Wenn Sie zum Beispiel an einem 1. Januar geboren sind, ist der Tag positiv und hat folgende Werte: Stärke, Reife, Auswahl. Diese übertragen sich auf Ihr Schicksal. Ihre persönlichen Charakterwerte können Stärke und Reife sein sowie die Fähigkeit, wählerisch oder auch entscheidungsstark zu sein.

Datumswerte sind auch hilfreich bei der Entscheidung, ob Sie etwas lieber an diesem oder besser an einem anderen Tag unternehmen. Wenn Sie an irgendeinem Tag etwas unternehmen wollen, etwa verreisen, können Sie nachsehen, ob dieser Tag für eine Reise gut geeignet ist. Sie haben beispielsweise den 2. Januar geplant. Der Tag selbst wird als »böse, wütend und unehrlich« beschrieben, von fehlender Geduld ganz zu schweigen. Sie können davon ausgehen, dass an diesem Tag Ihre Reise kein wahres Vergnügen sein wird. Wählen Sie besser einen anderen Tag.

Oder Sie wollen Ihre Schwiegermutter besuchen. Das planen Sie z.B. für den 7. Januar. Der Tag steht unter guten Sternen und gilt als »leidenschaftlich, bereitwillig und problemlos«. Sie können damit rechnen, dass Ihr Besuch ohne Probleme verläuft.

Datumswerte: positiv +, neutral ±, negativ –

Januar

1. stark, wählerisch, reif +
2. böse, wütend, ungeduldig, oft unehrlich –
3. seelisch zurückgezogen, instabil ±
4. schutzorientiert und mutig +
5. sparsam, diplomatisch, neugierig +
6. berührend und nachtragend –

7. leidenschaftlich, bereitwillig, problemlos +
8. schüchtern und zurückgezogen –
9. depressiv, ernsthaft –
10. wunderbar, großzügig, sympathisch, flexibel +
11. dominant und klug, tolerant +
12. sich schnell entwickelnd, risikobewusst +
13. arm, schmerzvoll, leidenschaftlich, wechselhaft –
14. beweglich, nach vorne gehend, ehrlich +
15. liebend, wankelmütig, chaotisch ±
16. engagiert, grüblerisch, zielgerichtet –
17. langsam und unbeweglich, zynisch –
18. schaffen, steigern und verbessern sind Ihre Stärke +
19. friedlich und freundlich, gutmütig und initiativ +
20. fantasievoll und träumerisch, verblüffend +
21. sehr geringes Selbstwertgefühl, vorsichtig und zurückhaltend ±
22. Traurigkeit und Unsicherheit sind sehr stark ausgeprägt –
23. Empfindsamkeit und Herzlichkeit sind Ihre Stärken +
24. materiell eingestellt und geldgierig, geizig ±
25. übervorsichtig, von Ängsten geplagt –
26. lebendig und fröhlich, neugierig und fleißig +
27. überlegend und vorsichtig ±
28. ausgeglichen und lebensfroh, ehrgeizig +
29. freundlich, hilfsbereit und offen +
30. neutral gegenüber allem, was Sie umgibt, neugierig ±
31. unvorsichtig und ängstlich, Opfernatur –

Februar

1. testen, erfahren, vorbereiten sind Ihre Lebensziele ±
2. kämpferisch und chaotisch, unzuverlässig –
3. überlegend, aber planlos, nichts zu Ende bringend –
4. Entdecker- und Abenteuerlust sind Ihre Stärken +

5. unbeirrt und zielstrebig +
6. feinsinnig, aufmerksam, gutmütig +
7. seelische Natur, spirituell, meditierend, kämpferisch, willensstark +
8. neue Wege und Weiterbildung suchend, beherrscht, rechthaberisch +
9. sexy, kontaktfreudig und selbstbewusst +
10. zu hohe Ziele und Selbstüberschätzung sind Ihre Schwächen –
11. strenge Natur, kompromisslos, nicht romantisch und zweifelnd –
12. hart und mächtig ±
13. realitätsbezogene Ziele, zielstrebig +
14. grau und nichtssagend, kleine Ziele und zweifelnd ±
15. Spiritualität, Sicherheit, Ziele und Romantik – alles wartet auf Sie +
16. ordentlich und vertrauensvoll, romantisch +
17. spirituell und sensitiv, angenehme Natur, initiativ +
18. intrigant und arrogant –
19. Zerstreuung und Ungewissheit sind Ihre Schwächen ±
20. enttäuscht, geldgierig, misstrauisch –
21. beständig und zielorientiert, zuverlässig +
22. erotisch und genial +
23. genussvoll, vital, imponierend +
24. mystisch und sexbezogen +
25. sehnsüchtig und abwartend –
26. spirituelle Natur, selbstbewusst, entschlussfreudig +
27. unausgeglichen und geheimnisvoll ±
28. lügend, hinterhältig, arrogant –
29. planend und klug +

März

1. nostalgisch, enttäuscht und passiv –
2. nachdenklich und zurückhaltend ±
3. zu vorsichtig und immer planend ±
4. erfolgreich und spontan +
5. mutig, aber nachtragend ±
6. Rachsucht und Distanz sind Ihre Schwächen –
7. edelmütig und treu +
8. harmonisch und ausgewogen +
9. voreingenommen und vorsichtig ±
10. schlapp und energielos –
11. hübsch, anziehend, nicht dumm +
12. reiselustig und entschlossen +
13. falsch und hinterhältig –
14. genießerisch und sexuell stark +
15. tapfere Natur +
16. mutige Natur +
17. verschwenderisch, Geldmangel –
18. eingebildet und schlau –
19. gelassen und ruhig +
20. schnell und nicht abwarten könnend ±
21. lustig, will sich durchsetzen, Pech in der Liebe –
22. selbstbezogen, wenig Familiensinn –
23. sehr harmonische Natur +
24. kann sich nicht konzentrieren, zerstreut –
25. traurig, ab und zu frustriert –
26. liebt alles Neue, ist stets begeistert +
27. Ängste und Zurückhaltung dominieren –
28. durchsetzungsstark, sympathisch +
29. familiensinnig, entschlossen +
30. durchsetzungsfähig bis rücksichtslos, frech und entschlossen +
31. sehr taktische Natur ±

April

1. sehr zielstrebig und ehrgeizig +
2. erfolgreich und siegesgewiss +
3. zurückhaltend, von Ihnen ausgehende Liebesprobleme −
4. ab und zu nicht ehrlich −
5. selbstanklagend, Pechvogel −
6. kleinlich, präzis ±
7. Ratgebernatur, verständnisvoll +
8. gierig, entschlossen, neidisch ±
9. Sinn für die Natur +
10. vorsichtig und widersprüchlich ±
11. launisch und unbeständig −
12. lügend und intrigant −
13. entschlossen, leidenschaftlich und chic +
14. psychisch instabil, nervös −
15. entschlossen, stolz und vital ±
16. erfolgreich in allen Dingen, vermögend +
17. Leichtigkeit im Leben ist nicht immer gegeben −
18. strengen Sie sich an, alle Ziele in Ihrem Leben werden erreicht +
19. erfolgreich, machtgierig, gerecht +
20. Sie gehen leicht von einem Sieg zum anderen +
21. stur, engstirnig −
22. gefühlsarm und streitbar −
23. anstrengende Natur, Sado-Maso-Natur −
24. liebevoll und kultiviert +
25. talentiert und schnell +
26. frustriert und oberflächlich −
27. sexy, lebensfroh +
28. reich und nicht geizig +
29. humorvoll und lächelnd ±
30. habgierig, unsicher −

Mai

1. gesundheitsbewusst und sportlich +
2. Gefahr erwartend und unbedacht –
3. freundlich und offen +
4. zielstrebig, aber ungeduldig ±
5. wählerisch, geldgierig, selbstlos ±
6. abwarten ist Ihr zweiter Name +
7. unangenehm und bösartig, kalt –
8. künstlerisch und hilfsbereit +
9. zerstreut, still, unsozial –
10. materiell eingestellt ±
11. stur, eisern, kommt immer zum Ziel +
12. neidisch und gefährlich in Handlungen –
13. ehrgeizig, kräftig, energisch +
14. begabt, gemütlich, loyal +
15. freundliche Natur, kompromissbereit +
16. tiefsinnig, optimistisch +
17. aufmerksam, attraktiv +
18. reich, freundlich, klug +
19. schön und abenteuerlich +
20. apathisch, stark, zäh, hart –
21. reiselustig und freundlich zu jedem +
22. gleichgültig und meistens negativ –
23. aufgeweckt, zuversichtlich +
24. Selbstvertrauen sehr ausgeprägt, kompetent +
25. Arbeitstier, außergewöhnlich ±
26. sicher und gerecht +
27. ängstlich, kompromisslos –
28. Unterschätzung ist immer gegeben –
29. spirituell, abenteuerlustig +
30. feinsinnig, impulsiv +
31. sicher, hartnäckig +

Juni

1. eingebildet, unfreundlich –
2. rachsüchtig und eifersüchtig –
3. distanziert, radikal –
4. sensibel und begabt +
5. nostalgisch, leidenschaftlich ±
6. eifersüchtig und despotisch –
7. fein, aber klein ±
8. unglücklich, impulsiv –
9. nachlässig, befriedigend ±
10. hinterhältig und falsch –
11. stabil und nüchtern-wissenschaftlich +
12. gemütlich, sympathisch +
13. nervös, pessimistisch –
14. freundlich, das Leben liebend +
15. großes Selbstvertrauen +
16. streitlustig und stur –
17. unglücklich, traurig –
18. Luxus ist Ihr zweiter Name +
19. beweglich, positiv, optimistisch +
20. Veränderungen und Neuanfang gibt es stets in Ihrem Leben ±
21. lebendig, liebend, schnell +
22. freundlich und besinnlich +
23. überfordert, zäh –
24. leichtgläubig –
25. verschlossen, schwaches Selbstwertgefühl –
26. frech, aber gerecht +
27. eifersüchtig und mürrisch –
28. negative Gedanken sind immer dabei –
29. extravagant und chic ±
30. kompetent, ehrlich, offen +

Juli

1. offenherzig und aufrichtig +
2. passiv, ruhig –
3. spirituell, Wunderkind, beachtenswert +
4. gesellig und offen +
5. treuherzig, großzügig +
6. gewissenhaft und reflektierend ±
7. Glückspilz, ruhig, gemütlich +
8. unersättlich, geizig –
9. albern, Kindskopf –
10. untadelig, gutgläubig +
11. neidisch, undankbar –
12. beachtenswert, familiär +
13. allegorisch, sich genierend –
14. kämpferisch und unversöhnlich –
15. launisch, mürrisch, kühl –
16. frei und unabhängig +
17. launisch, feindselig –
18. selbstständig, beständig +
19. planlos, schnell ±
20. unnachgiebig und missgünstig –
21. streitsüchtig, wachsam –
22. rein und keusch +
23. undankbar, unwillig, gleichgültig –
24. selbstsüchtig, geschwätzig –
25. unwiderstehlich, neugierig, lebensbejahend +
26. weise und klug +
27. undurchschaubar, fröhlich und schlau +
28. unempfindlich, grüblerisch –
29. allegorischer Familienmensch ±
30. mystisch und glücklich +
31. provokativ, eifersüchtig –

August

1. stolz und eingebildet ±
2. aufrichtig, arbeitswillig +
3. autoritär, führungsstark, mächtig +
4. ängstlich, misstrauisch –
5. stark, beachtenswert +
6. hat weiten Horizont, fantasievoll +
7. ruhig und gelassen +
8. unnachgiebig, stur –
9. gesellig, launisch, verträumt ±
10. spirituell, offen, klug, Wunderkind +
11. unwillig, schwärmerisch –
12. dankbar, konstant +
13. offen und großzügig +
14. schlau, selbstbewusst und klug +
15. gewalttätig, ausdauernd –
16. gesellig, freundlich, diplomatisch +
17. gewissenlos, energiesaugend –
18. planend, temperamentvoll +
19. wachsam, optimistisch +
20. günstig, unabhängig +
21. Berufung ist Ihr Ziel +
22. undankbar, launisch –
23. genießerisch, chic, gütig +
24. gewissenlos, ängstlich –
25. geschickt und natürlich +
26. streng und gerecht +
27. erfolgreich, alles ohne Mühe erreichend +
28. gütig und natürlich +
29. ausdauernd, gefühlvoll +
30. Luxus ist ein Muss ±
31. gelassen und still +

September

1. gleichgültig und zurückhaltend –
2. pessimistisch und kühl –
3. lebensbejahend, klug +
4. weltoffen und robust +
5. glücklich, zuverlässig +
6. faul, zäh, abweisend –
7. schnell, gutgläubig +
8. intelligent, warmherzig +
9. gemütlich, optimistisch +
10. gesellig und freundlich +
11. entscheidungsfreudig, realistisch ±
12. gleichgültig, vorsichtig, undurchschaubar –
13. neugierig, zuverlässig +
14. nachdenklich, verträumt ±
15. gleichgültig, kaltherzig –
16. geldgierig, erfolglos –
17. hilfsbereit und offen +
18. gutgläubig, sensibel ±
19. langsam, zurückweisend –
20. schnell und diplomatisch +
21. schwärmerisch und liebend +
22. unglücklich, nicht kommunikativ –
23. feindselig, rachsüchtig –
24. wachsam, kommunikativ +
25. eifersüchtig und abweisend –
26. materialistisch und offen +
27. kühl und abweisend –
28. kaltherzig und unverständlich –
29. zäh, zynisch ±
30. unzuverlässig und verletzend –

Oktober

1. wankelmütig, verständnislos ±
2. zynisch, melancholisch –
3. verständnislos, schauspielernd –
4. neugierig und sinnlich +
5. verletzend, gemein –
6. lustig und lebensfroh +
7. liebevoll, kontaktfreudig +
8. sensibel, aber nicht ausgeglichen ±
9. abwartend, sensibel –
10. mächtig, stark, führungsstark +
11. sinnlich und spirituell +
12. standhaft, diplomatisch, gerecht +
13. verständnisvoll, charmant +
14. ausdauernd, selbstbewusst +
15. konsequent, klar, offen +
16. ehrgeizig, arbeitswillig +
17. reif, weise +
18. flexibel, gutgläubig ±
19. humorvoll, loyal, aber ernsthaft ±
20. enttäuscht und egoistisch –
21. neugierig, wankelmütig +
22. verblüffend, schnell denkend +
23. kämpferisch, unsozial –
24. idealistisch und charmant +
25. tiefsinnig und liebevoll +
26. interessant, lyrisch, einzigartig +
27. unversöhnlich und stur –
28. suchend, egoistisch –
29. undurchschaubar und chaotisch –
30. vital und zufrieden +
31. gefährlich und undiplomatisch –

November

1. spaßig und interessant +
2. einmalig und idealistisch +
3. großzügig, problemlos +
4. höflich, sinnlich +
5. chaotisch, egoistisch –
6. viel riskierend, problembehaftet –
7. tolerant, spaßig +
8. gutmütig, leidenschaftlich +
9. hat mehrere Seiten ±
10. treu und sinnlich +
11. geduldig, geradlinig ±
12. verletzend, untreu –
13. fleißig und großzügig +
14. zurückgezogen und scheu –
15. sparsam und höflich +
16. geradlinig denkend +
17. höflich, aber hinterhältig ±
18. treu, fantasievoll +
19. keusch und fantasievoll +
20. hat weiten Horizont ±
21. gesellig, diplomatisch +
22. unverständlich und stur –
23. ernsthaft, aggressiv –
24. jähzornig und nicht immer weise –
25. leidenschaftlich, reif +
26. tapfer, kontaktfreudig +
27. gleichgültig ±
28. verlustbringend, gefährlich –
29. künstlerisch veranlagt +
30. despotisch und egoistisch –

Dezember

1. ausgeglichen, ehrlich +
2. ehrgeizig, schwungvoll +
3. widersprüchlich, sparsam −
4. kommunikativ und sehr freundlich +
5. zuverlässig, kompetent, autoritär +
6. anpassungsfähig, unbeständig +
7. verletzend und pessimistisch −
8. einsam, Ärger in sich hineinfressend −
9. sehr spirituell und klug +
10. optimistisch und freundlich +
11. führungsstark, vital +
12. inkonsequent, viel überlegend −
13. riskant, kommunikativ ±
14. misstrauisch, undurchschaubar −
15. kompromisslos und misstrauisch −
16. unnatürlich und gehemmt −
17. Opfernatur ±
18. initiativ, flexibel +
19. ehrgeizig, gutherzig +
20. übervorsichtig und humorlos −
21. energisch, zuverlässig +
22. imponierend ±
23. schwach, rachsüchtig −
24. widersprüchlich, enttäuscht ±
25. gutmütig und hellsichtig +
26. interessant und humorvoll +
27. willensstark, aber stur ±
28. engstirnig, humorlos, enttäuscht −
29. arrogant, zurückgezogen −
30. verträumt, loyal ±
31. geistig, sensibel, hellsichtig, liebevoll +

Waren Sie Mann oder Frau?

Wie Sie aus vielen Rückführungsbeispielen wissen, werden Sie nicht immer im gleichen Geschlecht geboren. Denn um alle Erfahrungen zu sammeln, versteht es sich von selbst, dass wir beiderlei Geschlecht benötigen.

Um zu erfahren, welches Geschlecht Sie in Ihrem letzten Leben hatten, addieren Sie zu Ihrem Geburtstagsdatum (nehmen Sie nur den Tag) die Zahl 8 hinzu. Falls sich daraus eine zweistellige Zahl ergibt, addieren Sie beide Zahlen, sodass Sie eine einstellige Zahl erhalten.

> Nehmen wir das Beispiel: Geboren am 12. März 1977
> Addieren Sie: 12 + 8 = 20
> weiter aus 20: 2 + 0 = 2
> Bei einer geraden Zahl waren Sie in Ihrem letzten Leben ein Mann.

> Ein anderes Beispiel: Geboren am 17. Juni 1952
> Addieren Sie: 17 + 8 = 25
> weiter aus 25: 2 + 5 = 7
> Bei einer ungeraden Zahl waren Sie eine Frau.

Da es allerdings einige Ausnahmen von dieser Regel gibt, habe ich die folgende Datumstabelle eines Monats erstellt, die Ihnen das Ausrechnen erspart. Sie brauchen nur noch beim Datum Ihres Geburtstages nachzulesen. Sehen Sie bitte unter den entsprechenden Ziffern nach:

1 = Sie waren in Ihrem letzten Leben eine Frau
2 = Sie waren in Ihrem letzten Leben eine Frau
3 = Sie waren in Ihrem letzten Leben ein Mann
4 = Sie waren in Ihrem letzten Leben eine Frau

5 = Sie waren in Ihrem letzten Leben ein Mann
6 = Sie waren in Ihrem letzten Leben eine Frau
7 = Sie waren in Ihrem letzten Leben ein Mann
8 = Sie waren in Ihrem letzten Leben eine Frau
9 = Sie waren in Ihrem letzten Leben ein Mann
10 = Sie waren in Ihrem letzten Leben eine Frau
11 = Sie waren in Ihrem letzten Leben eine Frau
12 = Sie waren in Ihrem letzten Leben ein Mann
13 = Sie waren in Ihrem letzten Leben eine Frau
14 = Sie waren in Ihrem letzten Leben ein Mann
15 = Sie waren in Ihrem letzten Leben eine Frau
16 = Sie waren in Ihrem letzten Leben ein Mann
17 = Sie waren in Ihrem letzten Leben eine Frau
18 = Sie waren in Ihrem letzten Leben ein Mann
19 = Sie waren in Ihrem letzten Leben eine Frau
20 = Sie waren in Ihrem letzten Leben eine Frau
21 = Sie waren in Ihrem letzten Leben ein Mann
22 = Sie waren in Ihrem letzten Leben eine Frau
23 = Sie waren in Ihrem letzten Leben ein Mann
24 = Sie waren in Ihrem letzten Leben eine Frau
25 = Sie waren in Ihrem letzten Leben ein Mann
26 = Sie waren in Ihrem letzten Leben eine Frau
27 = Sie waren in Ihrem letzten Leben ein Mann
28 = Sie waren in Ihrem letzten Leben eine Frau
29 = Sie waren in Ihrem letzten Leben eine Frau
30 = Sie waren in Ihrem letzten Leben ein Mann
31 = Sie waren in Ihrem letzten Leben eine Frau

Berechnung der Todesursache des letzten Lebens

Zur Berechnung der Todeszahl müssen Sie alle Zahlen Ihres Geburtsdatums zusammenzählen, allerdings ohne das Jahrhundert und ohne die Nullen. Die Zahl des Jahrhunderts im Geburtsdatum wird bei dieser Ausrechnung nicht berücksichtigt, denn sie hat für die Ermittlung der Todesursache keine Bedeutung.

Beispiel: Geburtsdatum: 10.08.1973
Addieren Sie: 1 + 0 + 0 + 8 + 7 + 3 = 19
weiter: 1 + 9 = 10
dann: 1 + 0 = 1
Sehen Sie in der folgenden Tabelle unter 1 nach:
Es war ein natürlicher Tod.

Ein weiteres Beispiel: Geburtsdatum: 12.01.1953
Addieren Sie: 1 + 2 + 0 + 1 + 5 + 3 = 12
weiter: 1 + 2 = 3
Sehen Sie in der Tabelle unter 3 nach:
Hier war es ein Unfalltod.

Todeszahlen mit zugehöriger Todesursache:

Todeszahl	Todesursache
1	natürlicher Tod (altersbedingt)
2	krankheitsbedingter Tod, schwere Erkrankung
3	unfallbedingter Tod
4	Selbstmord (auch durch bewusste Herausforderung)
5	natürlicher Tod
6	Ermordung
7	unfallbedingter Tod
8	krebsbedingter Tod, schleichende Erkrankung
9	natürlicher Tod in jüngeren Jahren

Die Todesursache des Vorlebens kann Ihr heutiges Leben beeinflussen. Einige Ängste sind mit ihr verbunden. Apropos Tod: Eines Tages sah ich einen Bericht im russischen Fernsehen über die Mumie eines russisch-tibetischen Mönches, die noch »lebt«. Die Mumie hatte sich 70 Jahre unter der Erde befunden und war nun ausgegraben worden. Sie reagiert auf die Umgebung, macht ab und zu Mund oder Augen auf. Nach diesem Bericht entschloss ich mich dazu, dass mein Körper nach meinem Tod verbrannt werden soll.

Finden Sie sich selbst

Menschen müssen versuchen, anders zu denken, genauer gesagt umzudenken. Das jetzige Leben ist wie ein großer bunter Jahrmarktplatz, auf dem jeder Mensch und jedes Wesen seine Berechtigung zu leben hat, denn es hat einen unsterblichen Geist und eine unsterbliche Seele und ist Ausdruck der höchsten Gottesform.

Doch schauen Sie sich um. Was fällt Ihnen auf? Angenommen, Sie gehen in der Stadtmitte in ein Kaufhaus oder besuchen eine Geburtstagsparty. Was sehen Sie da? Eine Menschenmasse, die sich langsam und träge bewegt, vergleichbar mit Schnecken auf der Jagd. Doch Menschen sollten sich nicht im Pulk wie Schnecken vorwärtsdrängen und nur energetisch versorgen lassen. Denn blinder Konsum und die daraus gezogenen Energien führen nur dazu, die Seele zuzumüllen. Doch jeder hier auf Erden ist eine alte Seele. Und jeder hat eine Menge karmischer Knoten und karmische Komplexe. Sie müssen diese auflösen und sich davon befreien, damit Sie in Freiheit wachsen können.

Im Folgenden finden Sie alle Aussagen bezüglich Ihrer eigenen Situation, Ihres Eintritts in dieses Leben, Ihres Karmas, Ihrer Vorzüge und Schwächen. Auch können Sie nachlesen, wer oder was Sie waren und welche Charaktereigenschaften Sie heute noch behindern oder fördern. Durch dieses umfangreiche Wissen kann es gelingen, karmische Verwicklungen und Knoten zu entwirren.

Wichtiger Hinweis zu den Berechnungen Ihres letzten Lebens mit der stärksten Vorprägung für hier, dem Land des letzten Lebens und der Zeit des letzten Lebens mit der stärksten Vorprägung für hier:
Es muss sich hier nicht unbedingt um das Leben in chronologisch richtiger Reihenfolge vor der Geburt in dieses Leben handeln. Letztes Leben und letztes Land beziehen sich in diesem Fall auf dasjenige vergangene Leben, welches auf das jetzige Leben einwirkt. Das bedeutet, dass die Prägungen aus dem letzten Leben für dieses Leben karmisch aufgearbeitet werden sollen und den stärksten Bezug zu Ihrer jetzigen Inkarnation aufweisen.

Kapitel 5

Berechnungen Ihres letzten Lebens

Widder 21. März – 20. April

Sie sind jemand, der siegen soll! Schauen Sie nach vorne und vergessen Sie alles, was Sie von der Vergangenheit her bedrückt.

Länder, in denen Sie schon gelebt haben:
Ägypten
Alaska
China
Costa Rica
Deutschland
England
Estland
Israel
Italien (Venedig)
Japan
Korea
Russland/Sibirien
Spanien
Ukraine
Weißrussland
Zentralafrikanische Republik

Widdergeborene der Jahre: 1901, 1913, 1925, 1937, 1949, 1961, 1973, 1985, 1997, 2009

Mitgebrachte Prägung aus Ihrem Vorleben für dieses Leben: *Ihre taktische Natur hilft Ihnen, alle Probleme zu meistern und sie für Ihr Weiterkommen zu nutzen. Bleiben Sie immer gelassen und konzentrieren Sie sich auf Ihre persönliche Entwicklung.*

Karma: Gutes Karma
Land des letzten Lebens mit stärkster Vorprägung für hier: Israel
Zeit des letzten Lebens mit stärkster Vorprägung für hier: 14. Jahrhundert
Alter: So alt wurden Sie: 55
Geschlecht: Ob Sie Mann oder Frau waren, ersehen Sie aus der Liste auf Seite 77f.
Beschäftigung: Als Mann: Künstler, evtl. Schauspieler am Theater; als Frau: Wahrsagerin, Hexe oder Kräuterfrau
Charaktereigenschaften, die Sie hatten und für dieses Leben mitbringen:
  + Sie fanden Ihr Leben nicht immer schön, aber Ihnen fiel immer eine Lösung für Ihre Probleme ein. Sie waren kommunikativ, freundlich, graziös, pflegten leicht Kontakte, waren gesprächig und sehr spontan.
  − Sie empfanden das Leben anderer Menschen als schöner, waren oft neidisch, unpünktlich und konnten Geheimnisse schlecht für sich behalten.

Empfehlungen für das derzeitige Leben: Ihre Ziele können erreicht werden, wenn Sie sich immer nur ein Ziel nach dem anderen vornehmen und nicht alle zusammen. Üben Sie, geduldig zu sein, und schätzen Sie das, was Sie haben. Nehmen Sie sich mehr Zeit für sich selbst und Ihre Freunde. Seien Sie nicht zu wählerisch, aber weichen Sie nicht von Ihrem Weg ab. Gehen Sie von sich aus auf die Menschen zu.

Widder 21. März – 20. April

Schutzhinweise, gültig im letzten Leben sowie im derzeitigen Leben:
- Gesundheit: Achten Sie auf Kopfschmerzen, Ihren Kreislauf und Ihr Herz.
- Ihre Schutzblumen sind Rosen.
- Ihre Schutzfarbe (Bekleidung) ist weiß.
- Ihre Glückszahlen sind: 1, 2, 9, 44, 56.
- Amulett: Kleiner Beutel, gefüllt mit Rubinen und Melisse.

Temperament im derzeitigen Leben:
- Wenn Sie am 21.03., 24.03., 28.03., 12.04., 16.04., 17.04., 20.04. geboren sind, haben Sie sehr viel Temperament.
- Wenn Sie am 22.03., 23.03., 26.03., 01.04., 08.04., 19.04. geboren sind, haben Sie ein mittleres Temperament.
- Wenn Sie an anderen Tagen als Widder geboren sind, sollten Sie temperamentvoller werden.

Lebensziel im derzeitigen Leben: Ihr Privatleben in den Griff zu bekommen. Handeln Sie, anstatt zu lange zu überlegen. Seien Sie zu größeren Schritten bereit.

Widdergeborene der Jahre: 1902, 1914, 1926, 1938, 1950, 1962, 1974, 1986, 1998, 2010

Mitgebrachte Prägung aus Ihrem Vorleben für dieses Leben: *Nutzen Sie Ihre natürliche Autorität, um sich überall durchzusetzen. Beharren Sie nicht nur auf Ihrer Meinung, sondern zeigen Sie sich nachgiebig und ruhig.*

Karma: Neutrales Karma
Land des letzten Lebens mit stärkster Vorprägung für hier: Japan
Zeit des letzten Lebens mit stärkster Vorprägung für hier: 17. Jahrhundert
Alter: So alt wurden Sie: 78
Geschlecht: Ob Sie Mann oder Frau waren, ersehen Sie aus der Liste auf Seite 77f.

Beschäftigung: Als Mann: Soldat oder Offizier; als Frau: Chemikerin, Lehrerin oder Wissenschaftlerin

Charaktereigenschaften, die Sie hatten und für dieses Leben mitbringen:
- \+ Sie waren intellektuell, nicht immer vertrauenswürdig, aber gerecht, humorvoll und familienbezogen. Sie schenkten Ihr Vertrauen allen Menschen. Lernen und Weiterbilden war ein Muss für Sie.
- − Sturheit, Dickköpfigkeit, zu kritisch sein und sich nicht fallen lassen können machten Ihnen das Leben schwer. Sie hielten das Leben anderer für schöner und besser. Damit hatten Sie völlig recht.

Empfehlungen für das derzeitige Leben: Nehmen Sie sich mehr Zeit für sich selbst. Behaupten Sie nicht Dinge, die Sie nicht definitiv wissen oder genau kennen. Lehnen Sie nicht alles ab, womit Sie sich noch nie beschäftigt haben. Schreiben Sie öfter Ihren Freunden. Prüfen Sie die Ehrlichkeit Ihrer Mitmenschen, bevor Sie ihnen Vertrauen schenken. Schauen Sie nur vorwärts, blicken Sie nur ab und zu auf das zurück, was Sie bis hierher schon erreicht haben.

Schutzhinweise, gültig im letzten Leben sowie im derzeitigen Leben:
- Gesundheit: Achten Sie auf Ihren Kopf, Ihren Kreislauf und essen Sie weniger Süßigkeiten.
- Ihre Schutzblumen sind Nelken.
- Ihre Schutzfarbe (Bekleidung) ist grün.
- Ihre Glückszahlen sind: 6, 8, 9, 59, 77.
- Amulett: Kleiner Beutel, gefüllt mit Perlen (Süßwasserperlen) und getrockneten Pflaumen.

Temperament im derzeitigen Leben:
- Wenn Sie am 21.03., 24.03., 28.03., 12.04., 16.04., 17.04., 20.04. geboren sind, haben Sie sehr viel Temperament.
- Wenn Sie am 22.03., 23.03., 26.03., 01.04., 08.04., 19.04. geboren sind, haben Sie ein mittleres Temperament.

Widder 21. März – 20. April

- Wenn Sie an anderen Tagen als Widder geboren sind, sollten Sie temperamentvoller werden.

Lebensziel im derzeitigen Leben: Ihr privates Leben ist Ihr Ziel – sich selbst zu finden und sich auf seelische Schätze zu konzentrieren. Messen Sie dem Materiellen weniger Bedeutung zu. Werden Sie rein im Herzen. Helfen Sie Menschen.

Widdergeborene der Jahre: 1903, 1915, 1927, 1939, 1951, 1963, 1975, 1987, 1999, 2011

Mitgebrachte Prägung aus Ihrem Vorleben für dieses Leben: *Ihr Leben verläuft nicht immer so, wie Sie es sich wünschen. Konzentrieren Sie sich mehr auf Ihre Mitmenschen und kümmern Sie sich um Ihre Familie.*

Karma: Schweres Karma
Land des letzten Lebens mit stärkster Vorprägung für hier: China
Zeit des letzten Lebens mit stärkster Vorprägung für hier: 19. Jahrhundert
Alter: So alt wurden Sie: 43
Geschlecht: Ob Sie Mann oder Frau waren, ersehen Sie aus der Liste auf Seite 77f.
Beschäftigung: Als Mann: Sie hatten mit dem Rechtssystem zu tun, evtl. als Richter; als Frau: Haushälterin oder Arbeitslose
Charaktereigenschaften, die Sie hatten und für dieses Leben mitbringen:
+ Sie waren intellektuell, voller Energie, hatten immer Interesse am Weiterbilden. Sie waren Neuem gegenüber stets sehr aufgeschlossen. Zudem waren Sie tiefsinnig und verfügten über ein gutes Gedächtnis.
− Oft waren Sie zu passiv, ließen keinen an sich heran und blockierten auch Ihre Freunde. Auch fiel es Ihnen streckenweise schwer, die Welt zu verstehen.

Empfehlungen für das derzeitige Leben: Nehmen Sie sich mehr Zeit für Ihre Familie. Lassen Sie Ihre Freunde an sich heran. Versuchen Sie, etwas Neues zu lernen. Setzen Sie sich neue Ziele, dann werden Sie schnell zum Erfolg kommen. Erfüllung wartet auf Sie.

Schutzhinweise, gültig im letzten Leben sowie im derzeitigen Leben:
- Gesundheit: Achten Sie auf Ihren Kopf, Kreislauf sowie Ihr Herz.
- Ihre Schutzblumen sind Lilien.
- Ihre Schutzfarbe (Bekleidung) ist grün oder hellblau.
- Ihre Glückszahlen sind: 1, 8, 10, 32, 66.
- Amulett: Kleiner Beutel, gefüllt mit Rosenquarz und Fenchel.

Temperament im derzeitigen Leben:
- Wenn Sie am 21.03., 24.03., 28.03., 12.04., 16.04., 17.04., 20.04. geboren sind, haben Sie sehr viel Temperament.
- Wenn Sie am 22.03., 23.03., 26.03., 01.04., 08.04., 19.04. geboren sind, haben Sie mittleres Temperament.
- Wenn Sie an anderen Tagen als Widder geboren sind, sollten Sie temperamentvoller werden.

Lebensziel im derzeitigen Leben: Ihr Privatleben und Ihr Berufsleben gut miteinander zu kombinieren. Sich auch über Kleinigkeiten zu freuen. Nahestehende Menschen genauso wie sich selbst oder mehr als sich selbst zu lieben. Und zu lernen, mit jeder Situation gut umzugehen.

Widdergeborene der Jahre: 1904, 1916, 1928, 1940, 1952, 1964, 1976, 1988, 2000, 2012

Mitgebrachte Prägung aus Ihrem Vorleben für dieses Leben: *Mit Ihren Kräften können Sie sich selbst übertreffen! Sie haben viel Fantasie und alles in Ihrem Leben ist möglich. Bleiben Sie so, wie Sie sind.*

Karma: Sehr gutes Karma
Land des letzten Lebens mit stärkster Vorprägung für hier: Deutschland (Thüringen).

Zeit des letzten Lebens mit stärkster Vorprägung für hier: 18. Jahrhundert
Alter: So alt wurden Sie: 29
Geschlecht: Ob Sie Mann oder Frau waren, ersehen Sie aus der Liste auf Seite 77f.
Beschäftigung: Als Mann: Silber- und Goldschmied oder Waffenschmied; als Frau: Hutmacherin oder Schneiderin
Charaktereigenschaften, die Sie hatten und für dieses Leben mitbringen:
+ Sie hatten einen goldenen Charakter, kamen mit allen und mit allem zurecht. Sie waren akkurat, ehrlich, gutmütig; man konnte auf Sie zählen.
− Faulheit und Trägheit, Passivität und Energielosigkeit zählten zu Ihren Schwächen. Oft fiel es Ihnen schwer, sich aufzuraffen und in Bewegung zu setzen. Es gab viele Tage, an denen Sie sehr nervös und unausgeglichen waren, und wenn es zu einer Auseinandersetzung kam, konnten Sie nicht als Erster aufhören.

Empfehlungen für das derzeitige Leben: Lernen Sie, dass das Wort »genug« auch von Ihnen kommen kann. Schauen Sie mehr in die Zukunft, anstatt in der Vergangenheit zu leben. Machen Sie eine Weiterbildung für sich, besuchen Sie spirituelle Kurse, beschäftigen Sie sich mit etwas, das Ihnen wirklich Spaß macht.

Schutzhinweise, gültig im letzten Leben sowie im derzeitigen Leben:
- Gesundheit: Achten Sie auf Ihren Kopf und Ihren Kreislauf, auf das Herz, die Nieren und besonders auf die Psyche.
- Ihre Schutzblumen sind Rosen.
- Ihre Schutzfarbe (Bekleidung) ist lila.
- Ihre Glückszahlen sind: 4, 5, 9, 22, 37.
- Amulett: Kleiner Beutel, gefüllt mit Amethysten und Pfefferminze.

Temperament im derzeitigen Leben:
- Wenn Sie am 21.03., 24.03., 28.03., 12.04., 16.04., 17.04., 20.04. geboren sind, haben Sie sehr viel Temperament.

- Wenn Sie am 22.03., 23.03., 26.03., 01.04., 08.04., 19.04. geboren sind, haben Sie ein mittleres Temperament.
- Wenn Sie an anderen Tagen als Widder geboren sind, sollten Sie temperamentvoller werden.

Lebensziel im derzeitigen Leben: Die Gesellschaft ist Ihr Ziel. Geben Sie den Menschen, die Sie respektieren, mehr. Entdecken Sie Neues, damit auch Ihre Nachkommen Ihren Namen nicht vergessen.

Widdergeborene der Jahre: 1905, 1917, 1929, 1941, 1953, 1965, 1977, 1989, 2001, 2013

Mitgebrachte Prägung aus Ihrem Vorleben für dieses Leben: *Vertrauen Sie auf Ihre Intuition, dann erreichen Sie mehr, als Sie vorhaben. Mit Ihrer charmanten Art werden Sie auch stürmische Momente Ihres Lebens zu Ihrem Vorteil nutzen können.*

Karma: Neutrales Karma
Land des letzten Lebens mit stärkster Vorprägung für hier: Deutschland (Fränkische Schweiz)
Zeit des letzten Lebens mit stärkster Vorprägung für hier: 12. Jahrhundert
Alter: So alt wurden Sie: 40
Geschlecht: Ob Sie Mann oder Frau waren, ersehen Sie aus der Liste auf Seite 77f.
Beschäftigung: Als Mann: Modemacher, Erfinder oder Hutmacher; als Frau: Schneiderin
Charaktereigenschaffen, die Sie hatten und für dieses Leben mitbringen:
+ Sie sind energiegeladen, optimistisch und schauen mutig in die Zukunft. Sie sind treu, großzügig und haben einen guten Charakter. Sie können sich überall wie zu Hause fühlen.
− Mangelnde Selbstkritik und Sturheit sowie eine Neigung zu Tabak- und Alkoholmissbrauch waren vorhanden. Lernen Sie, sich selbst zu kritisieren. Seien Sie nicht immer so stur.

Widder 21. März – 20. April

Empfehlungen für das derzeitige Leben: Kritisieren Sie nicht nur die anderen. Andere sind nur das Spiegelbild Ihres Ichs. Achten Sie auf Alkohol- und Zigarettenkonsum, es besteht die Gefahr, dass Sie davon abhängig werden. Reisen Sie mehr im Sommer.

Schutzhinweise, gültig im letzten Leben sowie im derzeitigen Leben:

- Gesundheit: Achten Sie auf Ihren Kopf und essen Sie weniger Salz.
- Ihre Schutzblumen sind Kamillen.
- Ihre Schutzfarbe (Bekleidung) ist gelb.
- Ihre Glückszahlen sind: 3, 9, 18, 25, 45
- Amulett: Kleiner Beutel, gefüllt mit Malachit und Rosenblättern.

Temperament im derzeitigen Leben:

- Wenn Sie am 21.03., 24.03., 28.03., 12.04., 16.04., 17.04., 20.04. geboren sind, haben Sie sehr viel Temperament.
- Wenn Sie am 22.03., 23.03., 26.03., 01.04., 08.04., 19.04. Geboren sind, haben Sie ein mittleres Temperament.
- Wenn Sie an anderen Tagen als Widder geboren sind, sollten Sie temperamentvoller werden.

Lebensziel im derzeitigen Leben: Alle Ihre Ziele, die Sie sich stecken, zu verwirklichen und andere glücklich zu machen.

Widdergeborene der Jahre: 1906, 1918, 1930, 1942, 1954, 1966, 1978, 1990, 2002, 2014

Mitgebrachte Prägung aus Ihrem Vorleben für dieses Leben: *Sie sind ein guter Redner, es wäre nicht schlecht, wenn Sie auch zuhören könnten. Wenn Ihr Glück kommt, sollten Sie es mit beiden Händen ergreifen und nie mehr loslassen.*

Karma: Kein gutes Karma
Land des letzten Lebens mit stärkster Vorprägung für hier: Alaska

Zeit des letzten Lebens mit stärkster Vorprägung für hier: 19. Jahrhundert

Alter: So alt wurden Sie: 61

Geschlecht: Ob Sie Mann oder Frau waren, ersehen Sie aus der Liste auf Seite 77f.

Beschäftigung: Als Mann: Bauarbeiter oder Bauer; als Frau: Bäuerin oder Kräuterfrau

Charaktereigenschaften, die Sie hatten und für dieses Leben mitbringen:

+ Sie waren intellektuell, humorvoll, freundlich und mutig. Sie hatten ein gutes Selbstwertgefühl und konnten auch andere Menschen schätzen. Wenn Sie etwas planten, unternahmen Sie alles, um es zu erreichen.
− Sie waren sehr launisch, zu impulsiv und ab und zu egoistisch.

Empfehlungen für das derzeitige Leben: Egoismus und stures Festhalten an einmal gesetzten Zielen wird von anderen nur schwer akzeptiert. Achten Sie darauf! Schenken Sie Ihrer Gesundheit mehr Aufmerksamkeit und schonen Sie Ihre Energie. Lieben Sie das Leben, und das Leben wird Sie lieben. Seien Sie nicht kleinlich.

Schutzhinweise, gültig im letzten Leben sowie im derzeitigen Leben:

- Gesundheit: Achten Sie auf Ihren Kopf und Kreislauf, Ihr Herz und Ihre Verdauung.
- Ihre Schutzblumen sind Lilien.
- Ihre Schutzfarbe (Bekleidung) ist grün.
- Ihre Glückszahlen sind: 1, 2, 7, 42, 50.
- Amulett: Kleiner Beutel, gefüllt mit Opalen und Lilienblüten.

Temperament im derzeitigen Leben:

- Wenn Sie am 21.03., 24.03., 28.03., 12.04., 16.04., 17.04., 20.04. geboren sind, haben Sie sehr viel Temperament.
- Wenn Sie am 22.03., 23.03., 26.03., 01.04, 08.04, 19.04. geboren sind, haben Sie ein mittleres Temperament.
- Wenn Sie an anderen Tagen als Widder geboren sind, sollten Sie temperamentvoller werden.

Lebensziel im derzeitigen Leben: Ihr eigenes Leben ist Ihr Ziel, meistern Sie es. Schauen Sie immer nach vorne!

Widdergeborene der Jahre: 1907, 1919, 1931, 1943, 1955, 1967, 1979, 1991, 2003, 2015

Mitgebrachte Prägung aus Ihrem Vorleben für dieses Leben: *Vertrauen Sie immer auf Ihre Fähigkeiten. Bleiben Sie geduldig, bescheiden und diplomatisch in allen Bereichen Ihres Lebens.*

Karma: Schwieriges Karma
Land des letzten Lebens mit stärkster Vorprägung für hier: Spanien
Zeit des letzten Lebens mit stärkster Vorprägung für hier: 17. Jahrhundert
Alter: So alt wurden Sie: 41
Geschlecht: Ob Sie Mann oder Frau waren, ersehen Sie aus der Liste auf Seite 77f.
Beschäftigung: Als Mann: Soldat oder Offizier; als Frau: Wahrsagerin oder Kräuterfrau
Charaktereigenschaften, die Sie hatten und für dieses Leben mitbringen:
+ Sie waren leidenschaftlich, entschlossen, freundlich und vital. Sie hatten einen gesunden Stolz. Sie konnten alles organisieren, waren offen und sehr sympathisch.
− Öfter waren Sie aber zu stolz, um Ihre Fehler zuzugeben, auch streitlustig und kompromisslos.

Empfehlungen für das derzeitige Leben: Das Wichtigste ist nicht das Geld, sondern was Sie damit anfangen können. Tun Sie etwas Positives für die Menschheit. Schauen Sie nicht zurück, streben Sie lieber Ihrem Ziel zu! Versuchen Sie, Aggressivität zu vermeiden, beschenken Sie stattdessen Ihre Familie öfter. Kleine Geschenke bringen immer Freude.
Schutzhinweise, gültig im letzten Leben sowie im derzeitigen Leben:

- Gesundheit: Achten Sie auf Ihren Darm und Magen.
- Ihre Schutzblumen sind Astern.
- Ihre Schutzfarbe (Bekleidung) ist lila und rot.
- Ihre Glückszahlen sind: 17, 18, 22, 30, 40.
- Amulett: Kleiner Beutel, gefüllt mit Topas und Hopfen.

Temperament im derzeitigen Leben:
- Wenn Sie am 21.03., 24.03., 28.03., 12.04., 16.04., 17.04., 20.04. geboren sind, haben Sie sehr viel Temperament.
- Wenn Sie am 22.03., 23.03., 26.03, 01.04., 08.04, 19.04. geboren sind, haben Sie ein mittleres Temperament.
- Wenn Sie an anderen Tagen als Widder geboren sind, sollten Sie temperamentvoller werden.

Lebensziel im derzeitigen Leben: Das wichtigste Ziel, das es hier zu lernen gilt, ist, andere Menschen zu verstehen und zu unterstützen.

Widdergeborene der Jahre: 1908, 1920, 1932, 1944, 1956, 1968, 1980, 1992, 2004, 2016

Mitgebrachte Prägung aus Ihrem Vorleben für dieses Leben: *Ihre Beweglichkeit verhilft Ihnen zu großen Erfolgen in allen Bereichen Ihres Lebens. Sie können alle Ihre Träume verwirklichen. Mit Ihrem Geschick stehen Ihnen alle Türen offen.*

Karma: Gutes Karma
Land des letzten Lebens mit stärkster Vorprägung für hier: England
Zeit des letzten Lebens mit stärkster Vorprägung für hier: 20. Jahrhundert
Alter: So alt wurden Sie: 37
Geschlecht: Ob Sie Mann oder Frau waren, ersehen Sie aus der Liste auf Seite 77f.
Beschäftigung: Als Mann: Offizier oder Soldat; als Frau: Au-pair-Mädchen oder Sozialarbeiterin

Charaktereigenschaften, die Sie hatten und für dieses Leben mitbringen:
- + Sie waren optimistisch, zuversichtlich und hoben sich aus der Masse der Menschen hervor. Sie konnten sich gut konzentrieren, waren sensibel und konnten sich gut in andere Menschen hineinversetzen und sie dadurch gut verstehen.
- − Oft despotisch, nervös, kompromisslos und impulsiv.

Empfehlungen für das derzeitige Leben: Versuchen Sie sympathischer auf Ihre Umgebung zu wirken, und das Leben wird Sie ausreichend dafür belohnen. Vertrauen Sie Ihrer Umgebung, öffnen Sie sich. Wenn Sie einen Weg gewählt haben, bleiben Sie auf diesem Weg und gehen Sie ihn mit erhobenem Haupt.

Schutzhinweise, gültig im letzten Leben sowie im derzeitigen Leben:
- Gesundheit: Achten Sie auf Kopf, Kreislauf und besonders den Rücken.
- Ihre Schutzblumen sind Nelken.
- Ihre Schutzfarbe (Bekleidung) ist hellrot.
- Ihre Glückszahlen sind: 5, 15, 27, 48, 50.
- Amulett: Kleiner Beutel, gefüllt mit Malachiten und Schafgarbe.

Temperament im derzeitigen Leben:
- Wenn Sie am 21.03., 24.03., 28.03., 12.04., 16.04., 17.04., 20.04. geboren sind, haben Sie sehr viel Temperament.
- Wenn Sie am 22.03., 23.03., 26.03., 01.04., 08.04., 19.04. geboren sind, haben Sie ein mittleres Temperament.
- Wenn Sie an anderen Tagen als Widder geboren sind, sollten Sie temperamentvoller werden.

Lebensziel im derzeitigen Leben: Die Gesellschaft ist Ihr Ziel. Wenn Sie für Menschen arbeiten, dann werden auch Sie glücklich, dann finden Sie Ihre goldene Mitte und Ihre Harmonie.

Widdergeborene der Jahre: 1909, 1921, 1933, 1945, 1957, 1969, 1981, 1993, 2005, 2017

Mitgebrachte Prägung aus Ihrem Vorleben für dieses Leben: *Alle Zeichen in Ihrem Leben stehen auf Erfolg. Glauben Sie an sich und Sie werden alles erreichen. Damit auch das Privatleben nicht zu kurz kommt, sollten Sie die Ihnen Nahestehenden lieben und sich viel Zeit für sie nehmen.*

Karma: Gutes Karma
Land des letzten Lebens mit stärkster Vorprägung für hier: Italien (Venedig)
Zeit des letzten Lebens mit stärkster Vorprägung für hier: 17. Jahrhundert
Alter: So alt wurden Sie: 86
Geschlecht: Ob Sie Mann oder Frau waren, ersehen Sie aus der Liste auf Seite 77f.
Beschäftigung: Als Mann: Jäger oder Forster; als Frau: Nonne oder Gehilfin in einem Orden
Charaktereigenschaften, die Sie hatten und für dieses Leben mitbringen:
- \+ Sie waren willig, charmant, freundlich, geheimnisvoll und anziehend. Sie hatten eine leidenschaftliche Natur.
- – Sie waren egoistisch und selbstbezogen, geldgierig und etwas stur.

Empfehlungen für das derzeitige Leben: Werden Sie nicht zu vorsichtig, ansonsten verpassen Sie alles Schöne in Ihrem Leben. Achten Sie auf Ihre Gesundheit. Lassen Sie Ihre Freunde auf Sie zählen.
Schutzhinweise, gültig im letzten Leben sowie im derzeitigen Leben:
- Gesundheit: Achten Sie auf Ihren Rücken, Ihre Gelenke und die Verdauung.
- Ihre Schutzblumen sind Veilchen.
- Ihre Schutzfarbe (Bekleidung) ist gelb.
- Ihre Glückszahlen sind: 9, 19, 29, 41, 44.
- Amulett: Kleiner Beutel, gefüllt mit Türkis und Huflattich.

Temperament im derzeitigen Leben:
- Wenn Sie am 21.03., 24.03., 28.03., 12.04., 16.04., 17.04., 20.04. geboren sind, haben Sie sehr viel Temperament.
- Wenn Sie am 22.03., 23.03., 26.03., 01.04., 08.04., 19.04. geboren sind, haben Sie ein mittleres Temperament.
- Wenn Sie an anderen Tagen als Widder geboren sind, sollten Sie temperamentvoller werden.

Lebensziel im derzeitigen Leben: Sie selbst sind Ihr Ziel. Versuchen Sie, Ihr Karma immer weiter zu verbessern und alle Ihre guten Qualitäten zu erhalten, offener zu werden und wahre Freunde schätzen zu lernen.

Widdergeborene der Jahre: 1910, 1922, 1934, 1946, 1958, 1970, 1982, 1994, 2006, 2018

Mitgebrachte Prägung aus Ihrem Vorleben für dieses Leben: *Sie sind ein lieber Mensch, man kann auf Sie zählen. Von Ihren Freunden werden Sie geschätzt. Versuchen Sie allerdings, auf dem Boden zu bleiben.*

Karma: Schweres Karma
Land des letzten Lebens mit stärkster Vorprägung für hier: Ukraine
Zeit des letzten Lebens mit stärkster Vorprägung für hier: 16. Jahrhundert
Alter: So alt wurden Sie: 72
Geschlecht: Ob Sie Mann oder Frau waren, ersehen Sie aus der Liste auf Seite 77f.
Beschäftigung: Als Mann: Mediziner, z.B. Arzt oder Schamane; als Frau: Medizinerin, Krankenschwester
Charaktereigenschaften, die Sie hatten und für dieses Leben mitbringen:
+ Sie waren sympathisch, befriedigend, impulsiv. Sie hatten sehr gute und schnelle Reaktionen, einen gutmütigen Charakter und konnten ausgezeichnet mit Menschen umgehen.

– Sie waren widersprüchlich, machten aus einer Mücke einen Elefanten. Ihr Stolz war in vielen Lebenslagen oft unpassend.

Empfehlungen für das derzeitige Leben: Bevor Sie etwas sagen, überlegen Sie es sich genau. Lügen oder schwindeln Sie nicht und denken Sie nicht nur mit Ihrem Kopf, hören Sie mehr auf Ihre Intuition!

Schutzhinweise, gültig im letzten Leben sowie im derzeitigen Leben:
- Gesundheit: Achten Sie auf Ihren Rücken und Ihre Gelenke.
- Ihre Schutzblumen sind Astern.
- Ihre Schutzfarben (Bekleidung) sind weiß und rot.
- Ihre Glückszahlen sind: 3, 5, 7, 9, 12, 50.
- Amulett: Kleiner Beutel, gefüllt mit Rubinen und Zinnkraut.

Temperament im derzeitigen Leben:
- Wenn Sie am 21.03., 24.03., 28.03., 12.04., 16.04., 17.04., 20.04. geboren sind, haben Sie sehr viel Temperament.
- Wenn Sie am 22.03., 23.03., 26.03., 01.04., 08.04., 19.04. geboren sind, haben Sie ein mittleres Temperament.
- Wenn Sie an anderen Tagen als Widder geboren sind, sollten Sie temperamentvoller werden.

Lebensziel im derzeitigen Leben: Sie sollten Ihre Karriere im Auge behalten, verfestigen und die Erfolgsleiter nach oben klettern. Denn Ihr Arbeitsleben hat die höchste Priorität für Sie in diesem Leben.

Widdergeborene der Jahre: 1911, 1923, 1935, 1947, 1959, 1971, 1983, 1995, 2007, 2019

Mitgebrachte Prägung aus Ihrem Vorleben für dieses Leben: *Sie sind verlässlich, fleißig, planend. Verlieren Sie aber nicht den Boden unter den Füßen. Lassen Sie sich nicht von Rückschlägen in Ihrem Leben beeindrucken.*

Karma: Gutes Karma
Land des letzten Lebens mit stärkster Vorprägung für hier: Russland
Zeit des letzten Lebens mit stärkster Vorprägung für hier: 19. Jahrhundert

Alter: So alt wurden Sie: 29
Geschlecht: Ob Sie Mann oder Frau waren, ersehen Sie aus der Liste auf Seite 77f.
Beschäftigung: Als Mann: Handwerker; als Frau: Gärtnerin oder Kräuterfrau
Charaktereigenschaften, die Sie hatten und für dieses Leben mitbringen:

+ Sie waren natürlich, neugierig, ehrgeizig. Sie konnten auch sehr originell sein und liebten es, in der Mitte des Geschehens zu stehen.
− Trotzdem waren Sie widersprüchlich, oft kleinlich und zu vorsichtig.

Empfehlungen für das derzeitige Leben: Seien Sie ehrlich zu allen Menschen und zu sich selbst. Trinken Sie keinen Alkohol und hören Sie auf zu jammern.
Schutzhinweise, gültig im letzten Leben sowie im derzeitigen Leben:

- Gesundheit: Achten Sie auf Ihren Rücken und Ihre Nerven.
- Ihre Schutzblume ist der Jasmin
- Ihre Schutzfarbe (Bekleidung) ist rosa.
- Ihre Glückszahlen sind: 7, 25, 84, 92, 99.
- Amulett: Kleiner Beutel, gefüllt mit Granaten und Arnika.

Temperament im derzeitigen Leben:

- Wenn Sie am 21.03., 24.03., 28.03., 12.04., 16.04., 17.04., 20.04. geboren sind, haben Sie sehr viel Temperament.
- Wenn Sie am 22.03., 23.03., 26.03., 01.04., 08.04., 19.04. geboren sind, haben Sie ein mittleres Temperament.
- Wenn Sie an anderen Tagen als Widder geboren sind, sollten Sie temperamentvoller werden.

Lebensziel im derzeitigen Leben: Eine Erfindung für die Menschen zu machen und neue Ideen zu finden, die der Menschheit helfen können.

Widdergeborene der Jahre: 1912, 1924, 1936, 1948, 1960, 1972, 1984, 1996, 2008, 2020

Mitgebrachte Prägung aus Ihrem Vorleben für dieses Leben: *Alle Dinge, die Sie anstreben, lassen sich in die Tat umsetzen. Sie sind genial und charmant, aber es fehlt Ihnen öfter an Konzentration. Versuchen Sie, auch diese Eigenschaft zu erwerben. Meditieren Sie öfter.*

Karma: Gutes Karma
Land des letzten Lebens mit stärkster Vorprägung für hier: Korea
Zeit des letzten Lebens mit stärkster Vorprägung für hier: 18. Jahrhundert
Alter: So alt wurden Sie: 52
Geschlecht: Ob Sie Mann oder Frau waren, ersehen Sie aus der Liste auf Seite 77f.
Beschäftigung: Als Mann: Sie hatten mit dem Glauben zu tun und waren evtl. ein Mönch; als Frau: Hausdame oder eine Adelige
Charaktereigenschaften, die Sie hatten und für dieses Leben mitbringen:
   + Sie waren edelmütig, diplomatisch, gefühlvoll. Sie erreichten alles, was Sie geplant hatten. Für Weiterbildung hatten Sie sehr viel übrig, zudem waren Sie sehr spirituell.
   − Oft zu selbstbezogen. Sie konnten sich nur schwer konzentrieren und sehr schlecht entspannen.

Empfehlungen für das derzeitige Leben: Übernehmen Sie die Führung einer Gruppe und zeigen Sie den Menschen, dass es immer Lösungen und neue Wege gibt. Die Gesellschaft ist Ihr vorrangiges Ziel. Alkohol ist schädlich für Sie.

Schutzhinweise, gültig im letzten Leben sowie im derzeitigen Leben:
   ■ Gesundheit: Achten Sie auf Ihre Nerven.
   ■ Ihre Schutzblumen sind Nelken.
   ■ Ihre Schutzfarbe (Bekleidung) ist blau.
   ■ Ihre Glückszahlen sind: 4, 5, 7, 9, 19.

- Amulett: Kleiner Beutel, gefüllt mit Rosenquarz und Augentrost.

Temperament im derzeitigen Leben:
- Wenn Sie am 21.03., 24.03., 28.03., 12.04., 16.04., 17.04., 20.04. geboren sind, haben Sie sehr viel Temperament.
- Wenn Sie am 22.03., 23.03., 26.03., 01.04., 08.04., 19.04. geboren sind, haben Sie ein mittleres Temperament.
- Wenn Sie an anderen Tagen als Widder geboren sind, sollten Sie temperamentvoller werden.

Lebensziel im derzeitigen Leben: Den Menschen Alternativen anzubieten und zu zeigen, wo es für sie Möglichkeiten gibt, damit sie im Leben weiterkommen. Führung zu übernehmen. Sie sind ein Siegertyp! Glauben Sie an sich.

Stier 21. April – 20. Mai

Sie sind langsam, nicht immer logisch, sollten lernen zu vertrauen. Werden Sie glücklich, seien Sie weniger hartnäckig!

Länder, in denen Sie schon gelebt haben:
Andorra
Äquatorialguinea
Brasilien
Deutschland/Österreich/Schweiz
Frankreich
Griechenland
Haiti
Iran
Irland
Mittelasien
Moldawien
Polen

Schottland
Tonga
Ungarn
Uruguay
Vietnam
Zypern

Stiergeborene der Jahre: 1901, 1913, 1925, 1937, 1949, 1961, 1973, 1985, 1997, 2009

Mitgebrachte Prägung aus Ihrem Vorleben für dieses Leben: *Sie können alle Ihre Probleme meistern, Sie müssen nur gelassen bleiben. Konzentrieren Sie sich auf Ihre persönliche Entwicklung.*

Karma: Schweres Karma
Land des letzten Lebens mit stärkster Vorprägung für hier: Ungarn
Zeit des letzten Lebens mit stärkster Vorprägung für hier: 12. Jahrhundert
Alter: So alt wurden Sie: 49
Geschlecht: Ob Sie Mann oder Frau waren, ersehen Sie aus der Liste auf Seite 77f.
Beschäftigung: Als Mann: Bauer, Förster oder Jäger; als Frau: Köchin, Gastwirtin oder Küchenhilfe
Charaktereigenschaften, die Sie hatten und für dieses Leben mitbringen:
   + Sie waren realistisch, lebenstüchtig, energisch, gemütlich und attraktiv. Zudem waren Sie auch extravagant und gut erzogen.
   − Kompromisslos, zäh, starrsinnig und oft sehr unfreundlich. Sie waren launisch und eifersüchtig.
Empfehlungen für das derzeitige Leben: Seien Sie unkomplizierter, versuchen Sie, Ihre Fehler zu erkennen.
Schutzhinweise, gültig im letzten Leben sowie im derzeitigen Leben:

Stier 21. April – 20. Mai

- Gesundheit: Achten Sie auf Ihre Kehle, Ihren Hals und auf die Nerven.
- Ihre Schutzblumen sind Orchideen.
- Ihre Schutzfarbe (Bekleidung) ist schwarz.
- Ihre Glückszahlen sind: 6, 9, 11, 33, 51.
- Amulett: Kleiner Beutel, gefüllt mit Rosenquarz und Baldrian.

Temperament im derzeitigen Leben:
- Wenn Sie am 21.04., 24.04., 28.04., 12.05., 16.05., 17.05., 20.05. geboren sind, haben Sie sehr viel Temperament.
- Wenn Sie am 22.04., 23.04., 26.04., 01.05., 08.05., 19.05. geboren sind, haben Sie ein mittleres Temperament.
- Wenn Sie an anderen Tagen als Stier geboren sind, sollten Sie temperamentvoller werden.

Lebensziel im derzeitigen Leben: Mutiger werden und für ein eigenes Privatleben sorgen.

Stiergeborene der Jahre: 1902, 1914, 1926, 1938, 1950, 1962, 1974, 1986, 1998, 2010

Mitgebrachte Prägung aus Ihrem Vorleben für dieses Leben: *Sie besitzen eine natürliche Autorität und können sich überall durchsetzen. Beharren Sie nicht nur auf Ihrer Meinung, sondern zeigen Sie sich nachgiebig und gelassen.*

Karma: Schweres Karma
Land des letzten Lebens mit stärkster Vorprägung für hier: Griechenland
Zeit des letzten Lebens mit stärkster Vorprägung für hier: 15. Jahrhundert
Alter: So alt wurden Sie: 60
Geschlecht: Ob Sie Mann oder Frau waren, ersehen Sie aus der Liste auf Seite 77f.
Beschäftigung: Als Mann: Künstler, Schauspieler oder Maler; als Frau: Geschichtenerzählerin, Alchemistin oder Heilerin

Charaktereigenschaften, die Sie hatten und für dieses Leben mitbringen:
- \+ Sie waren energisch, gemütlich und attraktiv. Außerdem waren Sie gerecht, hatten Prinzipien und konnten gut zuhören.
- − Kompromisslos, oft zu konservativ und langsam. Sie konnten aggressiv und unlogisch sein.

Empfehlungen für das derzeitige Leben: Was immer Sie tun, tun Sie es gemäßigt. Versuchen Sie, Streit mit Ihren Mitmenschen zu vermeiden. Hören Sie lieber zuerst zu, was diese zu sagen haben.

Schutzhinweise, gültig im letzten Leben sowie im derzeitigen Leben:
- Gesundheit: Achten Sie auf Ihren Hals, die Nerven und den Blutdruck.
- Ihre Schutzblumen sind Rosen.
- Ihre Schutzfarbe (Bekleidung) ist blau.
- Ihre Glückszahlen sind: 3, 8, 12, 33, 40.
- Amulett: Kleiner Beutel, gefüllt mit Korallen und Beinwell.

Temperament im derzeitigen Leben:
- Wenn Sie am 21.04., 24.04., 28.04., 12.05., 16.05., 17.05., 20.05. geboren sind, haben Sie sehr viel Temperament.
- Wenn Sie am 22.04., 23.04., 26.04., 01.05., 08.05., 19.05. geboren sind, haben Sie ein mittleres Temperament.
- Wenn Sie an anderen Tagen als Stier geboren sind, sollten Sie temperamentvoller werden.

Lebensziel im derzeitigen Leben: Werden Sie sozialer, charmanter und stärker. Die Welt zu verbessern und zu verstehen ist Ihr Lebensziel.

Stiergeborene der Jahre: 1903, 1915, 1927, 1939, 1951, 1963, 1975, 1987, 1999, 2011

Mitgebrachte Prägung aus Ihrem Vorleben für dieses Leben: *Nicht immer setzen Sie sich durch. Sie sollten sich weniger um sich selbst und mehr um Ihre Mitmenschen kümmern. Vernachlässigen Sie Ihre Familie nicht.*

Karma: Schweres Karma
Land des letzten Lebens mit stärkster Vorprägung für hier: Deutschland
Zeit des letzten Lebens mit stärkster Vorprägung für hier: 18. Jahrhundert
Alter: So alt wurden Sie: 58
Geschlecht: Ob Sie Mann oder Frau waren, ersehen Sie aus der Liste auf Seite 77f.
Beschäftigung: Als Mann: Gärtner, Schamane oder Biologe; als Frau: Gastwirtin oder Küchenhilfe
Charaktereigenschaften, die Sie hatten und für dieses Leben mitbringen:

+ Sie waren energisch, selbstbewusst und stark, auch sehr attraktiv. Menschen verliebten sich sehr schnell in Sie.
− Rachsüchtig, oft unfreundlich, launisch, geizig, nicht praktisch und oft passiv. Sie hatten eine etwas hysterische Natur.

Empfehlungen für das derzeitige Leben: Was immer Sie tun, tun Sie es gemäßigt. Kontrollieren Sie Ihre Taten und Ihre Gefühle. Vergessen Sie nicht, dass das Leben nicht nur positive Seiten hat. Es gibt auch schwere Zeiten.

Schutzhinweise, gültig im letzten Leben sowie im derzeitigen Leben:

- Gesundheit: Achten Sie auf Ihren Blutdruck. Sie haben eine Veranlagung zu Übergewicht.
- Ihre Schutzblumen sind Geranien.
- Ihre Schutzfarbe (Bekleidung) ist weiß.
- Glückszahlen: 3, 8, 16, 23, 30.
- Amulett: Kleiner Beutel, gefüllt mit Bernsteinen und Brennnessel.

Temperament im derzeitigen Leben:

- Wenn Sie am 21.04., 24.04., 28.04., 12.05., 16.05., 17.05., 20.05. geboren sind, haben Sie sehr viel Temperament.
- Wenn Sie am 22.04., 23.04., 26.04., 01.05., 08.05., 19.05. geboren sind, haben Sie ein mittleres Temperament.

- Wenn Sie an anderen Tagen als Stier geboren sind, sollten Sie temperamentvoller werden.

Lebensziel im derzeitigen Leben: Sie selbst sind Ihr Ziel. Kümmern Sie sich um Ihr Karma, arbeiten Sie an einer positiveren Lebenseinstellung und sehen Sie mehr auf die schönen Seiten des Lebens.

Stiergeborene der Jahre: 1904, 1916, 1928, 1940, 1952, 1964, 1976, 1988, 2000, 2012

Mitgebrachte Prägung aus Ihrem Vorleben für dieses Leben: *Ihre Energie lässt Sie über sich selbst hinauswachsen! Sie sind fantasievoll und können alles in Ihrem Leben erreichen. Verstellen Sie sich nicht.*

Karma: Schweres Karma
Land des letzten Lebens mit stärkster Vorprägung für hier: Moldawien
Zeit des letzten Lebens mit stärkster Vorprägung für hier: 15. Jahrhundert
Alter: So alt wurden Sie: 32
Geschlecht: Ob Sie Mann oder Frau waren, ersehen Sie aus der Liste auf Seite 77f.
Beschäftigung: Als Mann: Metzger; als Frau: Künstlerin oder Tänzerin
Charaktereigenschaften, die Sie hatten und für dieses Leben mitbringen:
   + Sie waren loyal, selbstbewusst, Sie kamen mit allem zurecht. Sie konnten sich gut anpassen und wurden dafür geliebt. Mit jedem Problem konnten Sie sich gut abfinden.
   − Eifersüchtig, oft ohne Grund, pessimistisch, kalt und sehr klammernd.

Empfehlungen für das derzeitige Leben: Sie sollten mehr lieben und weniger neiden oder hassen. Geben Sie Hoffnung, viel Wärme und noch mehr Energie an Ihre Mitmenschen weiter.

Stier 21. April – 20. Mai

Schutzhinweise, gültig im letzten Leben sowie im derzeitigen Leben:
- Gesundheit: Achten Sie auf Ihren Blutdruck, Ihr Gewicht und besonders auf Ihren Magen.
- Ihre Schutzblumen sind Lilien.
- Ihre Schutzfarbe (Bekleidung) ist braun.
- Ihre Glückszahlen sind: 33, 42, 45, 49, 50.
- Amulett: Kleiner Beutel, gefüllt mit Bernsteinen und Ehrenpreis.

Temperament im derzeitigen Leben:
- Wenn Sie am 21.04., 24.04., 28.04., 12.05., 16.05., 17.05., 20.05. geboren sind, haben Sie sehr viel Temperament.
- Wenn Sie am 22.04., 23.04., 26.04., 01.05., 08.05., 19.05. geboren sind, haben Sie ein mittleres Temperament.
- Wenn Sie an anderen Tagen als Stier geboren sind, sollten Sie temperamentvoller werden.

Lebensziel im derzeitigen Leben: Umweltbewusster zu werden, die Gesellschaft zu führen und unseren Planeten zu retten.

Stiergeborene der Jahre: 1905, 1917, 1929, 1941, 1953, 1965, 1977, 1989, 2001, 2013

Mitgebrachte Prägung aus Ihrem Vorleben für dieses Leben: *Vertrauen Sie Ihrer Intuition, und Sie werden mehr erreichen, als Sie glauben. Ihr Charme hilft Ihnen, Schwierigkeiten aller Art nicht nur zu bewältigen, sondern auch nutzen zu können.*

Karma: Gutes Karma
Land des letzten Lebens mit stärkster Vorprägung für hier: Holland
Zeit des letzten Lebens mit stärkster Vorprägung für hier: 19. Jahrhundert
Alter: So alt wurden Sie: 102
Geschlecht: Ob Sie Mann oder Frau waren, ersehen Sie aus der Liste auf Seite 77f.

Beschäftigung: Als Mann: Privatier oder Bankier; als Frau: Sportlerin oder Trainerin

Charaktereigenschaften, die Sie hatten und für dieses Leben mitbringen:

+ Sie waren selbstkritisch, dadurch standen Sie fest im Leben und auf dem Boden der Tatsachen. Sie hatten eine starke Natur, waren freundlich und hilfsbereit.
− Etwas geldgierig, dominant, zynisch und instabil. Wenn Sie Frust hatten oder unzufrieden waren, aßen Sie oft viel zu viel. Sie prahlten zu viel und spielten sich gerne in den Vordergrund.

Empfehlungen für das derzeitige Leben: Sie sollten weniger Energie für das Hervorheben Ihres Ichs aufwenden, sondern mehr Energie an die Umwelt und die Menschen fließen lassen. Es geht um Energie und um die Liebe, mit der Sie Ihren Mitmenschen helfen und sie unterstützen können.

Schutzhinweise, gültig im letzten Leben sowie im derzeitigen Leben:

- Gesundheit: Achten Sie auf Ihren Blutdruck, passen Sie auf Ihr Gewicht und Ihren Magen auf.
- Ihre Schutzblumen sind Narzissen.
- Ihre Schutzfarbe (Bekleidung) ist orange.
- Ihre Glückszahlen sind: 8, 38, 40, 46, 55.
- Amulett: Kleiner Beutel, gefüllt mit Opalen und Eibisch.

Temperament im derzeitigen Leben:

- Wenn Sie am 21.04., 24.04., 28.04., 12.05., 16.05., 17.05., 20.05. geboren sind, haben Sie sehr viel Temperament.
- Wenn Sie am 22.04., 23.04., 26.04., 01.05., 08.05., 19.05. geboren sind, haben Sie ein mittleres Temperament.
- Wenn Sie an anderen Tagen als Stier geboren sind, sollten Sie temperamentvoller werden.

Lebensziel im derzeitigen Leben: Bleiben oder werden Sie reich, vergessen Sie aber nicht, dass es auch Armut gibt. Die Welt zu verbessern ist Ihre größte Aufgabe.

Stier 21. April – 20. Mai

Stiergeborene der Jahre: 1906, 1918, 1930, 1942, 1954, 1966, 1978, 1990, 2002, 2014

Mitgebrachte Prägung aus Ihrem Vorleben für dieses Leben: *Sie sollten lernen, anderen Menschen besser zuzuhören. Wenn Ihnen Ihr Glück begegnet, sollten Sie zugreifen und es nie mehr loslassen.*

Karma: Gutes Karma
Land des letzten Lebens mit stärkster Vorprägung für hier: Frankreich
Zeit des letzten Lebens mit stärkster Vorprägung für hier: 16. Jahrhundert
Alter: So alt wurden Sie: 69
Geschlecht: Ob Sie Mann oder Frau waren, ersehen Sie aus der Liste auf Seite 77f.
Beschäftigung: Als Mann: Fischer, Kapitän oder Matrose; als Frau: Schneiderin
Charaktereigenschaften, die Sie hatten und für dieses Leben mitbringen:
- \+ Sie waren selbstkritisch und hatten einen festen Stand im Leben. Sie waren individuell, mutig, diplomatisch und klug.
- – Nicht immer sparsam, eher verschwenderisch, kompromisslos und oft zu kaltherzig. Sie aßen zu gerne und zu viel.

Empfehlungen für das derzeitige Leben: Sie sollten farbige Kleidung tragen, nicht nur dunkle. Besuchen Sie öfter Ihre Freunde. Seien Sie weniger impulsiv.
Schutzhinweise, gültig im letzten Leben sowie im derzeitigen Leben:
- Gesundheit: Achten Sie auf Ihren Blutdruck, Ihr Gewicht, Ihre Nieren.
- Ihre Schutzblumen sind Orchideen.
- Ihre Schutzfarbe (Bekleidung) ist grün.
- Ihre Glückszahlen sind: 7, 8, 9, 11, 33.
- Amulett: Kleiner Beutel, gefüllt mit Citrin und Fenchel.

Temperament im derzeitigen Leben:
- Wenn Sie am 21.04., 24.04., 28.04., 12.05., 16.05., 17.05., 20.05. geboren sind, haben Sie sehr viel Temperament.
- Wenn Sie am 22.04., 23.04., 26.04., 01.05., 08.05., 19.05. geboren sind, haben Sie ein mittleres Temperament.
- Wenn Sie an anderen Tagen als Stier geboren sind, sollten Sie temperamentvoller werden.

Lebensziel im derzeitigen Leben: Das Karma zu verbessern, durch alle schlechten Zeiten zu gehen, um dann die guten Zeiten zu erreichen.

Stiergeborene der Jahre: 1907, 1919, 1931, 1943, 1955, 1967, 1979, 1991, 2003, 2015

Mitgebrachte Prägung aus Ihrem Vorleben für dieses Leben: *Sie können sich immer auf Ihre Fähigkeiten verlassen. Verlieren Sie nicht Ihre Geduld und Bescheidenheit.*

Karma: Gutes Karma
Land des letzten Lebens mit stärkster Vorprägung für hier: Iran
Zeit des letzten Lebens mit stärkster Vorprägung für hier: 14. Jahrhundert
Alter: So alt wurden Sie: 29
Geschlecht: Ob Sie Mann oder Frau waren, ersehen Sie aus der Liste auf Seite 77f.
Beschäftigung: Als Mann: Akrobat oder Sportler; als Frau: Zirkusakteurin oder Künstlerin
Charaktereigenschaften, die Sie hatten und für dieses Leben mitbringen:
+ Sie hatten eine sehr tapfere Natur, waren ehrgeizig und auch offen für alles. Sie waren sexuell sehr aktiv und attraktiv. Und dazu hatten Sie auch noch ein außerordentliches handwerkliches Geschick.

- Unüberlegtheit und zu impulsives Handeln. Was Sie dachten, sagten Sie Ihrem Gegenüber direkt ins Gesicht. Das verletzte sehr und tat oft sehr weh.

Empfehlungen für das derzeitige Leben: Vergessen Sie alles Negative, denken Sie positiv, und das Glück kommt sofort zu Ihnen. Nehmen Sie Ihre rosa Brille ab und sehen Sie die Umwelt so, wie sie in Wirklichkeit ist. Leihen Sie niemandem viel Geld. Werfen Sie Ihre alten Erinnerungen über Bord. Leben Sie heute und nicht gestern.

Schutzhinweise, gültig im letzten Leben sowie im derzeitigen Leben:
- Gesundheit: Achten Sie auf Ihren Kreislauf, Ihr Gewicht und die Nieren.
- Ihre Schutzblumen sind Rosen.
- Ihre Schutzfarbe (Bekleidung) ist gelb.
- Ihre Glückszahlen sind: 2, 12, 22, 24, 32.
- Amulett: Kleiner Beutel, gefüllt mit Opalen und Frauenmantel (Kraut).

Temperament im derzeitigen Leben:
- Wenn Sie am 21.04., 24.04., 28.04., 12.05., 16.05., 17.05., 20.05. geboren sind, haben Sie sehr viel Temperament.
- Wenn Sie am 22.04., 23.04., 26.04., 01.05., 08.05., 19.05. geboren sind, haben Sie ein mittleres Temperament.
- Wenn Sie an anderen Tagen als Stier geboren sind, sollten Sie temperamentvoller werden.

Lebensziel im derzeitigen Leben: Das Karma gut zu erhalten, positiv zu denken und glücklich zu werden. Sie selbst sind Ihr Lebensziel.

Stiergeborene der Jahre: 1908, 1920, 1932, 1944, 1956, 1968, 1980, 1992, 2004, 2016

Mitgebrachte Prägung aus Ihrem Vorleben für dieses Leben: *Sie sind vielseitig interessiert und werden viel Erfolg haben. Sie können alle Ihre Träume verwirklichen. Ihr Geschick öffnet Ihnen viele Türen.*

Karma: Schweres Karma

Land des letzten Lebens mit stärkster Vorprägung für hier: Schottland

Zeit des letzten Lebens mit stärkster Vorprägung für hier: 12. Jahrhundert

Alter: So alt wurden Sie: 93

Geschlecht: Ob Sie Mann oder Frau waren, ersehen Sie aus der Liste auf Seite 77f.

Beschäftigung: Als Mann: Kleinunternehmer, Bierbrauer oder Winzer; als Frau: Winzerin oder Bäuerin

Charaktereigenschaften, die Sie hatten und für dieses Leben mitbringen:

+ Sie waren sehr willig und liebenswürdig. Auch waren Sie ehrgeizig und handwerklich begabt. Sie wussten immer, wie Sie Ihre Ziele erreichen konnten und wie Sie auf dem richtigen Weg bleiben. Sie waren in der Lage, anderen zu vertrauen, und zudem sehr gütig.
− Eifersüchtig, sogar rachsüchtig und impulsiv. Sie konnten sich schlecht verteidigen.

Empfehlungen für das derzeitige Leben: Fassen Sie nur Gutes an, denn Schlechtes kommt immer zurück. Meditieren Sie, schalten Sie ab und lassen Sie sich öfter fallen. Bleiben Sie vital. Als Ratgeber tätig zu sein bringt Sie in Harmonie mit sich selbst.

Schutzhinweise, gültig im letzten Leben sowie im derzeitigen Leben:

- Gesundheit: Achten Sie auf Ihren Kreislauf, passen Sie auf Ihr Gewicht auf und pflegen Sie Ihre Haut.
- Ihre Schutzblumen sind Narzissen.
- Ihre Schutzfarbe (Bekleidung) ist rot.
- Ihre Glückszahlen sind: 9, 19, 29, 39, 44.
- Amulett: Kleiner Beutel, gefüllt mit Saphiren und Gundelrebe (Kraut).

Temperament im derzeitigen Leben:

- Wenn Sie am 21.04., 24.04., 28.04., 12.05., 16.05., 17.05., 20.05. geboren sind, haben Sie sehr viel Temperament.
- Wenn Sie am 22.04., 23.04., 26.04., 01.05., 08.05., 19.05. geboren sind, haben Sie ein mittleres Temperament.
- Wenn Sie an anderen Tagen als Stier geboren sind, sollten Sie temperamentvoller werden.

Lebensziel im derzeitigen Leben: Gütig und verständnisvoll zu werden und Menschen mit Rat zur Seite stehen zu können.

Stiergeborene der Jahre: 1909, 1921, 1933, 1945, 1957, 1969, 1981, 1993, 2005, 2017

Mitgebrachte Prägung aus Ihrem Vorleben für dieses Leben: *Glauben Sie an sich, und Sie werden alle Aktivitäten zum Erfolg führen. Vernachlässigen Sie Ihr Privatleben nicht und nehmen Sie sich viel Zeit für Ihre Mitmenschen.*

Karma: Gutes bis schweres Karma
Land des letzten Lebens mit stärkster Vorprägung für hier: Uruguay
Zeit des letzten Lebens mit stärkster Vorprägung für hier: 17. Jahrhundert
Alter: So alt wurden Sie: 66
Geschlecht: Ob Sie Mann oder Frau waren, ersehen Sie aus der Liste auf Seite 77f.
Beschäftigung: Als Mann: Bettler oder Verarmter; als Frau: Reinemachefrau oder Handwerkerin
Charaktereigenschaften, die Sie hatten und für dieses Leben mitbringen:
- \+ Sie waren eine sehr ruhige Natur, auch ehrgeizig und handwerklich begabt. Sie liebten ein gewisses Risiko, das Leben und alles, was Sie umgab.
- − Unvorsichtig und fehlendes Vorausdenken. Sie hatten ein sehr weiches Herz, waren aber andererseits auch machtgierig.

Empfehlungen für das derzeitige Leben: Erkennen Sie rasch Ihre Fehler. Stehen Sie zu Ihren Fehlern. Schreiben Sie Tagebuch, Briefe und bilden Sie sich weiter.

Schutzhinweise, gültig im letzten Leben sowie im derzeitigen Leben:
- Gesundheit: Achten Sie auf Ihren Kreislauf, das Gewicht und Ihre sensible Haut.
- Ihre Schutzblumen sind Nelken.
- Ihre Schutzfarbe (Bekleidung) ist knallrot.
- Ihre Glückszahlen sind: 4, 9, 14, 19, 36.
- Amulett: Kleiner Beutel, gefüllt mit Mondsteinen und Herzgespann (Kraut).

Temperament im derzeitigen Leben:
- Wenn Sie am 21.04., 24.04., 28.04., 12.05., 16.05., 17.05., 20.05. geboren sind, haben Sie sehr viel Temperament.
- Wenn Sie am 22.04., 23.04., 26.04., 01.05., 08.05., 19.05. geboren sind, haben Sie ein mittleres Temperament.
- Wenn Sie an anderen Tagen als Stier geboren sind, sollten Sie temperamentvoller werden.

Lebensziel im derzeitigen Leben: Ihr Privatleben zu meistern und Ihre bessere Hälfte glücklich zu machen.

Stiergeborene der Jahre: 1910, 1922, 1934, 1946, 1958, 1970, 1982, 1994, 2006, 2018

Mitgebrachte Prägung aus Ihrem Vorleben für dieses Leben: *Sie sind ein Mensch, auf den man sich verlassen kann. Ihre Freunde schätzen Sie. Versuchen Sie allerdings, nicht überheblich zu werden.*

Karma: Neutrales Karma
Land des letzten Lebens mit stärkster Vorprägung für hier: Polen
Zeit des letzten Lebens mit stärkster Vorprägung für hier: 17. Jahrhundert
Alter: So alt wurden Sie: 75

Stier 21. April – 20. Mai 115

Geschlecht: Ob Sie Mann oder Frau waren, ersehen Sie aus der Liste auf Seite 77f.

Beschäftigung: Als Mann: Sie hatten einen künstlerischen Beruf, z.B. Schauspieler; als Frau: Schneiderin

Charaktereigenschaften, die Sie hatten und für dieses Leben mitbringen:

- \+ Sie waren kräftig, wussten auch immer, was Sie wollten und wie Sie alles erreichen. Romantische und offene Natur.
- − Unlogisch und oft sehr zögerlich, unpünktlich und mit einem großen Hang zum Dramatisieren.

Empfehlungen für das derzeitige Leben: Sehen Sie die Welt positiv. Helfen Sie Menschen sich zu finden. Denken Sie schneller und ziehen Sie alle Möglichkeiten in Betracht, bevor Sie sich äußern. Verzichten Sie auf Alkohol, Kaffee, Drogen und achten Sie auf Ihr Wohlbefinden.

Schutzhinweise, gültig im letzten Leben sowie im derzeitigen Leben:

- Gesundheit: Achten Sie auf Ihren Kreislauf, das Gewicht, die Beine und Ihren Rücken.
- Ihre Schutzblumen sind Astern.
- Ihre Schutzfarbe (Bekleidung) ist weiß.
- Ihre Glückszahlen sind: 6, 16, 22, 28, 30.
- Amulett: Kleiner Beutel, gefüllt mit Edelsteinen und Hopfenzapfen.

Temperament im derzeitigen Leben:

- Wenn Sie am 21.04., 24.04., 28.04., 12.05., 16.05., 17.05., 20.05. geboren sind, haben Sie sehr viel Temperament.
- Wenn Sie am 22.04., 23.04., 26.04., 01.05., 08.05., 19.05. geboren sind, haben Sie ein mittleres Temperament.
- Wenn Sie an anderen Tagen als Stier geboren sind, sollten Sie temperamentvoller werden.

Lebensziel im derzeitigen Leben: In der Gesellschaft eine führende Rolle zu spielen, Menschen aufzuklären und diesen ein Beispiel zu sein.

Stiergeborene der Jahre: 1911, 1923, 1935, 1947, 1959, 1971, 1983, 1995, 2007, 2019

Mitgebrachte Prägung aus Ihrem Vorleben für dieses Leben: *Sie sind zuverlässig, fleißig, planend. Verlieren Sie aber nicht den Boden unter den Füßen. Lassen Sie sich nicht von Rückschlägen in Ihrem Leben beeindrucken.*

Karma: Schweres Karma
Land des letzten Lebens mit stärkster Vorprägung für hier: Mittelasien
Zeit des letzten Lebens mit stärkster Vorprägung für hier: 13. Jahrhundert
Alter: So alt wurden Sie: 21
Geschlecht: Ob Sie Mann oder Frau waren, ersehen Sie aus der Liste auf Seite 77f.
Beschäftigung: Als Mann: Sie waren ein reicher Mann, z.B. Scheich; als Frau: eine Unterdrückte, z.B. Haremsdame
Charaktereigenschaften, die Sie hatten und für dieses Leben mitbringen:
- + Sie waren kräftig, Ihr Charakter stark, imponierend und mächtig. Sie waren gesellig und konnten sich überall gut anpassen.
- − Zu geradlinig, direkt, zu despotisch, und Sie übertrieben sehr gerne.

Empfehlungen für das derzeitige Leben: Sehen Sie die Welt positiv. Vergessen Sie die schlechte Vergangenheit, leben Sie dafür im Heute und Morgen. Machen Sie mehr für sich und für die anderen.
Schutzhinweise, gültig im letzten Leben sowie im derzeitigen Leben:
- Gesundheit: Achten Sie auf Ihren Kreislauf, auf das Gewicht und besonders auf Ihre schwachen Nerven.
- Ihre Schutzblumen sind Orchideen.
- Ihre Schutzfarbe (Bekleidung) ist himmelblau.

- Ihre Glückszahlen sind: 3, 13, 33, 55, 58.
- Amulett: Kleiner Beutel, gefüllt mit Bernsteinen und Huflattich.

Temperament im derzeitigen Leben:
- Wenn Sie am 21.04., 24.04., 28.04., 12.05., 16.05., 17.05., 20.05. geboren sind, haben Sie sehr viel Temperament.
- Wenn Sie am 22.04., 23.04., 26.04., 01.05., 08.05., 19.05. geboren sind, haben Sie ein mittleres Temperament.
- Wenn Sie an anderen Tagen als Stier geboren sind, sollten Sie temperamentvoller werden.

Lebensziel im derzeitigen Leben: Ihr eigenes Karma aufbessern, indem Sie nur Gutes tun. Spenden Sie viel Liebe, Verständnis und Geld, auch an Bedürftige.

Stiergeborene der Jahre: 1912, 1924, 1936, 1948, 1960, 1972, 1984, 1996, 2008, 2020

Mitgebrachte Prägung aus Ihrem Vorleben für dieses Leben: *Alles, was Sie anstreben, lässt sich in die Tat umsetzen. Sie haben viel Charme, aber es fällt Ihnen oft schwer, sich zu konzentrieren. Versuchen Sie, Ihre Konzentrationsfähigkeit zu stärken.*

Karma: Gutes Karma
Land des letzten Lebens mit stärkster Vorprägung für hier: Irland
Zeit des letzten Lebens mit stärkster Vorprägung für hier: 20. Jahrhundert
Alter: So alt wurden Sie: 28
Geschlecht: Ob Sie Mann oder Frau waren, ersehen Sie aus der Liste auf Seite 77f.
Beschäftigung: Als Mann: Geldgeber, Bankangestellter oder Kaufmann; als Frau: Chemikerin oder Wissenschaftlerin
Charaktereigenschaften, die Sie hatten und für dieses Leben mitbringen:

+ Sie waren kräftig und hatten Charakterstärke aufzuweisen. Sie waren geradlinig, gesellig und passten sich gut an.
− Hart, machtgierig, unausstehlich, dickköpfig und stur.

Empfehlungen für das derzeitige Leben: Werden Sie gütiger, verständnisvoller, seien Sie kein Einzelgänger.

Schutzhinweise, gültig im letzten Leben sowie im derzeitigen Leben:
- Gesundheit: Achten Sie auf Ihre Nerven und Ihre Genitalien.
- Ihre Schutzblumen sind Narzissen.
- Ihre Schutzfarbe (Bekleidung) ist schwarz.
- Ihre Glückszahlen sind: 8, 9, 18, 19, 29.
- Amulett: Kleiner Beutel, gefüllt mit Topasen und Löwenzahnblüten.

Temperament im derzeitigen Leben:
- Wenn Sie am 21.04., 24.04., 28.04., 12.05., 16.05., 17.05., 20.05. geboren sind, haben Sie sehr viel Temperament.
- Wenn Sie am 22.04., 23.04., 26.04., 01.05., 08.05., 19.05. geboren sind, haben Sie ein mittleres Temperament.
- Wenn Sie an anderen Tagen als Stier geboren sind, sollten Sie temperamentvoller werden.

Lebensziel im derzeitigen Leben: Ihr eigenes Karma aufzubessern, indem Sie nur Gutes tun. Arbeiten Sie mit Menschen zusammen, lassen Sie sich führen, und Sie werden glücklich.

Zwillinge 21. Mai – 21. Juni

Denken Sie, dass Sie glücklich sind? Sind Sie es wirklich? In Wirklichkeit sieht es anders aus. Familiäre Probleme, Durcheinandersein, Energieverluste ...

Länder, in denen Sie schon gelebt haben:
Ägypten
Äthiopien

Belgien
Benin
Dänemark
Deutschland
Frankreich
Israel
Kaukasus (Russland)
Libanon
Ostafrika
Spanien
Thailand
USA
Weißrussland
Westafrika
Zypern

Zwillingegeborene der Jahre: 1901, 1913, 1925, 1937, 1949, 1961, 1973, 1985, 1997, 2009

Mitgebrachte Prägung aus Ihrem Vorleben für dieses Leben: *Sie haben taktisches Talent, das Ihnen bei der Bewältigung auftretender Probleme hilft. Oft können Sie diese zu Ihrem Vorteil nutzen. Verlieren Sie nicht die Geduld, und konzentrieren Sie sich auf Ihre persönliche Entwicklung.*

Karma: Gutes Karma
Land des letzten Lebens mit stärkster Vorprägung für hier: Westafrika
Zeit des letzten Lebens mit stärkster Vorprägung für hier: 18. Jahrhundert
Alter: So alt wurden Sie: 64
Geschlecht: Ob Sie Mann oder Frau waren, ersehen Sie aus der Liste auf Seite 77f.
Beschäftigung: Als Mann: Künstler, Zirkusartist oder Bauer; als Frau: Schriftstellerin, Geschichtenerzählerin oder Heilerin

Charaktereigenschaften, die Sie hatten und für dieses Leben mitbringen:
- \+ Sie waren kräftig, verantwortungsbewusst, friedlich und treu und ein sehr sympathischer Mensch.
- − Oft zu gleichgültig und zu vorsichtig. Sie konnten Ihrer Umgebung nicht vertrauen.

Empfehlungen für das derzeitige Leben: Werden Sie ehrlich mit sich selbst. Seien Sie weniger kompliziert.

Schutzhinweise, gültig im letzten Leben sowie im derzeitigen Leben:
- Gesundheit: Achten Sie auf Ihre Lungen und Ihre Knochen.
- Ihre Schutzblumen sind Efeu oder Kletterrosen.
- Ihre Schutzfarbe (Bekleidung) ist rot.
- Ihre Glückszahlen sind: 1, 3, 5, 18, 27.
- Amulett: Kleiner Beutel, gefüllt mit Turmalin und Hagebutte.

Temperament im derzeitigen Leben:
- Wenn Sie am 22.05., 23.05., 29.05., 06.06., 12.06., 14.06., 21.06. geboren sind, haben Sie viel Temperament.
- Wenn Sie am 21.05., 25.05., 26.05., 01.06., 08.06., 19.06. geboren sind, haben Sie ein mittleres Temperament.
- Wenn Sie an anderen Tagen als Zwilling geboren sind, sollten Sie temperamentvoller werden.

Lebensziel im derzeitigen Leben: In Einklang mit der Umwelt zu kommen. Lernen Sie, Menschen zu vertrauen und mit Freunden zusammenzuarbeiten.

Zwillingegeborene der Jahre: 1902, 1914, 1926, 1938, 1950, 1962, 1974, 1986, 1998, 2010

Mitgebrachte Prägung aus Ihrem Vorleben für dieses Leben: *Sie verfügen über eine natürliche Autorität, die es Ihnen leicht macht, sich durchzusetzen. Beharren Sie nicht nur auf Ihrer Meinung, sondern hören Sie auch auf Ihre Umgebung.*

Karma: Gutes Karma
Land des letzten Lebens mit stärkster Vorprägung für hier: Ostafrika
Zeit des letzten Lebens mit stärkster Vorprägung für hier: 15. Jahrhundert
Alter: So alt wurden Sie: 47
Geschlecht: Ob Sie Mann oder Frau waren, ersehen Sie aus der Liste auf Seite 77f.
Beschäftigung: Als Mann: Bettler oder Verarmter; als Frau: Unterdrückte oder gar Sklavin
Charaktereigenschaften, die Sie hatten und für dieses Leben mitbringen:

- \+ Sie waren klug, amüsant und weltoffen. Man konnte auf Sie zählen.
- − Hochgradig explosiv, konnte sich nur mit Mühe bremsen. Die Figur wurde vernachlässigt und sich um die Gesundheit wenig gekümmert.

Empfehlungen für das derzeitige Leben: Werden Sie geduldiger, lieben Sie Ihre beiden Seiten (auch die negative).
Schutzhinweise, gültig im letzten Leben sowie im derzeitigen Leben:

- Gesundheit: Achten Sie auf Ihre Lunge, Wirbelsäule und Figur. Alkoholsuchtgefahr!
- Ihre Schutzblumen sind Lilien.
- Ihre Schutzfarbe (Bekleidung) ist schwarz.
- Ihre Glückszahlen sind: 3, 8, 12, 44, 47.
- Amulett: Kleiner Beutel, gefüllt mit Biotit und Johanniskraut.

Temperament im derzeitigen Leben:

- Wenn Sie am 22.05., 23.05., 29.05., 06.06., 12.06., 14.06., 21.06. geboren sind, haben Sie sehr viel Temperament.
- Wenn Sie am 21.05., 25.05., 26.05., 01.06., 08.06., 19.06. geboren sind, haben Sie ein mittleres Temperament.
- Wenn Sie an anderen Tagen als Zwilling geboren sind, sollten Sie temperamentvoller werden.

Lebensziel im derzeitigen Leben: In Einklang mit sich selbst zu kommen, sich seelisch entfalten zu können.

Zwillingegeborene der Jahre: 1903, 1915, 1927, 1939, 1951, 1963, 1975, 1987, 1999, 2011

Mitgebrachte Prägung aus Ihrem Vorleben für dieses Leben: *Ihr Leben verläuft nicht immer so, wie Sie es gerne hätten. Sie sollten sich mehr auf Ihre Mitmenschen konzentrieren und um Ihre Familie kümmern.*

Karma: Gutes Karma
Land des letzten Lebens mit stärkster Vorprägung für hier: Ägypten
Zeit des letzten Lebens mit stärkster Vorprägung für hier: 13. Jahrhundert
Alter: So alt wurden Sie: 102
Geschlecht: Ob Sie Mann oder Frau waren, ersehen Sie aus der Liste auf Seite 77f.
Beschäftigung: Als Mann: Magier: als Frau: Hexe und Zauberin
Charaktereigenschaften, die Sie hatten und für dieses Leben mitbringen:
   + Sie waren klug und hatten ein gutes Gedächtnis. Zudem waren Sie geduldig und sehr gesprächig.
   − Oft oberflächlich, langsam und bedächtig, leider oft falsch.

Empfehlungen für das derzeitige Leben: Werden Sie fröhlicher und lieben Sie das Leben so, wie es ist. Lachen Sie öfter und seien Sie nicht so neugierig.

Schutzhinweise, gültig im letzten Leben sowie im derzeitigen Leben:

- Gesundheit: Achten Sie auf Ihre Lunge, Brust und besonders die Haut.
- Ihre Schutzblumen sind Nelken.
- Ihre Schutzfarbe (Bekleidung) ist braun.
- Ihre Glückszahlen sind: 5, 7, 8, 22, 37.

- Amulett: Kleiner Beutel, gefüllt mit Rubinen, Achat und Kalmuswurzeln.

Temperament im derzeitigen Leben:
- Wenn Sie am 22.05., 23.05., 29.05., 06.06., 12.06., 14.06., 21.06. geboren sind, haben Sie sehr viel Temperament.
- Wenn Sie am 21.05., 25.05., 26.05., 01.06., 08.06., 19.06. geboren sind, haben Sie ein mittleres Temperament.
- Wenn Sie an anderen Tagen als Zwilling geboren sind, sollten Sie temperamentvoller werden.

Lebensziel im derzeitigen Leben: Anderen Menschen zu helfen und den Weg zu weisen, Ihre Gabe als Ratgeber in die Tat umzusetzen.

Zwillingegeborene der Jahre: 1904, 1916, 1928, 1940, 1952, 1964, 1976, 1988, 2000, 2012

Mitgebrachte Prägung aus Ihrem Vorleben für dieses Leben: *Sie haben die Energie, mehr zu erreichen, als Sie sich selbst vorstellen können. Ihre Fantasie hilft Ihnen dabei. Seien Sie so, wie Sie sind.*

Karma: Gutes Karma
Land des letzten Lebens mit stärkster Vorprägung für hier: Thailand
Zeit des letzten Lebens mit stärkster Vorprägung für hier: 16. Jahrhundert
Alter: So alt wurden Sie: 88
Geschlecht: Ob Sie Mann oder Frau waren, ersehen Sie aus der Liste auf Seite 77f.
Beschäftigung: Als Mann: Soldat oder Waffenschmied; als Frau: Gouvernante, Schriftstellerin
Charaktereigenschaften, die Sie hatten und für dieses Leben mitbringen:
+ Sie konnten schnell denken und etwas in die Tat umsetzen. Sie bildeten sich immer weiter und strebten immer an die Spitze. Sie hatten gute Umgangsformen, waren loyal und klug.

- Oft kleptomanisch, geizig und dann wieder verschwenderisch. Engpässe und Geldprobleme waren keine Seltenheit in diesem Leben.

Empfehlungen für das derzeitige Leben: Werden Sie gelassener. Sie stehen sowieso an der Spitze. Lassen Sie sich fallen und entspannen Sie sich.

Schutzhinweise, gültig im letzten Leben sowie im derzeitigen Leben:

- Gesundheit: Achten Sie auf Ihre Lunge und Ihre Brust. Pflegen Sie Ihr Aussehen gut, oftmals wirken Sie älter.
- Ihre Schutzblumen sind Kamillen.
- Ihre Schutzfarbe (Bekleidung) ist orange.
- Ihre Glückszahlen sind: 8, 9, 15, 29, 50.
- Amulett: Kleiner Beutel, gefüllt mit Turmalin und Kamillenblüten.

Temperament im derzeitigen Leben:

- Wenn Sie am 22.05., 23.05., 29.05., 06.06., 12.06., 14.06., 21.06. geboren sind, haben Sie sehr viel Temperament.
- Wenn Sie am 21.05., 25.05., 26.05., 01.06., 08.06., 19.06. geboren sind, haben Sie ein mittleres Temperament.
- Wenn Sie an anderen Tagen als Zwilling geboren sind, sollten Sie temperamentvoller werden.

Lebensziel im derzeitigen Leben: Die Gesellschaft zu führen und immer an der Spitze des Geschehens zu stehen.

Zwillingegeborene der Jahre: 1905, 1917, 1929, 1941, 1953, 1965, 1977, 1989, 2001, 2013

Mitgebrachte Prägung aus Ihrem Vorleben für dieses Leben: *Sie können Ihrer Intuition vertrauen, um Erfolg zu haben. Ihr charmantes Wesen hilft Ihnen dabei, Schwierigkeiten in Ihrem Leben zu Ihrem Vorteil zu nutzen.*

Karma: Gutes Karma
Land des letzten Lebens mit stärkster Vorprägung für hier: Weißrussland
Zeit des letzten Lebens mit stärkster Vorprägung für hier: 19. Jahrhundert
Alter: So alt wurden Sie: 73
Geschlecht: Ob Sie Mann oder Frau waren, ersehen Sie aus der Liste auf Seite 77f.
Beschäftigung: Als Mann: Schriftsteller oder Dichter; als Frau: Übersetzerin
Charaktereigenschaften, die Sie hatten und für dieses Leben mitbringen:

+ Sie waren lebensbejahend, neugierig, glücklich und hielten Ihre Versprechen.
− Oft naiv und dickköpfig und auch kompromisslos.

Empfehlungen für das derzeitige Leben: Werden Sie ruhiger und zugänglicher. Achten Sie auf Ihre Freunde. Machen Sie sich das Leben leichter, indem Sie weniger nachdenken.
Schutzhinweise, gültig im letzten Leben sowie im derzeitigen Leben:

- Gesundheit: Achten Sie auf Ihre Lunge, Ihre Gelenke und Ihre Psyche.
- Ihre Schutzblumen sind Königskerzen.
- Ihre Schutzfarben (Bekleidung) sind gelb und rot.
- Ihre Glückszahlen sind: 1, 2, 3, 8, 17.
- Amulett: Kleiner Beutel, gefüllt mit Azurit und Labkraut.

Temperament im derzeitigen Leben:

- Wenn Sie am 22.05., 23.05., 29.05., 06.06., 12.06., 14.06., 21.06. geboren sind, haben Sie sehr viel Temperament.
- Wenn Sie am 21.05., 25.05., 26.05., 01.06., 08.06., 19.06. geboren sind, haben Sie ein mittleres Temperament.
- Wenn Sie an anderen Tagen als Zwilling geboren sind, sollten Sie temperamentvoller werden.

Lebensziel im derzeitigen Leben: Neues zu entdecken, ein Patent für irgendetwas Technisches anzumelden. Machen Sie etwas Neues und Außergewöhnliches!

Zwillingegeborene der Jahre: 1906, 1918, 1930, 1942, 1954, 1966, 1978, 1990, 2002, 2014

Mitgebrachte Prägung aus Ihrem Vorleben für dieses Leben: *Sie können gut reden, sollten aber lernen, auch einmal zuzuhören. Wenn Sie Ihrem Glück begegnen, sollten Sie beherzt zugreifen.*

Karma: Gutes Karma
Land des letzten Lebens mit stärkster Vorprägung für hier: Spanien
Zeit des letzten Lebens mit stärkster Vorprägung für hier: 18. Jahrhundert
Alter: So alt wurden Sie: 55
Geschlecht: Ob Sie Mann oder Frau waren, ersehen Sie aus der Liste auf Seite 77f.
Beschäftigung: Als Mann: Koch in eigener Gaststätte; als Frau: Marktverkäuferin
Charaktereigenschaften, die Sie hatten und für dieses Leben mitbringen:
  + Sie waren humorvoll, kommunikativ, freundlich und energisch. Sie waren sehr kreativ, fantasierten gerne und versuchten, Ihre Träume zu leben.
  − Oft naiv und vergesslich, noch öfter pessimistisch.

Empfehlungen für das derzeitige Leben: Werden Sie stabiler und gewinnen Sie mehr Selbstvertrauen.
Schutzhinweise, gültig im letzten Leben sowie im derzeitigen Leben:
- Gesundheit: Achten Sie auf Ihre Gelenke und Ihre Psyche.
- Ihre Schutzblume ist der Lavendel.
- Ihre Schutzfarbe (Bekleidung) ist grün.

Zwillinge 21. Mai – 21. Juni   127

- Ihre Glückszahlen sind: 5, 6, 7, 11, 36.
- Amulett: Kleiner Beutel, gefüllt mit Achaten und Arnika.

Temperament im derzeitigen Leben:
- Wenn Sie am 22.05., 23.05., 29.05., 06.06., 12.06., 14.06., 21.06. geboren sind, haben Sie sehr viel Temperament.
- Wenn Sie am 21.05., 25.05., 26.05., 01.06., 08.06., 19.06. geboren sind, haben Sie ein mittleres Temperament.
- Wenn Sie an anderen Tagen als Zwilling geboren sind, sollten Sie temperamentvoller werden.

Lebensziel im derzeitigen Leben: Mit Kritik gut umzugehen und zu lernen, Menschen zu verstehen. Ihr Familienleben hat Priorität.

Zwillingegeborene der Jahre: 1907, 1919, 1931, 1943, 1955, 1967, 1979, 1991, 2003, 2015

Mitgebrachte Prägung aus Ihrem Vorleben für dieses Leben: *Sie können Ihren Fähigkeiten vertrauen. Lassen Sie sich nicht aus der Ruhe bringen und bleiben Sie diplomatisch.*

Karma: Gutes Karma
Land des letzten Lebens mit stärkster Vorprägung für hier: Kaukasus (Russland)
Zeit des letzten Lebens mit stärkster Vorprägung für hier: 13. Jahrhundert
Alter: So alt wurden Sie: 99
Geschlecht: Ob Sie Mann oder Frau waren, ersehen Sie aus der Liste auf Seite 77f.
Beschäftigung: Als Mann: Astronom oder Astrologe, evtl. ein Heiler; als Frau: Bäuerin
Charaktereigenschaften, die Sie hatten und für dieses Leben mitbringen:
- + Sie waren ausgesprochen optimistisch, lebensbejahend und emotional ausgeglichen. Auch waren Sie ein kluger und sehr

naturverbundener Mensch. Weiterbildung war immer sehr wichtig für Sie.
- Oft misstrauisch, nicht immer ordentlich, depressiv und geizig.

Empfehlungen für das derzeitige Leben: Werden Sie offener zu Menschen, lernen Sie zuzuhören, passen Sie auf Ihre Gesundheit auf.

Schutzhinweise, gültig im letzten Leben sowie im derzeitigen Leben:
- Gesundheit: Achten Sie auf Ihre Psyche und Ihre Lunge.
- Ihre Schutzblumen sind Ginsengblüten.
- Ihre Schutzfarbe (Bekleidung) ist blau.
- Ihre Glückszahlen sind: 5, 9, 22, 27, 40.
- Amulett: Kleiner Beutel, gefüllt mit Rubinen und Löwenzahnblüten.

Temperament im derzeitigen Leben:
- Wenn Sie am 22.05., 23.05., 29.05., 06.06., 12.06., 14.06., 21.06. geboren sind, haben Sie sehr viel Temperament.
- Wenn Sie am 21.05., 25.05., 26.05., 01.06., 08.06., 19.06. geboren sind, haben Sie ein mittleres Temperament.
- Wenn Sie an anderen Tagen als Zwilling geboren sind, sollten Sie temperamentvoller werden.

Lebensziel im derzeitigen Leben: Neue Welten zu entdecken, neue Ideen durchzusetzen und neue Dimensionen anzustreben.

Zwillingegeborene der Jahre: 1908, 1920, 1932, 1944, 1956, 1968, 1980, 1992, 2004, 2016

Mitgebrachte Prägung aus Ihrem Vorleben für dieses Leben: *Ihr Leben ist von großen Erfolgen geprägt. Sie können Ihre Träume verwirklichen, und Ihnen stehen alle Türen offen.*

Karma: Gutes Karma
Land des letzten Lebens mit stärkster Vorprägung für hier: USA
Zeit des letzten Lebens mit stärkster Vorprägung für hier: 20. Jahrhundert

Zwillinge 21. Mai – 21. Juni

Alter: So alt wurden Sie: 58
Geschlecht: Ob Sie Mann oder Frau waren, ersehen Sie aus der Liste auf Seite 77f.
Beschäftigung: Als Mann: Pädagoge; als Frau: Buchhändlerin oder Autorin
Charaktereigenschaften, die Sie hatten und für dieses Leben mitbringen:

+ Sie waren ein kluger Mensch, ehrlich und gelassen. Sie konnten spielend leicht Fremdsprachen erlernen und waren auch mathematisch veranlagt.
− Oft nicht korrekt, pessimistisch und grob. Sie wirkten dadurch oft sehr unfreundlich.

Empfehlungen für das derzeitige Leben: Werden Sie freundlicher und denken Sie positiv. Vernachlässigen Sie Ihre Familie nicht, sonst bleiben Sie einsam.
Schutzhinweise, gültig im letzten Leben sowie im derzeitigen Leben:

- Gesundheit: Achten Sie auf Ihre Psyche und Ihre Knie.
- Ihre Schutzblumen sind Klee und Jasmin.
- Ihre Schutzfarbe (Bekleidung) ist grün.
- Ihre Glückszahlen sind: 1, 4, 8, 12, 17.
- Amulett: Kleiner Beutel, gefüllt mit Bernsteinen und Malve.

Temperament im derzeitigen Leben:

- Wenn Sie am 22.05., 23.05., 29.05., 06.06., 12.06., 14.06., 21.06. geboren sind, haben Sie sehr viel Temperament.
- Wenn Sie am 21.05., 25.05., 26.05., 01.06., 08.06., 19.06. geboren sind, haben Sie ein mittleres Temperament.
- Wenn Sie an anderen Tagen als Zwilling geboren sind, sollten Sie temperamentvoller werden.

Lebensziel im derzeitigen Leben: Sich zu verbessern, den Intellekt zu steigern, als Ratgeber tätig zu werden.

Zwillingegeborene der Jahre: 1909, 1921, 1933, 1945, 1957, 1969, 1981, 1993, 2005, 2017

Mitgebrachte Prägung aus Ihrem Vorleben für dieses Leben: *Alles steht in Ihrem Leben auf Erfolgskurs. Zweifeln Sie nicht an sich, dann werden Sie alles erreichen. Sie sollten Ihre Mitmenschen nicht vernachlässigen und sich viel Zeit für Ihr Privatleben nehmen.*

Karma: Schweres Karma
Land des letzten Lebens mit stärkster Vorprägung für hier: Belgien
Zeit des letzten Lebens mit stärkster Vorprägung für hier: 15. Jahrhundert
Alter: So alt wurden Sie: 36
Geschlecht: Ob Sie Mann oder Frau waren, ersehen Sie aus der Liste auf Seite 77f.
Beschäftigung: Als Mann: Fischverkäufer oder Händler; als Frau: Haushälterin
Charaktereigenschaften, die Sie hatten und für dieses Leben mitbringen:
   + Sie kamen langsam, aber sicher ans Ziel, waren logisch und direkt. Außerdem waren Sie zärtlich und vertrauensvoll.
   − Oft naiv und ängstlich.
Empfehlungen für das derzeitige Leben: Werden Sie mutiger und stecken Sie sich ruhig höhere Ziele. Haben Sie keine Angst, Fehler zu machen!
Schutzhinweise, gültig im letzten Leben sowie im derzeitigen Leben:
   - Gesundheit: Achten Sie auf Ihre Psyche.
   - Ihre Schutzblumen sind Chrysanthemen.
   - Ihre Schutzfarbe (Bekleidung) ist rubinrot.
   - Ihre Glückszahlen sind: 4, 6, 12, 56, 58.
   - Amulett: Kleiner Beutel, gefüllt mit Sand und Mistelkraut.
Temperament im derzeitigen Leben:
   - Wenn Sie am 22.05., 23.05., 29.05., 06.06., 12.06., 14.06., 21.06. geboren sind, haben Sie sehr viel Temperament.
   - Wenn Sie am 21.05., 25.05., 26.05., 01.06., 08.06., 19.06. geboren sind, haben Sie ein mittleres Temperament.

- Wenn Sie an anderen Tagen als Zwilling geboren sind, sollten Sie temperamentvoller werden.

Lebensziel im derzeitigen Leben: Sich zu bestätigen und tapferer zu werden. Träume nicht nur zu träumen, sondern zu verwirklichen.

Zwillingegeborene der Jahre: 1910, 1922, 1934, 1946, 1958, 1970, 1982, 1994, 2006, 2018

Mitgebrachte Prägung aus Ihrem Vorleben für dieses Leben: *Sie sind ein lieber Mensch, man kann auf Sie zählen. Von Ihren Freunden werden Sie geschätzt. Versuchen Sie allerdings, auf dem Boden zu bleiben.*

Karma: Positives Karma
Land des letzten Lebens mit stärkster Vorprägung für hier: Dänemark
Zeit des letzten Lebens mit stärkster Vorprägung für hier: 19. Jahrhundert
Alter: So alt wurden Sie: 52
Geschlecht: Ob Sie Mann oder Frau waren, ersehen Sie aus der Liste auf Seite 77f.
Beschäftigung: Als Mann: Erfinder oder Pilot; als Frau: Botin
Charaktereigenschaften, die Sie hatten und für dieses Leben mitbringen:
+ Sie waren sympathisch, liebenswert und hatten gute Umgangsformen. Mit Ihrer Anführernatur strebten Sie immer nach oben.
− Oft gleichgültig oder kalt; Sie konnten sich nicht immer konzentrieren.

Empfehlungen für das derzeitige Leben: Werden Sie aktiv, verbessern Sie Ihr Gedächtnis, machen Sie andere glücklich und seien Sie offener zu sich selbst.

Schutzhinweise, gültig im letzten Leben sowie im derzeitigen Leben:
- Gesundheit: Achten Sie auf Ihre Gelenke und Ihre Bronchien.
- Ihre Schutzblumen sind Lilien.
- Ihre Schutzfarbe (Bekleidung) ist gelb.

- Ihre Glückszahlen sind: 2, 3, 4, 18, 35.
- Amulett: Kleiner Beutel, gefüllt mit Edelsteinen und Odermennig.

Temperament im derzeitigen Leben:
- Wenn Sie am 22.05., 23.05., 29.05., 06.06., 12.06., 14.06., 21.06. geboren sind, haben Sie sehr viel Temperament.
- Wenn Sie am 21.05., 25.05., 26.05., 01.06., 08.06., 19.06. geboren sind, haben Sie ein mittleres Temperament.
- Wenn Sie an anderen Tagen als Zwilling geboren sind, sollten Sie temperamentvoller werden.

Lebensziel im derzeitigen Leben: Sich seelisch zu entwickeln und die Gesellschaft zu führen.

Zwillingegeborene der Jahre: 1911, 1923, 1935, 1947, 1959, 1971, 1983, 1995, 2007, 2019

Mitgebrachte Prägung aus Ihrem Vorleben für dieses Leben: *Sie sind verlässlich, fleißig und vorausschauend. Bleiben Sie realistisch und lassen Sie sich nicht von Rückschlägen in Ihrem Leben beeindrucken.*

Karma: Neutrales Karma
Land des letzten Lebens mit stärkster Vorprägung für hier: Zypern
Zeit des letzten Lebens mit stärkster Vorprägung für hier: 15. Jahrhundert
Alter: So alt wurden Sie: 87
Geschlecht: Ob Sie Mann oder Frau waren, ersehen Sie aus der Liste auf Seite 77f.
Beschäftigung: Als Mann: Winzer, Bierbrauer oder Schnapsbrenner; als Frau: Hausdame
Charaktereigenschaften, die Sie hatten und für dieses Leben mitbringen:
+ Sie waren zärtlich, fantasievoll, konnten sich gut anpassen und hatten niemals richtige Feinde.

- Neidisch, nicht sparsam, geldverschwenderisch. Sie setzten Geld an die erste Stelle im Leben.

Empfehlungen für das derzeitige Leben: Seien Sie nicht geizig, spenden Sie etwas Geld an Kinder. Denken Sie daran, dass keiner am Ende Geld mit ins Grab nehmen kann. Lernen Sie zu vertrauen, dieser Wert ist wichtiger als das Materielle.

Schutzhinweise, gültig im letzten Leben sowie im derzeitigen Leben:
- Gesundheit: Achten Sie auf Ihre Bronchien.
- Ihre Schutzblumen sind Rosen und Hibiskus.
- Ihre Schutzfarbe (Bekleidung) ist rot.
- Ihre Glückszahlen sind: 2, 4, 19, 29, 35.
- Amulett: Kleiner Beutel, gefüllt mit Bergkristallen und Pfefferminze.

Temperament im derzeitigen Leben:
- Wenn Sie am 22.05., 23.05., 29.05., 06.06., 12.06., 14.06., 21.06. geboren sind, haben Sie sehr viel Temperament.
- Wenn Sie am 21.05., 25.05., 26.05., 01.06., 08.06., 19.06. geboren sind, haben Sie ein mittleres Temperament.
- Wenn Sie an anderen Tagen als Zwilling geboren sind, sollten Sie temperamentvoller werden.

Lebensziel im derzeitigen Leben: Ihr materielles Leben stabil zu halten. Nicht zu vergessen, dass es auch noch schöne Dinge im Leben gibt.

Zwillingegeborene der Jahre: 1912, 1924, 1936, 1948, 1960, 1972, 1984, 1996, 2008, 2020

Mitgebrachte Prägung aus Ihrem Vorleben für dieses Leben: *Alles, was Sie anstreben, lässt sich in die Tat umsetzen. Sie sind genial und charmant, aber Sie können sich oft nicht konzentrieren. Arbeiten Sie daran!*

Karma: Neutrales Karma
Land des letzten Lebens mit stärkster Vorprägung für hier: Russland.

Zeit des letzten Lebens mit stärkster Vorprägung für hier: 18. Jahrhundert

Alter: So alt wurden Sie: 37

Geschlecht: Ob Sie Mann oder Frau waren, ersehen Sie aus der Liste auf Seite 77f.

Beschäftigung: Als Mann: Jäger oder Förster; als Frau: Kräuterfrau und Heilerin

Charaktereigenschaften, die Sie hatten und für dieses Leben mitbringen:
- + Sie waren pünktlich, offen zu Menschen, hilfsbereit und fröhlich.
- − Sich selbst gegenüber manchmal verschlossen, oft ängstlich und viel zu viel redend. Oft auch nervös und unausgeglichen.

Empfehlungen für das derzeitige Leben: Versuchen Sie, Geheimnisse von anderen nicht immer auszuplaudern, sondern für sich zu behalten. Auch eine schlechte Erfahrung kann gut sein, lernen Sie daraus!

Schutzhinweise, gültig im letzten Leben sowie im derzeitigen Leben:
- Gesundheit: Achten Sie auf Ihre Psyche, Ihre Haut und Ihren Magen.
- Ihre Schutzblumen sind Ringelblumen.
- Ihre Schutzfarbe (Bekleidung) ist gelb.
- Ihre Glückszahlen sind: 2, 5, 15, 25, 33.
- Amulett: Kleiner Beutel, gefüllt mit Opal und Quecke.

Temperament im derzeitigen Leben:
- Wenn Sie am 22.05., 23.05., 29.05., 06.06., 12.06., 14.06., 21.06. geboren sind, haben Sie sehr viel Temperament.
- Wenn Sie am 21.05., 25.05., 26.05., 01.06., 08.06., 19.06. geboren sind, haben Sie ein mittleres Temperament.
- Wenn Sie an anderen Tagen als Zwilling geboren sind, sollten Sie temperamentvoller werden.

Lebensziel im derzeitigen Leben: Nachgiebiger zu werden, viele Charakterzüge zu ändern, um alles, was Sie planen, zu erreichen. In der Ruhe liegt die Kraft. Denken und handeln Sie gezielt.

Krebs 22. Juni – 22. Juli

Sie sind ein Teil der Welt. Sie sehnen sich nach Familie, Geborgenheit und Glück. Lernen Sie, Verantwortung zu übernehmen, und glauben Sie an sich.

Länder, in denen Sie schon gelebt haben:
Afghanistan
Algerien
Aserbaidschan
Brunei
China
Deutschland/Bayern
Dominikanische Republik
Frankreich
Hongkong
Indien
Israel
Kirgisien
Kolumbien
Kuba
Somalia
Tunesien
Türkei

Krebsgeborene der Jahre: 1901, 1913, 1925, 1937, 1949, 1961, 1973, 1985, 1997, 2009

Mitgebrachte Prägung aus Ihrem Vorleben für dieses Leben: *Sie können auftretende Schwierigkeiten gut bewältigen und oft sogar persönliche Vorteile aus ihnen ziehen. Bleiben Sie stets gelassen und konzentrieren Sie sich auf Ihr persönliches Weiterkommen.*

Karma: Sehr schweres Karma

Land des letzten Lebens mit stärkster Vorprägung für hier: Deutschland/Bayern

Zeit des letzten Lebens mit stärkster Vorprägung für hier: 14. Jahrhundert

Alter: So alt wurden Sie: 46

Geschlecht: Ob Sie Mann oder Frau waren, ersehen Sie aus der Liste auf Seite 77f.

Beschäftigung: Als Mann: Volksmusikant, Künstler; als Frau: Köchin, Hauswirtschafterin, Kindermädchen

Charaktereigenschaften, die Sie hatten und für dieses Leben mitbringen:

+ Sie waren ruhig, gemütlich, still und verträumt. Sie liebten Ihr Leben und hatten eine Spendernatur.
− Oft zögerlich, glaubten Sie nicht an sich selbst, bemitleideten sich selbst und waren dadurch nervös und überheblich.

Empfehlungen für das derzeitige Leben: Werden Sie aktiver, hören Sie auf Ihr Herz! Lieben Sie Ihre Umgebung, sogar Ihre Feinde. Glauben Sie an schöne und gute Zeiten.

Schutzhinweise, gültig im letzten Leben sowie im derzeitigen Leben:

- Gesundheit: Achten Sie auf Ihren Magen, Darm und Ihre Psyche.
- Ihre Schutzblumen sind Orchideen.
- Ihre Schutzfarbe (Bekleidung) ist weiß.
- Ihre Glückszahlen sind: 1, 4, 5, 13, 77.
- Amulett: Kleiner Beutel, gefüllt mit Zirkon und Salbei.

Temperament im derzeitigen Leben:

- Wenn Sie am 22.06., 23.06., 29.06., 06.07., 12.07., 14.07., 21.07. geboren sind, haben Sie sehr viel Temperament.
- Wenn Sie am 25.06., 26.06., 01.07., 08.07., 19.07. geboren sind, haben Sie ein mittleres Temperament.
- Wenn Sie an anderen Tagen als Krebs geboren sind, sollten Sie temperamentvoller werden.

Krebs 22. Juni – 22. Juli

Lebensziel im derzeitigen Leben: In Einklang mit der Umwelt zu kommen. Eigene Ziele zu verwirklichen. Die eigene Sensibilität zu steigern.

Krebsgeborene der Jahre: 1902, 1914, 1926, 1938, 1950, 1962, 1974, 1986, 1998, 2010

Mitgebrachte Prägung aus Ihrem Vorleben für dieses Leben: *Nutzen Sie Ihre natürliche Autorität, um sich überall durchzusetzen. Beharren Sie nicht nur auf Ihrer Meinung, sondern zeigen Sie sich nachgiebig und gelassen.*

Karma: Sehr schweres Karma
Land des letzten Lebens mit stärkster Vorprägung für hier: China
Zeit des letzten Lebens mit stärkster Vorprägung für hier: 18. Jahrhundert
Alter: So alt wurden Sie: 61
Geschlecht: Ob Sie Mann oder Frau waren, ersehen Sie aus der Liste auf Seite 77f.
Beschäftigung: Als Mann: Historiker, Archäologe; als Frau: Amme oder Heilerin
Charaktereigenschaften, die Sie hatten und für dieses Leben mitbringen:
+ Sie waren ruhig, gemütlich, hatten eine sehr gute Intuition, waren spirituell veranlagt. Ein geborener Familienmensch.
− Oft unpraktisch, pessimistisch und passiv im Leben. Sie konnten Ihre Fehler nur schlecht zugeben und beschuldigten meistens die anderen.

Empfehlungen für das derzeitige Leben: Werden Sie offener zu sich, pünktlicher und halten Sie Ihr Wort. Das Leben ist zu kurz, machen Sie das Beste daraus und setzen Sie sich größere Ziele.

Schutzhinweise, gültig im letzten Leben sowie im derzeitigen Leben:
■ Gesundheit: Achten Sie auf Ihren Magen und Ihre Psyche.
■ Ihre Schutzblumen sind Mohnblumen.

- Ihre Schutzfarbe (Bekleidung) ist schwarz.
- Ihre Glückszahlen sind: 3, 8, 18, 33, 48.
- Amulett: Kleiner Beutel, gefüllt mit Diamantenstaub und Schafgarbe.

Temperament im derzeitigen Leben:
- Wenn Sie am 22.06., 23.06., 29.06., 06.07., 12.07., 14.07., 21.07. geboren sind, haben Sie sehr viel Temperament.
- Wenn Sie am 25.06., 26.06., 01.07., 08.07., 19.07. geboren sind, haben Sie ein mittleres Temperament.
- Wenn Sie an anderen Tagen als Krebs geboren sind, sollten Sie temperamentvoller werden.

Lebensziel im derzeitigen Leben: Versuchen Sie, sich selbst zu verstehen und die Familie zusammenzuhalten.

Krebsgeborene der Jahre: 1903, 1915, 1927, 1939, 1951, 1963, 1975, 1987, 1999, 2011

Mitgebrachte Prägung aus Ihrem Vorleben für dieses Leben: *Manches in Ihrem Leben verläuft anders, als Sie es sich wünschen. Sie sollten sich mehr auf Ihre Mitmenschen konzentrieren und um Ihre Familie kümmern.*

Karma: Neutrales Karma
Land des letzten Lebens mit stärkster Vorprägung für hier: Hongkong
Zeit des letzten Lebens mit stärkster Vorprägung für hier: 15. Jahrhundert
Alter: So alt wurden Sie: 37
Geschlecht: Ob Sie Mann oder Frau waren, ersehen Sie aus der Liste auf Seite 77f.
Beschäftigung: Als Mann: Samurai oder Soldat; als Frau: Sklavin
Charaktereigenschaften, die Sie hatten und für dieses Leben mitbringen:
   + Sie waren klug, weise, gutgläubig und fast immer hilfsbereit.

- Oft selbstverliebt, ironisch und psychisch instabil, auch geldgierig. Sie liebten es, sich von Menschen abzugrenzen.

Empfehlungen für das derzeitige Leben: Werden Sie gelassener, schwindeln oder lügen Sie nicht, und verzichten Sie auf Rache. Lieben Sie alle Menschen, und Sie werden auch geliebt.

Schutzhinweise, gültig im letzten Leben sowie im derzeitigen Leben:
- Gesundheit: Achten Sie auf Ihre Psyche.
- Ihre Schutzblumen sind Nelken.
- Ihre Schutzfarbe (Bekleidung) ist grün.
- Ihre Glückszahlen sind: 3, 5, 20, 34, 46.
- Amulett: Kleiner Beutel, gefüllt mit Heliotrop und Spitzwegerich.

Temperament im derzeitigen Leben:
- Wenn Sie am 22.06., 23.06., 29.06., 06.07., 12.07., 14.07., 21.07. geboren sind, haben Sie sehr viel Temperament.
- Wenn Sie am 25.06., 26.06., 01.07., 08.07., 19.07. geboren sind, haben Sie ein mittleres Temperament.
- Wenn Sie an anderen Tagen als Krebs geboren sind, sollten Sie temperamentvoller werden.

Lebensziel im derzeitigen Leben: Lernen Sie, Schwarz von Weiß zu unterscheiden; lassen Sie Ihrer Fantasie freien Lauf.

Krebsgeborene der Jahre: 1904, 1916, 1928, 1940, 1952, 1964, 1976, 1988, 2000, 2012

Mitgebrachte Prägung aus Ihrem Vorleben für dieses Leben: *Ihre Energie ist schier unerschöpflich! Mit Ihrer Fantasie ist alles in Ihrem Leben möglich. Sie müssen sich nicht ändern.*

Karma: Sehr schweres Karma
Land des letzten Lebens mit stärkster Vorprägung für hier: Tunesien
Zeit des letzten Lebens mit stärkster Vorprägung für hier: 19. Jahrhundert

Alter: So alt wurden Sie: 74

Geschlecht: Ob Sie Mann oder Frau waren, ersehen Sie aus der Liste auf Seite 77f.

Beschäftigung: Als Mann: Pädagoge; als Frau: Hausfrau

Charaktereigenschaften, die Sie hatten und für dieses Leben mitbringen:

+ Sie waren treu, kinderlieb, arbeitswillig, humorvoll.
− Oft masochistisch veranlagt, kalt und langsam im Handeln. Mangelndes Selbstvertrauen, fehlender Glaube im Allgemeinen und zu seinen Fähigkeiten.

Empfehlungen für das derzeitige Leben: Werden Sie aktiv und tun Sie etwas, damit Sie nicht auf der Stelle treten. Konzentrieren Sie sich und fangen Sie an, etwas zu entwerfen, zu kreieren oder Gedichte zu schreiben.

Schutzhinweise, gültig im letzten Leben sowie im derzeitigen Leben:

- Gesundheit: Achten Sie auf Ihre Psyche und Ihren Magen.
- Ihre Schutzblumen sind Magnolien.
- Ihre Schutzfarben (Bekleidung) sind blau oder rot.
- Ihre Glückszahlen sind: 7, 14, 21, 29, 30.
- Amulett: Kleiner Beutel, gefüllt mit Stiefmütterchenblüten und Chrysoberyll.

Temperament im derzeitigen Leben:

- Wenn Sie am 22.06., 23.06., 29.06., 06.07., 12.07., 14.07., 21.07. geboren sind, haben Sie sehr viel Temperament.
- Wenn Sie am 25.06., 26.06., 01.07., 08.07., 19.07. geboren sind, haben Sie ein mittleres Temperament.
- Wenn Sie an anderen Tagen als Krebs geboren sind, sollten Sie temperamentvoller werden.

Lebensziel im derzeitigen Leben: Eine eigene Philosophie zu entwickeln. Gesellschaftlicher Erfolg ist das Ziel Nummer eins in Ihrem heutigen Dasein.

Krebsgeborene der Jahre: 1905, 1917, 1929, 1941, 1953, 1965, 1977, 1989, 2001, 2013

Mitgebrachte Prägung aus Ihrem Vorleben für dieses Leben: *Wenn Sie Ihrer Intuition vertrauen, werden Sie viel erreichen. Ihr Charme hilft Ihnen dabei, auch stürmische Phasen Ihres Lebens zu Ihrem Vorteil zu nutzen.*

Karma: Schweres Karma
Land des letzten Lebens mit stärkster Vorprägung für hier: Frankreich
Zeit des letzten Lebens mit stärkster Vorprägung für hier: 20. Jahrhundert
Alter: So alt wurden Sie: 55
Geschlecht: Ob Sie Mann oder Frau waren, ersehen Sie aus der Liste auf Seite 77f.
Beschäftigung: Als Mann: Sozialpädagoge, Lehrer; als Frau: Schauspielerin
Charaktereigenschaften, die Sie hatten und für dieses Leben mitbringen:
+ Sie waren sehr kommunikativ, konnten gut auf Menschen zugehen und zeigten große Loyalität. Sie waren sympathisch, fantasievoll und klug.
− Oft apathisch und lustlos. Meistens geldgierig. Sie verstanden die Kunst, sich bei Freunden einzuschmeicheln. Sie hatten Kummer und Frust.

Empfehlungen für das derzeitige Leben: Werden Sie liebevoller. Leben Sie heute! Suchen Sie sich ein Ideal und bilden Sie sich immer weiter. Was Ihnen fehlt, sind eine Prise Humor und Offenheit.
Schutzhinweise, gültig im letzten Leben sowie im derzeitigen Leben:
- Gesundheit: Achten Sie auf Ihre Psyche, Ihre Haut und Ihre Brust.
- Ihre Schutzblumen sind Geranien.
- Ihre Schutzfarbe (Bekleidung) ist gelb.

- Ihre Glückszahlen sind: 3, 5, 15, 26, 58.
- Amulett: Kleiner Beutel, gefüllt mit Achat und Lavendel

Temperament im derzeitigen Leben:
- Wenn Sie am 22.06., 23.06., 29.06., 06.07., 12.07., 14.07., 21.07. geboren sind, haben Sie sehr viel Temperament.
- Wenn Sie am 25.06., 26.06., 01.07., 08.07., 19.07. geboren sind, haben Sie ein mittleres Temperament.
- Wenn Sie an anderen Tagen als Krebs geboren sind, sollten Sie temperamentvoller werden.

Lebensziel im derzeitigen Leben: Ihr Familien- und Berufsleben im Griff zu behalten und gut miteinander kombinieren zu können.

Krebsgeborene der Jahre: 1906, 1918, 1930, 1942, 1954, 1966, 1978, 1990, 2002, 2014

Mitgebrachte Prägung aus Ihrem Vorleben für dieses Leben: *Es reicht nicht, ein guter Redner zu sein – man sollte auch zuhören können. Lassen Sie sich nicht daran hindern, Ihr Glück festzuhalten.*

Karma: Schweres Karma
Land des letzten Lebens mit stärkster Vorprägung für hier: Algerien
Zeit des letzten Lebens mit stärkster Vorprägung für hier: 18. Jahrhundert
Alter: So alt wurden Sie: 56
Geschlecht: Ob Sie Mann oder Frau waren, ersehen Sie aus der Liste auf Seite 77f.
Beschäftigung: Als Mann: Sklave, Unterdrücker; als Frau: Sklavin
Charaktereigenschaften, die Sie hatten und für dieses Leben mitbringen:
- \+ Sie waren ein einfacher Mensch, der keine Feinde hatte und mit jedem leicht kommunizieren konnte. Zudem waren Sie taktvoll, konnten Ihre Ziele gut erreichen und gut verteidigen.

- Oft materiell eingestellt. Sie dachten viel zu viel an Ihren Aufstieg. Dadurch vernachlässigten Sie Ihre Familie und Ihre Freunde.

Empfehlungen für das derzeitige Leben: Werden Sie gelassener, glücklicher und offener. Vergessen Sie schwierige Momente in Ihrem Leben und denken Sie nur an schöne Zeiten zurück. Vertrauen Sie Ihren Freunden mehr.

Schutzhinweise, gültig im letzten Leben sowie im derzeitigen Leben:
- Gesundheit: Achten Sie auf Ihre Psyche, Ihre Lunge und Ihren Magen.
- Ihre Schutzblumen sind Lilien.
- Ihre Schutzfarbe (Bekleidung) ist rot.
- Ihre Glückszahlen sind: 4, 8, 12, 44, 50.
- Amulett: Kleiner Beutel, gefüllt mit Muschelschalen und Taubnessel.

Temperament im derzeitigen Leben:
- Wenn Sie am 22.06., 23.06., 29.06., 06.07., 12.07., 14.07., 21.07. geboren sind, haben Sie sehr viel Temperament.
- Wenn Sie am 25.06., 26.06., 01.07., 08.07., 19.07. geboren sind, haben Sie ein mittleres Temperament.
- Wenn Sie an anderen Tagen als Krebs geboren sind, sollten Sie temperamentvoller werden.

Lebensziel im derzeitigen Leben: Die Umwelt zu verstehen und für die Gesundheit der Menschen einen Beitrag zu leisten.

Krebsgeborene der Jahre: 1907, 1919, 1931, 1943, 1955, 1967, 1979, 1991, 2003, 2015

Mitgebrachte Prägung aus Ihrem Vorleben für dieses Leben: *Sie können stets auf Ihre Fähigkeiten vertrauen. Bleiben Sie immer geduldig, bescheiden und diplomatisch.*

Karma: Gutes Karma
Land des letzten Lebens mit stärkster Vorprägung für hier: Kuba
Zeit des letzten Lebens mit stärkster Vorprägung für hier: 15. Jahrhundert
Alter: So alt wurden Sie: 55
Geschlecht: Ob Sie Mann oder Frau waren, ersehen Sie aus der Liste auf Seite 77f.
Beschäftigung: Als Mann: Händler oder Verkäufer; als Frau: Nonne
Charaktereigenschaften, die Sie hatten und für dieses Leben mitbringen:
- \+ Sie waren sexuell sehr aktiv, empfindlich und geheimnisvoll – eine Machonatur; zudem optimistisch und sensibel.
- − Oft pedantisch, konnten Sie sich nicht anpassen. Sie waren grob und dachten, dass nur Sie der Beste sind.

Empfehlungen für das derzeitige Leben: Seien Sie weniger widersprüchlich, befassen Sie sich mit Okkultismus und machen Sie das zum Beruf, was Ihnen Spaß macht. Leben Sie Ihre Träume!
Schutzhinweise, gültig im letzten Leben sowie im derzeitigen Leben:
- Gesundheit: Achten Sie auf Ihre Psyche.
- Ihre Schutzblumen sind Nelken.
- Ihre Schutzfarbe (Bekleidung) ist blau.
- Ihre Glückszahlen sind: 1, 11, 21, 31, 35.
- Amulett: Kleiner Beutel, gefüllt mit Achat und Thymian.

Temperament im derzeitigen Leben:
- Wenn Sie am 22.06., 23.06., 29.06., 06.07., 12.07., 14.07., 21.07. geboren sind, haben Sie sehr viel Temperament.
- Wenn Sie am 25.06., 26.06., 01.07., 08.07., 19.07. geboren sind, haben Sie ein mittleres Temperament.
- Wenn Sie an anderen Tagen als Krebs geboren sind, sollten Sie temperamentvoller werden.

Lebensziel im derzeitigen Leben: Gütiger zu werden und Menschen ins Licht zu führen. Nutzen Sie dazu Ihre Sensibilität.

Krebsgeborene der Jahre: 1908, 1920, 1932, 1944, 1956, 1968, 1980, 1992, 2004, 2016

Mitgebrachte Prägung aus Ihrem Vorleben für dieses Leben: *Flexibilität und Geschick sorgen für Erfolge in Ihrem Leben. Sie können vieles umsetzen und erreichen, wovon Sie träumen.*

Karma: Gutes Karma
Land des letzten Lebens mit stärkster Vorprägung für hier: Aserbaidschan
Zeit des letzten Lebens mit stärkster Vorprägung für hier: 19. Jahrhundert
Alter: So alt wurden Sie: 56
Geschlecht: Ob Sie Mann oder Frau waren, ersehen Sie aus der Liste auf Seite 77f.
Beschäftigung: Als Mann: Dieb oder Spekulant; als Frau: Diebin oder Spekulantin
Charaktereigenschaften, die Sie harten und für dieses Leben mitbringen:
   + Sie waren treu und liebend. Die Familie stand an erster Stelle in Ihrem Leben, denn Sie waren ein Familienmensch.
   − Oft pedantisch und kompliziert. Sehr oft faul und energielos. Sie konnten Menschen energetisch regelrecht aussaugen.

Empfehlungen für das derzeitige Leben: Glauben Sie an sich! Sie können alles erreichen, wenn Sie es nur wollen. Setzen Sie sich durch.
Schutzhinweise, gültig im letzten Leben sowie im derzeitigen Leben:
   - Gesundheit: Achten Sie auf Ihre Psyche, Ihren Darm und Ihre Knie.
   - Ihre Schutzblumen sind Rosen.
   - Ihre Schutzfarbe (Bekleidung) ist türkis.
   - Ihre Glückszahlen sind: 5, 7, 17, 33, 39.
   - Amulett: Kleiner Beutel, gefüllt mit Bernsteinen und Wegwarte.

Temperament im derzeitigen Leben:
- Wenn Sie am 22.06., 23.06., 29.06., 06.07., 12.07., 14.07., 21.07. geboren sind, haben Sie sehr viel Temperament.
- Wenn Sie am 25.06., 26.06., 01.07., 08.07., 19.07. geboren sind, haben Sie ein mittleres Temperament.
- Wenn Sie an anderen Tagen als Krebs geboren sind, sollten Sie temperamentvoller werden.

Lebensziel im derzeitigen Leben: Ängste zu überwinden, kämpferischer und aktiver in der Gesellschaft zu werden.

Krebsgeborene der Jahre: 1909, 1921, 1933, 1945, 1957, 1969, 1981, 1993, 2005, 2017

Mitgebrachte Prägung aus Ihrem Vorleben für dieses Leben: *Sie werden sehr erfolgreich sein. Glauben Sie an sich, und alles ist erreichbar. Vernachlässigen Sie aber Ihr Privatleben nicht.*

Karma: Schweres Karma
Land des letzten Lebens mit stärkster Vorprägung für hier: Israel
Zeit des letzten Lebens mit stärkster Vorprägung für hier: 17. Jahrhundert
Alter: So alt wurden Sie: 80
Geschlecht: Ob Sie Mann oder Frau waren, ersehen Sie aus der Liste auf Seite 77f.
Beschäftigung: Als Mann: Molkereimitarbeiter, Käsehersteller; als Frau: Zauberin, Kräuterfrau
Charaktereigenschaften, die Sie hatten und für dieses Leben mitbringen:
- \+ Sie waren gastfreundlich, elegant, klug und schön. Sie konnten Ihre Meinung gut durchsetzen und gingen dabei sehr praktisch vor.
- − Sie waren oft kleinlich und nervös, Sie konnten jederzeit emotional explodieren.

Empfehlungen für das derzeitige Leben: Glauben Sie an sich! Setzen Sie Ihre positive Seite durch, bringen Sie Menschen Gesundheit und Glück.

Schutzhinweise, gültig im letzten Leben sowie im derzeitigen Leben:

- Gesundheit: Achten Sie auf Ihre Psyche.
- Ihre Schutzblumen sind Narzissen.
- Ihre Schutzfarbe (Bekleidung) ist braun.
- Ihre Glückszahlen sind: 3, 5, 15, 17, 28.
- Amulett: Kleiner Beutel, gefüllt mit Malachit und Weidenröschen.

Temperament im derzeitigen Leben:

- Wenn Sie am 22.06., 23.06., 29.06., 06.07., 12.07., 14.07., 21.07. geboren sind, haben Sie sehr viel Temperament.
- Wenn Sie am 25.06., 26.06., 01.07., 08.07., 19.07. geboren sind, haben Sie ein mittleres Temperament.
- Wenn Sie an anderen Tagen als Krebs geboren sind, sollten Sie temperamentvoller werden.

Lebensziel im derzeitigen Leben: Sich zu finden und hellseherische Gaben zu nutzen.

Krebsgeborene der Jahre: 1910, 1922, 1934, 1946, 1958, 1970, 1982, 1994, 2006, 2018

Mitgebrachte Prägung aus Ihrem Vorleben für dieses Leben: *Auf Sie kann man sich immer verlassen. Ihre Freunden wissen das zu schätzen. Heben Sie aber nicht ab.*

Karma: Negatives Karma
Land des letzten Lebens mit stärkster Vorprägung für hier: Türkei
Zeit des letzten Lebens mit stärkster Vorprägung für hier: 17. Jahrhundert
Alter: So alt wurden Sie: 41

Geschlecht: Ob Sie Mann oder Frau waren, ersehen Sie aus der Liste auf Seite 77f.

Beschäftigung: Als Mann: Künstler, evtl. Musiker; als Frau: Bauchtänzerin oder Hellseherin

Charaktereigenschaften, die Sie hatten und für dieses Leben mitbringen:

- \+ Sie waren ehrlich, kompetent und offen, hatten ein gutes Gedächtnis, einen starken Willen und viel Mut.
- − Oft kleinlich, nervös und gutgläubig. Sie hatten zu wenig Humor und waren dogmatisch.

Empfehlungen für das derzeitige Leben: Nehmen Sie sich den Kreislauf der Natur als Vorbild. Es ist nicht alles perfekt, aber es untersteht einer Ordnung. Betrachten Sie das Leben gelassener und seien Sie weniger pedantisch. Legen Sie einige Ihrer schlechten Gewohnheiten ab.

Schutzhinweise, gültig im letzten Leben sowie im derzeitigen Leben:

- Gesundheit: Achten Sie auf Ihre Psyche und Ihre Haut.
- Ihre Schutzblumen sind Lilien.
- Ihre Schutzfarbe (Bekleidung) ist grün.
- Ihre Glückszahlen sind: 1, 5, 15, 24, 55.
- Amulett: Kleiner Beutel, gefüllt mit Achat und Weißdorn.

Temperament im derzeitigen Leben:

- Wenn Sie am 22.06., 23.06., 29.06., 06.07., 12.07., 14.07., 21.07. geboren sind, haben Sie sehr viel Temperament.
- Wenn Sie am 25.06., 26.06., 01.07., 08.07., 19.07. geboren sind, haben Sie ein mittleres Temperament.
- Wenn Sie an anderen Tagen als Krebs geboren sind, sollten Sie temperamentvoller werden.

Lebensziel im derzeitigen Leben: Neue Wege für die Gesellschaft zu öffnen, Menschen neue Ziele zu zeigen und sich durchzusetzen.

Krebsgeborene der Jahre: 1911, 1923, 1935, 1947, 1959, 1971, 1983, 1995, 2007, 2019

Mitgebrachte Prägung aus Ihrem Vorleben für dieses Leben: *Zuverlässigkeit und Fleiß prägen Sie. Verlieren Sie aber nicht den Boden unter den Füßen. Lassen Sie sich von Misserfolgen in Ihrem Leben nicht unterkriegen.*

Karma: Schweres Karma
Land des letzten Lebens mit stärkster Vorprägung für hier: Kirgisien
Zeit des letzten Lebens mit stärkster Vorprägung für hier: 15. Jahrhundert
Alter: So alt wurden Sie: 67
Geschlecht: Ob Sie Mann oder Frau waren, ersehen Sie aus der Liste auf Seite 77f.
Beschäftigung: Als Mann: Bauer; als Frau: Naturheilerin oder Amme
Charaktereigenschaften, die Sie hatten und für dieses Leben mitbringen:
- \+ Sie waren ein Schlawiner, schlau und sehr direkt. Neue Ideen flogen Ihnen nur so zu. Außerdem waren Sie schauspielerisch begabt.
- − Oft depressiv, weil nicht alles so lief, wie Sie planten. Sie hatten keine Prinzipien, drehten Ihr Fähnchen nach dem Wind und waren deshalb hinterhältig. Das brachte auch viel Frust und Tränen.

Empfehlungen für das derzeitige Leben: Seien Sie offener zu Ihren Mitmenschen. Trinken Sie nur wenig Alkohol und lernen Sie zuzuhören. Machen Sie mehr Sport.
Schutzhinweise, gültig im letzten Leben sowie im derzeitigen Leben:
- Gesundheit: Achten Sie auf Ihre Psyche und Ihren Magen.
- Ihre Schutzblumen sind Orchideen.
- Ihre Schutzfarbe (Bekleidung) ist rot.
- Ihre Glückszahlen sind: 2, 7, 27, 34, 41.
- Amulett: Kleiner Beutel, gefüllt mit Bernsteinen und Melisse.

Temperament im derzeitigen Leben:
- Wenn Sie am 22.06., 23.06., 29.06., 06.07., 12.07., 14.07., 21.07. geboren sind, haben Sie sehr viel Temperament.

- Wenn Sie am 25.06., 26.06., 01.07., 08.07., 19.07. geboren sind, haben Sie ein mittleres Temperament.
- Wenn Sie an anderen Tagen als Krebs geboren sind, sollten Sie temperamentvoller werden.

Lebensziel im derzeitigen Leben: Alles in Ihrem Privatleben zu erreichen.

Krebsgeborene der Jahre: 1912, 1924, 1936, 1948, 1960, 1972, 1984, 1996, 2008, 2020

Mitgebrachte Prägung aus Ihrem Vorleben für dieses Leben: *Alle Ihre Pläne lassen sich umsetzen. Sie sind genial und charmant, aber manchmal unkonzentriert. Versuchen Sie, sich besser zu fokussieren.*

Karma: Schweres Karma
Land des letzten Lebens mit stärkster Vorprägung für hier: Deutschland
Zeit des letzten Lebens mit stärkster Vorprägung für hier: 20. Jahrhundert
Alter: So alt wurden Sie: 47
Geschlecht: Ob Sie Mann oder Frau waren, ersehen Sie aus der Liste auf Seite 77f.
Beschäftigung: Als Mann: Ökotrophologe, Botaniker; als Frau: Botanikerin oder Wissenschaftlerin
Charaktereigenschaften, die Sie hatten und für dieses Leben mitbringen:
   + Sie waren schnell, klug, angenehm und sympathisch; eine sehr treue Natur. Zudem familienfähig und kinderlieb.
   − Oft zu emotional, nicht immer verantwortungsbewusst, und Sie glaubten nicht an sich.

Empfehlungen für das derzeitige Leben: Zeigen Sie Ihre Liebe ohne Angst. Öffnen Sie sich und glauben Sie an Ihre Kräfte.
Schutzhinweise, gültig im letzten Leben sowie im derzeitigen Leben:

- Gesundheit: Achten Sie auf Ihre Psyche und Ihren Darmtrakt.
- Ihre Schutzblumen sind Astern.
- Ihre Schutzfarbe (Bekleidung) ist blau.
- Ihre Glückszahlen sind: 1, 2, 4, 17, 37.
- Amulett: Kleiner Beutel, gefüllt mit Achat und Johanniskraut

Temperament im derzeitigen Leben:
- Wenn Sie am 22.06., 23.06., 29.06., 06.07., 12.07., 14.07., 21.07. geboren sind, .haben Sie sehr viel Temperament.
- Wenn Sie am 25.06., 26.06., 01.07., 08.07., 19.07. geboren sind, haben Sie ein mittleres Temperament.
- Wenn Sie an anderen Tagen als Krebs geboren sind, sollten Sie temperamentvoller werden.

Lebensziel im derzeitigen Leben: Sich im Privaten zu finden, sehr oft sogar, sich auch für die Familie zu opfern.

Löwe 23. Juli – 23. August

Sie sind der König und sollten auch königlich bleiben. Ehrgeizig und dominant, gerecht und lieb setzen Sie all Ihre Pläne um. Ihre Energie hilft Ihnen, alle Lebensprobleme zu meistern. Hören Sie auf Ihre Intuition.

Länder, in denen Sie schon gelebt haben:
Ägypten
Albanien
Belgien
China
Ecuador
Frankreich
Georgien
Ghana
Italien
Kuba

Luxemburg
Mexiko
Nordrussland
Palästina
Rumänien
Sudan
Tschechien

Löwegeborene der Jahre: 1901, 1913, 1925, 1937, 1949, 1961, 1973, 1985, 1997, 2009

Mitgebrachte Prägung aus Ihrem Vorleben für dieses Leben: *Sie sind ein guter Taktiker. Das hilft Ihnen, auftretende Probleme zu meistern und sie für sich zu nutzen. Verlieren Sie nicht die Geduld und konzentrieren Sie sich auf Ihre persönliche Entwicklung.*

Karma: Schweres Karma
Land des letzten Lebens mit stärkster Vorprägung für hier: Nordrussland
Zeit des letzten Lebens mit stärkster Vorprägung für hier: 18. Jahrhundert
Alter: So alt wurden Sie: 25
Geschlecht: Ob Sie Mann oder Frau waren, ersehen Sie aus der Liste auf Seite 77f.
Beschäftigung: Als Mann: Händler oder Heiler; als Frau: Bettlerin oder verarmte Künstlerin
Charaktereigenschaften, die Sie hatten und für dieses Leben mitbringen:
  + Sie waren sehr lustig und hatten einen guten Charakter. Auch selbstbewusst und imponierend. Ihre Güte kannte keine Grenzen.
  − Oft egoistisch und viel zu stolz. Sie konnten sich oftmals selbst nicht finden und fragten sich, wer Sie sind.

Empfehlungen für das derzeitige Leben: Werden Sie offener und fragen Sie andere nach Rat. Die Menschen werden dann auch bei Ihnen Rat suchen. Rechnen Sie allerdings nur mit den eigenen Kräften.

Schutzhinweise, gültig im letzten Leben sowie im derzeitigen Leben:
- Gesundheit: Achten Sie auf Ihren Magen und auf das Herz.
- Ihre Schutzblumen sind Tulpen.
- Ihre Schutzfarbe (Bekleidung) ist gelb.
- Ihre Glückszahlen sind: 2, 6, 26, 29, 34.
- Amulett: Kleiner Beutel, gefüllt mit Rubinen und Wermutkraut.

Temperament im derzeitigen Leben:
- Wenn Sie am 23.07., 29.07., 10.08., 12.08., 23.08. geboren sind, haben Sie sehr viel Temperament.
- Wenn Sie am 24.07., 25.07., 26.07., 01.08., 08.08., 19.08. geboren sind, haben Sie ein mittleres Temperament.
- Wenn Sie an anderen Tagen als Löwe geboren sind, sollten Sie temperamentvoller werden.

Lebensziel im derzeitigen Leben: In Einklang mit der Umwelt zu kommen. Finden Sie Ihr Glück im Privaten.

Löwegeborene der Jahre: 1902, 1914, 1926, 1938, 1950, 1962, 1974, 1986, 1998, 2010

Mitgebrachte Prägung aus Ihrem Vorleben für dieses Leben: *Es fällt Ihnen dank Ihrer natürlichen Autorität leicht, sich überall durchzusetzen. Beharren Sie aber nicht nur auf Ihrer Meinung, sondern hören Sie auch auf Ihre Mitmenschen.*

Karma: Schweres Karma
Land des letzten Lebens mit stärkster Vorprägung für hier: Kuba
Zeit des letzten Lebens mit stärkster Vorprägung für hier: 14. Jahrhundert
Alter: So alt wurden Sie: 62.

Geschlecht: Ob Sie Mann oder Frau waren, ersehen Sie aus der Liste auf Seite 77f.

Beschäftigung: Als Mann: Ritter oder Soldat; als Frau: Magierin oder Dienstmädchen

Charaktereigenschaften, die Sie hatten und für dieses Leben mitbringen:

- + Sie waren sehr lustig und hatten einen guten Charakter. Auch stolz und hilfsbereit, hatten Sie immer einen guten Rat parat und wussten stets, um was es geht. Sie konnten gut organisieren und waren rational veranlagt.
- − In Ihrem Handeln zeigten Sie sich oft verantwortungslos. Ab und zu waren Sie richtig pedantisch und stur.

Empfehlungen für das derzeitige Leben: Seien Sie weniger konservativ, fühlen Sie die Welt mit Ihrem Herzen und nicht nur mit Ihrem Kopf. Glauben Sie an sich, und schauen Sie mutig in die Zukunft.

Schutzhinweise, gültig im letzten Leben sowie im derzeitigen Leben:

- Gesundheit: Achten Sie auf Ihren Magen, Ihren Blutdruck und Ihren Rücken.
- Ihre Schutzblumen sind Rosen.
- Ihre Schutzfarbe (Bekleidung) ist blau.
- Ihre Glückszahlen sind: 12, 23, 28, 33, 42.
- Amulett: Kleiner Beutel, gefüllt mit Bernsteinen und Preiselbeeren.

Temperament im derzeitigen Leben:

- Wenn Sie am 23.07., 29.07., 10.08., 12.08., 23.08. geboren sind, haben Sie sehr viel Temperament.
- Wenn Sie am 24.07., 25.07., 26.07., 01.08., 08.08., 19.08. geboren sind, haben Sie ein mittleres Temperament.
- Wenn Sie an anderen Tagen als Löwe geboren sind, sollten Sie temperamentvoller werden.

Lebensziel im derzeitigen Leben: Die Gesellschaft – Sie sind eine führende Persönlichkeit und sollten führend bleiben. Suchen Sie Antworten auf die schwierigsten Fragen in der Natur.

Löwegeborene der Jahre: 1903, 1915, 1927, 1939, 1951, 1963, 1975, 1987, 1999, 2011

Mitgebrachte Prägung aus Ihrem Vorleben für dieses Leben: *Ihr Leben verläuft nicht immer so, wie Sie es sich wünschen, konzentrieren Sie sich mehr auf Ihre Mitmenschen und kümmern Sie sich um Ihre Familie.*

Karma: Schweres Karma
Land des letzten Lebens mit stärkster Vorprägung für hier: Rumänien
Zeit des letzten Lebens mit stärkster Vorprägung für hier: 15. Jahrhundert
Alter: So alt wurden Sie: 72
Geschlecht: Ob Sie Mann oder Frau waren, ersehen Sie aus der Liste auf Seite 77f.
Beschäftigung: Als Mann: Astrologe oder Weiser; als Frau: Künstlerin, Sängerin
Charaktereigenschaften, die Sie hatten und für dieses Leben mitbringen:
+ Sie waren sehr weich und nachgiebig in der Beziehung. Sie kamen mit allen und allem zurecht und hatten selten Feinde. Sie waren zärtlich, offen und verantwortungsbewusst.
− Oft taktlos, unvorsichtig und nur an den Vorteil des heute gelebten Tages denkend.

Empfehlungen für das derzeitige Leben: Werden Sie offener zu sich selbst. Trinken Sie keinen Alkohol und rauchen Sie nicht. Sucht ist nichts für Sie.
Schutzhinweise, gültig im letzten Leben sowie im derzeitigen Leben:
- Gesundheit: Achten Sie auf Ihren Magen, Ihren Blutdruck und Übergewicht.
- Ihre Schutzblumen sind Veilchen.
- Ihre Schutzfarbe (Bekleidung) ist grau.
- Ihre Glückszahlen sind: 6, 12, 13, 24, 37.
- Amulett: Kleiner Beutel, gefüllt mit Onyx und Blutwurz.

Temperament im derzeitigen Leben:
- Wenn Sie am 23.07., 29.07., 10.08., 12.08., 23.08. geboren sind, haben Sie sehr viel Temperament.
- Wenn Sie am 24.07., 25.07., 26.07., 01.08., 08.08., 19.08. geboren sind, haben Sie ein mittleres Temperament.
- Wenn Sie an anderen Tagen als Löwe geboren sind, sollten Sie temperamentvoller werden.

Lebensziel im derzeitigen Leben: Ihr Privatleben. Gehen Sie hier professionell vor, seien Sie vorsichtiger und lernen Sie, sich taktisch klüger zu verhalten.

Löwegeborene der Jahre: 1904, 1916, 1928, 1940, 1952, 1964, 1976, 1988, 2000, 2012

Mitgebrachte Prägung aus Ihrem Vorleben für dieses Leben: *Sie haben das Potenzial, sich selbst zu übertreffen! Ihre Fantasie hilft Ihnen dabei. Zeigen Sie sich so, wie Sie sind.*

Karma: Schweres Karma
Land des letzten Lebens mit stärkster Vorprägung für hier: Palästina
Zeit des letzten Lebens mit stärkster Vorprägung für hier: 10. Jahrhundert
Alter: So alt wurden Sie: 32
Geschlecht: Ob Sie Mann oder Frau waren, ersehen Sie aus der Liste auf Seite 77f.
Beschäftigung: Als Mann: Glasbläser oder Künstler; als Frau: Sklavin oder Unterdrückte
Charaktereigenschaften, die Sie hatten und für dieses Leben mitbringen:
- \+ Sie waren mächtig, imponierend und ausdauernd, einfach ein unschlagbares Naturtalent. Alle Dinge, denen Sie sich widmeten, hatten Hand und Fuß.
- – Oft nicht vital genug, energielos und arrogant.

Empfehlungen für das derzeitige Leben: Werden Sie offener zu Ihren Freunden, grenzen Sie sich nicht zu sehr von der Außenwelt ab.

Schutzhinweise, gültig im letzten Leben sowie im derzeitigen Leben:
- Gesundheit: Achten Sie auf Ihren Magen, Ihre Psyche und auf Ihre Alkoholabhängigkeitsgefährdung.
- Ihre Schutzblumen sind Nelken.
- Ihre Schutzfarbe (Bekleidung) ist rot.
- Ihre Glückszahlen sind: 1, 2, 3, 17, 28.
- Amulett: Kleiner Beutel, gefüllt mit Korallen und Baldrianwurz.

Temperament im derzeitigen Leben:
- Wenn Sie am 23.07., 29.07., 10.08., 12.08., 23.08. geboren sind, haben Sie sehr viel Temperament.
- Wenn Sie am 24.07., 25.07., 26.07., 01.08., 08.08., 19.08. geboren sind, haben Sie ein mittleres Temperament.
- Wenn Sie an anderen Tagen als Löwe geboren sind, sollten Sie temperamentvoller werden.

Lebensziel im derzeitigen Leben: Ihr Ziel sind Sie selbst. Entdecken Sie Ihre Seele, Ihre Kraft und Ihre Stärke. Versuchen Sie, Konflikte zu umgehen, bleiben Sie aber mit Ihren Zielen verbunden.

Löwegeborene der Jahre: 1905, 1917, 1929, 1941, 1953, 1965, 1977, 1989, 2001, 2013

Mitgebrachte Prägung aus Ihrem Vorleben für dieses Leben: *Vertrauen Sie auf Ihre Intuition, dann erreichen Sie mehr, als Sie denken. Lassen Sie Ihren Charme spielen, und Sie werden Schwierigkeiten aller Art für sich nutzen können.*

Karma: Neutrales Karma
Land des letzten Lebens mit stärkster Vorprägung für hier: Mexiko
Zeit des letzten Lebens mit stärkster Vorprägung für hier: 19. Jahrhundert

Alter: So alt wurden Sie: 74

Geschlecht: Ob Sie Mann oder Frau waren, ersehen Sie aus der Liste auf Seite 77f.

Beschäftigung: Als Mann: Unternehmer; als Frau: spirituelle Beraterin, Kartenlegerin

Charaktereigenschaften, die Sie hatten und für dieses Leben mitbringen:

- + Sie waren fröhlich und offen und konnten gut auf andere zugehen. Als zärtlicher Mensch liebten Sie es, zu lieben und geliebt zu werden. Außerdem waren Sie kommunikativ, intuitiv und sehr spirituell.
- − Oft pessimistisch eingestellt, unpraktisch im Denken und ein wenig mutlos.

Empfehlungen für das derzeitige Leben: Werden Sie mutiger in allen Dingen, gehen Sie immer ohne Angst vor, glauben Sie an Ihre Kraft. Analysieren Sie Ihre Pläne und setzen Sie sie durch. Gute Taten sind angesagt.

Schutzhinweise, gültig im letzten Leben sowie im derzeitigen Leben:

- Gesundheit: Achten Sie auf Ihren Magen, Ihren Blutdruck, Ihre Psyche und auf das Herz.
- Ihre Schutzblumen sind Lilien.
- Ihre Schutzfarbe (Bekleidung) ist blau.
- Ihre Glückszahlen sind: 3, 4, 7, 18, 25.
- Amulett: Kleiner Beutel, gefüllt mit Onyx und Johanniskraut.

Temperament im derzeitigen Leben:

- Wenn Sie am 23.07., 29.07., 10.08., 12.08., 23.08. geboren sind, haben Sie sehr viel Temperament.
- Wenn Sie am 24.07., 25.07., 26.07., 01.08., 08.08., 19.08. geboren sind, haben Sie ein mittleres Temperament.
- Wenn Sie an anderen Tagen als Löwe geboren sind, sollten Sie temperamentvoller werden.

Lebensziel im derzeitigen Leben: Ihr Privat- und Liebesleben zu organisieren und zu erhalten. Sie sind ein lieber Mensch und sollten es auch bleiben. Ihre Familie ist eine echte Bereicherung für Sie.

Löwegeborene der Jahre: 1906, 1918, 1930, 1942, 1954, 1966, 1978, 1990, 2002, 2014

Mitgebrachte Prägung aus Ihrem Vorleben für dieses Leben: *Sie sind ein guter Redner, müssen das Zuhören aber noch lernen. Wenn Ihr Glück kommt, sollten Sie es festhalten und nicht mehr loslassen.*

Karma: Schweres Karma
Land des letzten Lebens mit stärkster Vorprägung für hier: Ägypten
Zeit des letzten Lebens mit stärkster Vorprägung für hier: 15. Jahrhundert
Alter: So alt wurden Sie: 52
Geschlecht: Ob Sie Mann oder Frau waren, ersehen Sie aus der Liste auf Seite 77f.
Beschäftigung: Als Mann: Sportler, Geistlicher oder Züchter; als Frau: Adelige oder Hofdame
Charaktereigenschaften, die Sie hatten und für dieses Leben mitbringen:
- + Sie waren schnell, originell und hatten viel Humor. Sich mit Ihnen zu unterhalten war sehr angenehm.
- − Oft zu selbstverliebt, rachsüchtig und ambitiös.

Empfehlungen für das derzeitige Leben: Werden Sie offener zu den Menschen in Ihrer Umgebung. Seien Sie schlüssig und gütig. Behalten Sie Ihre gute Laune und streiten Sie so wenig wie möglich. Setzen Sie für sich ein Ziel und erreichen Sie es.
Schutzhinweise, gültig im letzten Leben sowie im derzeitigen Leben:
- ■ Gesundheit: Achten Sie auf Ihren Blutdruck, Ihre Psyche und das Herz.

- Ihre Schutzblumen sind Veilchen.
- Ihre Schutzfarbe (Bekleidung) ist gelb.
- Ihre Glückszahlen sind: 3, 7, 17, 27, 29.
- Amulett: Kleiner Beutel, gefüllt mit Tigerauge und Birkenblättern.

Temperament im derzeitigen Leben:
- Wenn Sie am 23.07., 29.07., 10.08., 12.08., 23.08. geboren sind, haben Sie sehr viel Temperament.
- Wenn Sie am 24.07., 25.07., 26.07., 01.08., 08.08., 19.08. geboren sind, haben Sie ein mittleres Temperament.
- Wenn Sie an anderen Tagen als Löwe geboren sind, sollten Sie temperamentvoller werden.

Lebensziel im derzeitigen Leben: Ihr Berufsleben. Versuchen Sie sich in der Politik. Vergessen und vernachlässigen Sie allerdings Ihre Gesundheit nicht, achten Sie auf sie.

Löwegeborene der Jahre: 1907, 1919, 1931, 1943, 1955, 1967, 1979, 1991, 2003, 2015

Mitgebrachte Prägung aus Ihrem Vorleben für dieses Leben: *Vertrauen Sie immer auf Ihre Fähigkeiten. Werden Sie nicht ungeduldig, sondern bleiben Sie bescheiden und diplomatisch.*

Karma: Schweres Karma
Land des letzten Lebens mit stärkster Vorprägung für hier: Georgien
Zeit des letzten Lebens mit stärkster Vorprägung für hier: 18. Jahrhundert
Alter: So alt wurden Sie: 64
Geschlecht: Ob Sie Mann oder Frau waren, ersehen Sie aus der Liste auf Seite 77f.
Beschäftigung: Als Mann: Bauer; als Frau: Hebamme
Charaktereigenschaften, die Sie hatten und für dieses Leben mitbringen:

Löwe 23. Juli – 23. August

+ Sie waren schnell, originell und hatten Humor. Sie konnten schnell denken, waren energisch und glaubten fest an sich.
− Oft grob. Sie konnten die Hilfe anderer nur sehr schlecht annehmen. Zudem war Ihre egoistische Seite zu stark ausgeprägt.

Empfehlungen für das derzeitige Leben: Werden Sie hilfsbereiter, ärgern Sie sich nicht über Kleinigkeiten. Nehmen Sie sich vor, erfolgreich zu sein, und werden Sie es auch.

Schutzhinweise, gültig im letzten Leben sowie im derzeitigen Leben:
- Gesundheit: Achten Sie auf Ihren Magen.
- Ihre Schutzblumen sind Narzissen.
- Ihre Schutzfarben (Bekleidung) sind gelb und goldfarbig.
- Ihre Glückszahlen sind: 8, 12, 19, 27, 33.
- Amulett: Kleiner Beutel, gefüllt mit Perlen und Malve.

Temperament im derzeitigen Leben:
- Wenn Sie am 23.07., 29.07., 10.08., 12.08., 23.08. geboren sind, haben Sie sehr viel Temperament.
- Wenn Sie am 24.07., 25.07., 26.07., 01.08., 08.08., 19.08. geboren sind, haben Sie ein mittleres Temperament.
- Wenn Sie an anderen Tagen als Löwe geboren sind, sollten Sie temperamentvoller werden.

Lebensziel im derzeitigen Leben: Ihr Privat- und Liebesleben. Steigern Sie Ihre seelische Kraft; lernen Sie, die Welt positiver und schöner zu sehen.

Löwegeborene der Jahre: 1908, 1920, 1932, 1944, 1956, 1968, 1980, 1992, 2004, 2016

Mitgebrachte Prägung aus Ihrem Vorleben für dieses Leben: *In allen Bereichen Ihres Lebens können Sie erfolgreich sein und alle Ihre Träume Wirklichkeit werden lassen. Ihr Geschick öffnet Ihnen Türen.*

Karma: Schweres Karma
Land des letzten Lebens mit stärkster Vorprägung für hier: China

Zeit des letzten Lebens mit stärkster Vorprägung für hier: 16. Jahrhundert
Alter: So alt wurden Sie: 54
Geschlecht: Ob Sie Mann oder Frau waren, ersehen Sie aus der Liste auf Seite 77f.
Beschäftigung: Als Mann: Mönch oder Kirchenbediensteter; als Frau: Schneiderin
Charaktereigenschaften, die Sie hatten und für dieses Leben mitbringen:
+ Sie waren natürlich, gütig, vital, imponierend, ausdauernd.
− Oft geizig und zu sparsam. Auch kalt. Sie konnten sich nicht immer öffnen. Sie tranken oft Alkohol, was nicht gut für Sie war, und waren dadurch sehr oft gereizt.

Empfehlungen für das derzeitige Leben: Werden Sie beweglicher, intellektueller, humorvoller. Alle Misserfolge werden vorübergehen. In beruflichen Dingen sollten Sie sich immer weiterbilden.
Schutzhinweise, gültig im letzten Leben sowie im derzeitigen Leben:
- Gesundheit: Achten Sie auf Ihre Psyche und auf das Herz.
- Ihre Schutzblumen sind Astern.
- Ihre Schutzfarbe (Bekleidung) ist rot.
- Ihre Glückszahlen sind: 1, 3, 7, 11, 12.
- Amulett: Kleiner Beutel, gefüllt mit Mondsteinen und Eichenblättern.

Temperament im derzeitigen Leben:
- Wenn Sie am 23.07,, 29.07., 10.08., 12.08., 23.08. geboren sind, haben Sie sehr viel Temperament.
- Wenn Sie am 24.07., 25.07., 26.07., 01.08., 08.08., 19.08. geboren sind, haben Sie ein mittleres Temperament.
- Wenn Sie an anderen Tagen als Löwe geboren sind, sollten Sie temperamentvoller werden.

Lebensziel im derzeitigen Leben: Sich allen Problemen zu stellen und zu siegen. Die ganze Welt soll Sie als Persönlichkeit anerkennen. Liebe zu finden.

Löwegeborene der Jahre: 1909, 1921, 1933, 1945, 1957, 1969, 1981, 1993, 2005, 2017

Mitgebrachte Prägung aus Ihrem Vorleben für dieses Leben: *Sie werden in Ihrem Leben viel Erfolg haben; Selbstzweifel sind unbegründet. Damit Sie auch im Privaten Glück haben, sollten Sie die Menschen in Ihrer Umgebung lieben und sich viel Zeit für sie nehmen.*

Karma: Schweres Karma
Land des letzten Lebens mit stärkster Vorprägung für hier: Sudan
Zeit des letzten Lebens mit stärkster Vorprägung für hier: 18. Jahrhundert
Alter: So alt wurden Sie: 29
Geschlecht: Ob Sie Mann oder Frau waren, ersehen Sie aus der Liste auf Seite 77f.
Beschäftigung: Als Mann: Krieger oder eine leitende Tätigkeit; als Frau: Sklavin oder Unterdrückte
Charaktereigenschaften, die Sie hatten und für dieses Leben mitbringen:
- \+ Sie waren rundum positiv. Sie konnten klar denken, waren seriös und trotzdem lustig – eine ehrgeizige und klar denkende Person.
- – Oft zu angespannt, denn Sie konnten sich nie einfach einmal fallen lassen. Daher leicht explosiv.

Empfehlungen für das derzeitige Leben: Geben Sie sich nicht Illusionen hin, sondern leben Sie heute. Zerbrechen Sie sich den Kopf etwas weniger, wenn einmal nicht alles so läuft wie geplant. Morgen werden Sie wieder Erfolg haben.

Schutzhinweise, gültig im letzten Leben sowie im derzeitigen Leben:
- Gesundheit: Achten Sie auf Ihre Psyche.
- Ihre Schutzblumen sind Magnolien.
- Ihre Schutzfarbe (Bekleidung) ist grün.
- Ihre Glückszahlen sind: 2, 11, 14, 19, 25.

- Amulett: Kleiner Beutel, gefüllt mit Alexandrit und Bärentrauben.

Temperament im derzeitigen Leben:
- Wenn Sie am 23.07., 29.07., 10.08., 12.08., 23.08. geboren sind, haben Sie sehr viel Temperament.
- Wenn Sie am 24.07., 25.07., 26.07., 01.08., 08.08., 19.08. geboren sind, haben Sie ein mittleres Temperament.
- Wenn Sie an anderen Tagen als Löwe geboren sind, sollten Sie temperamentvoller werden.

Lebensziel im derzeitigen Leben: Eine Idealform für das eigene Leben zu finden und das eigene Leben zu meistern. Es hapert meistens im Privaten.

Löwegeborene der Jahre: 1910, 1922, 1934, 1946, 1958, 1970, 1982, 1994, 2006, 2018

Mitgebrachte Prägung aus Ihrem Vorleben für dieses Leben: *Ihre Zuverlässigkeit wird allerseits geschätzt. Versuchen Sie, immer realistisch zu bleiben.*

Karma: Schweres Karma
Land des letzten Lebens mit stärkster Vorprägung für hier: Frankreich
Zeit des letzten Lebens mit stärkster Vorprägung für hier: 18. Jahrhundert
Alter: So alt wurden Sie: 69
Geschlecht: Ob Sie Mann oder Frau waren, ersehen Sie aus der Liste auf Seite 77f.
Beschäftigung: Als Mann: Unternehmer; als Frau: Hofdame
Charaktereigenschaften, die Sie hatten und für dieses Leben mitbringen:
   + Sie waren liebevoll, naturverbunden, offen und rein. Zudem auch optimistisch, kümmerten sich um andere, waren auch treuherzig und weltoffen.

- Oft zu impulsiv, selbstverliebt und zu arrogant.

Empfehlungen für das derzeitige Leben: Werden Sie loyaler, weicher, nachgiebiger. Entspannen Sie sich. Seien Sie vorsichtiger, achten Sie auf Ihre Gesundheit.

Schutzhinweise, gültig im letzten Leben sowie im derzeitigen Leben:
- Gesundheit: Achten Sie auf Ihren Magen, die Psyche und das Herz.
- Ihre Schutzblumen sind Rosen.
- Ihre Schutzfarbe (Bekleidung) ist rot.
- Ihre Glückszahlen sind: 1, 3, 22, 29, 31.
- Amulett: Kleiner Beutel, gefüllt mit Bernstein, Chrysopras und Lilienblüten.

Temperament im derzeitigen Leben:
- Wenn Sie am 23.07., 29.07., 10.08., 12.08., 23.08. geboren sind, haben Sie sehr viel Temperament.
- Wenn Sie am 24.07., 25.07., 26.07., 01.08., 08.08., 19.08. geboren sind, haben Sie ein mittleres Temperament.
- Wenn Sie an anderen Tagen als Löwe geboren sind, sollten Sie temperamentvoller werden.

Lebensziel im derzeitigen Leben: Sich zu definieren, sich selbst zu finden und andere Menschen zu verstehen.

Löwegeborene der Jahre: 1911, 1923, 1935, 1947, 1959, 1971, 1983, 1995, 2007, 2019

Mitgebrachte Prägung aus Ihrem Vorleben für dieses Leben: *Sie sind immer am Planen. Verlieren Sie sich aber nicht in zu viel Aktionismus. Rückschläge sollten Sie nicht aus dem Konzept bringen.*

Karma: Schweres Karma
Land des letzten Lebens mit stärkster Vorprägung für hier: Tschechien
Zeit des letzten Lebens mit stärkster Vorprägung für hier: 19. Jahrhundert

Alter: So alt wurden Sie: 39

Geschlecht: Ob Sie Mann oder Frau waren, ersehen Sie aus der Liste auf Seite 77f.

Beschäftigung: Als Mann: Geistlicher, Weiser oder Magier; als Frau: Nonne

Charaktereigenschaften, die Sie hatten und für dieses Leben mitbringen:

- \+ Sie waren liebevoll, naturverbunden und bildeten sich immer weiter. Sie hatten sehr viel Energie und waren ein richtiger Powermensch.
- − Oft zu gelassen. Sie konnten sich nur schwer konzentrieren und stellten sich oft aktiver dar, als Sie in Wirklichkeit waren. Sie konnten keine Geheimnisse für sich behalten.

Empfehlungen für das derzeitige Leben: Bleiben Sie so, wie Sie sind, erreichen Sie weitere Dimensionen dieser Welt. Nehmen Sie sich mehr Zeit für sich, entspannen Sie sich. Lernen Sie, sich selbst zu lieben und andere nicht zu ignorieren.

Schutzhinweise, gültig im letzten Leben sowie im derzeitigen Leben:

- Gesundheit: Achten Sie auf Ihren Blutdruck und auf das Herz.
- Ihre Schutzblumen sind Geranien.
- Ihre Schutzfarbe (Bekleidung) ist rot.
- Ihre Glückszahlen sind: 3, 5, 15, 26, 33.
- Amulett: Kleiner Beutel, gefüllt mit Opal und Holzspänen.

Temperament im derzeitigen Leben:

- Wenn Sie am 23.07., 29.07., 10.08., 12.08., 23.08. geboren sind, haben Sie sehr viel Temperament.
- Wenn Sie am 24.07., 25.07., 26.07., 01.08., 08.08., 19.08. geboren sind, haben Sie ein mittleres Temperament.
- Wenn Sie an anderen Tagen als Löwe geboren sind, sollten Sie temperamentvoller werden.

Lebensziel im derzeitigen Leben: Das eigene Lebensziel zu finden, was auch immer es ist.

Löwegeborene der Jahre: 1912, 1924, 1936, 1948, 1960, 1972, 1984, 1996, 2008, 2020

Mitgebrachte Prägung aus Ihrem Vorleben für dieses Leben: *Sie können all Ihre Pläne realisieren. Sie sind ein genialer und charmanter Mensch, aber es mangelt Ihnen an Konzentrationsfähigkeit. Arbeiten Sie daran.*

Karma: Schweres Karma
Land des letzten Lebens mit stärkster Vorprägung für hier: Italien
Zeit des letzten Lebens mit stärkster Vorprägung für hier: 20. Jahrhundert
Alter: So alt wurden Sie: 42
Geschlecht: Ob Sie Mann oder Frau waren, ersehen Sie aus der Liste auf Seite 77f.
Beschäftigung: Als Mann: Bankier oder Selbstständiger; als Frau: Unternehmerin
Charaktereigenschaften, die Sie hatten und für dieses Leben mitbringen:
  + Sie waren klug, konnten sich gut und klar ausdrücken, auch gut organisieren, führen und reden. Sie bemerkten Kleinigkeiten und waren rational veranlagt.
  − Oft pedantisch. Sie setzten Ihren Willen durch. Oft zu konservativ und zu stur.

Empfehlungen für das derzeitige Leben: Glauben Sie an sich selbst.
Schutzhinweise, gültig im letzten Leben sowie im derzeitigen Leben:
- Gesundheit: Achten Sie auf Ihren Magen.
- Ihre Schutzblumen sind Rosen.
- Ihre Schutzfarbe (Bekleidung) ist gelb.
- Ihre Glückszahlen sind: 1, 2, 4, 12, 24.
- Amulett: Kleiner Beutel, gefüllt mit Korallen und Baldrian.

Temperament im derzeitigen Leben:
- Wenn Sie am 23.07., 29.07., 10.08., 12.08., 23.08. geboren sind, haben Sie sehr viel Temperament.

- Wenn Sie am 24.07., 25.07., 26.07., 01.08., 08.08., 19.08. geboren sind, haben Sie ein mittleres Temperament.
- Wenn Sie an anderen Tagen als Löwe geboren sind, sollten Sie temperamentvoller werden.

Lebensziel im derzeitigen Leben: Ängste zu überwinden und alle Ziele zu erreichen.

Jungfrau 24. August – 23. September

Sie sind ein mathematischer Mensch. Sie sollten andere lehren. Ihre Ziele sind vielfältig. Sie sollten versuchen, sich sexuell auszuleben, Ihrem Partner zu vertrauen und Ihren Egoismus abzubauen. Sie suchen Glück und Geborgenheit, aber Sie finden sie nicht. Das ist auch klar: Sie sollten sich entscheiden, was Ihnen wichtiger ist – Karriere oder Familie. Beides werden Sie nicht so miteinander vereinbaren können, dass Sie zufrieden sind. Setzen Sie Prioritäten.

Länder, in denen Sie schon gelebt haben:
Ägypten
Angola
Armenien
Australien
Botswana
Burundi
Griechenland
Hawaii
Kambodscha
Kanada
Marokko
Nordafrika
Peru
Russland

Schweiz
USA
Usbekistan

Jungfraugeborene der Jahre: 1901, 1913, 1925, 1937, 1949, 1961, 1973, 1985, 1997, 2009

Mitgebrachte Prägung aus Ihrem Vorleben für dieses Leben: *Sie können dank Ihrer taktischen Veranlagung alle Hindernisse für Ihr Weiterkommen überwinden. Bleiben Sie stets gelassen und konzentrieren Sie sich auf Ihre persönliche Entwicklung.*

Karma: Schweres Karma
Land des letzten Lebens mit stärkster Vorprägung für hier: Peru
Zeit des letzten Lebens mit stärkster Vorprägung für hier: 17. Jahrhundert
Alter: So alt wurden Sie: 63
Geschlecht: Ob Sie Mann oder Frau waren, ersehen Sie aus der Liste auf Seite 77f.
Beschäftigung: Als Mann: Künstler oder Schreiber; als Frau: Bettlerin
Charaktereigenschaften, die Sie hatten und für dieses Leben mitbringen:
- + Sie waren klug, extravagant und gut erzogen, auch realistisch und ehrgeizig.
- − Oft zurückhaltend, kühl, abwartend. Sie fraßen Ärger in sich hinein.

Empfehlungen für das derzeitige Leben: Werden Sie offener, robuster, zuverlässiger. Seien Sie nicht so pedantisch, dann wird alles klappen. Seien Sie weniger geizig, geben Sie öfter einen aus!
Schutzhinweise, gültig im letzten Leben sowie im derzeitigen Leben:
- ■ Gesundheit: Achten Sie auf Ihren Magen, Darm und die Haut.
- ■ Ihre Schutzblumen sind Tulpen.

- Ihre Schutzfarbe (Bekleidung) ist lila.
- Ihre Glückszahlen sind: 2, 5, 15, 18, 22.
- Amulett: Kleiner Beutel, gefüllt mit Topas und Wermutkraut.

Temperament im derzeitigen Leben:
- Wenn Sie am 25.08., 29.08., 10.09., 12.09., 22.09., 23.09. geboren sind, haben Sie ein sehr großes Temperament.
- Wenn Sie am 24.08., 26.08., 27.08., 01.09., 08.09., 19.09. geboren sind, haben Sie ein mittleres Temperament.
- Wenn Sie an anderen Tagen als Jungfrau geboren sind, sollten Sie temperamentvoller werden.

Lebensziel im derzeitigen Leben: In Einklang mit der Umwelt zu kommen. Finden Sie Ihr Glück im Privaten. Fühlen Sie, was andere Menschen empfinden. Lernen Sie zu akzeptieren, dass es im Leben auch Misserfolge gibt.

Jungfraugeborene der Jahre: 1902, 1914, 1926, 1938, 1950, 1962, 1974, 1986, 1998, 2010

Mitgebrachte Prägung aus Ihrem Vorleben für dieses Leben: *Nutzen Sie Ihre natürliche Autorität, und Sie werden sich überall durchsetzen. Beharren Sie nicht stur auf Ihrer Meinung, sondern zeigen Sie sich nachgiebig.*

Karma: Schweres Karma
Land des letzten Lebens mit stärkster Vorprägung für hier: Griechenland
Zeit des letzten Lebens mit stärkster Vorprägung für hier: 16. Jahrhundert
Alter: So alt wurden Sie: 93
Geschlecht: Ob Sie Mann oder Frau waren, ersehen Sie aus der Liste auf Seite 77f.
Beschäftigung: Als Mann: Schriftgelehrter oder Weiser; als Frau: Sklavin oder Unterdrückte

Charaktereigenschaften, die Sie hatten und für dieses Leben mitbringen:
+ Sie waren klug, originell, robust, intellektuell. Zudem hatten Sie einen guten und ausgewogenen Charakter und kamen mit allen zurecht.
− Oft zurückhaltend, zäh und unzuverlässig.

Empfehlungen für das derzeitige Leben: Werden Sie pünktlicher, fördern Sie Ihre Gesundheit, werden Sie aber nicht hypochondrisch. Denken Sie nach, was Sie besser machen können. Wägen Sie Ihre positiven und negativen Seiten ab.

Schutzhinweise, gültig im letzten Leben sowie im derzeitigen Leben:
- Gesundheit: Achten Sie auf Ihre Verdauung und Ihre Haut.
- Ihre Schutzblumen sind Nelken.
- Ihre Schutzfarbe (Bekleidung) ist grau.
- Ihre Glückszahlen sind: 2, 12, 16, 28, 34.
- Amulett: Kleiner Beutel, gefüllt mit Korallen und Johanniskraut.

Temperament im derzeitigen Leben:
- Wenn Sie am 25.08., 29.08., 10.09., 12.09., 22.09., 23.09. geboren sind, haben Sie sehr viel Temperament.
- Wenn Sie am 24.08., 26.08., 27.08., 01.09., 08.09., 19.09. geboren sind, haben Sie ein mittleres Temperament.
- Wenn Sie an anderen Tagen als Jungfrau geboren sind, sollten Sie temperamentvoller werden.

Lebensziel im derzeitigen Leben: Gleichgültigkeit abzubauen, liebenswerter und offener zu werden, dem eigenen Partner zu vertrauen. Leben Sie sich sexuell aus, haben Sie keine Hemmungen.

Jungfraugeborene der Jahre: 1903, 1915, 1927, 1939, 1951, 1963, 1975, 1987, 1999, 2011

Mitgebrachte Prägung aus Ihrem Vorleben für dieses Leben: *Ihr Leben verläuft oft anders, als Sie es sich wünschen. Konzentrieren Sie sich mehr auf Ihre Mitmenschen und kümmern Sie sich um Ihre Familie.*

Karma: Schweres Karma
Land des letzten Lebens mit stärkster Vorprägung für hier: Schweiz
Zeit des letzten Lebens mit stärkster Vorprägung für hier: 18. Jahrhundert
Alter: So alt wurden Sie: 54
Geschlecht: Ob Sie Mann oder Frau waren, ersehen Sie aus der Liste auf Seite 77f.
Beschäftigung: Als Mann: Mediziner oder Apotheker; als Frau: Lehrerin oder Erzieherin
Charaktereigenschaften, die Sie hatten und für dieses Leben mitbringen:
  + Sie waren selbstbewusst, imponierend, ehrgeizig und zuverlässig. Auch hatten Sie einen guten Charakter und waren sehr individuell, hoben sich aus der Masse hervor.
  − Stur, dickköpfig, eingebildet und oft kaltherzig zu anderen Menschen.

Empfehlungen für das derzeitige Leben: Werden Sie einfacher. Lernen Sie zuzuhören. Dann kommen Menschen zu Ihnen und fragen Sie um Rat. So werden Sie beliebt. Machen Sie nicht nur das, was Sie selbst für richtig halten, machen Sie auch das, was andere von Ihnen erwarten. Lieben Sie Ihre Partner und Familienangehörigen. Vertrauen Sie Ihrem Partner mehr.

Schutzhinweise, gültig im letzten Leben sowie im derzeitigen Leben:
- Gesundheit: Achten Sie auf Ihren Magen und auf die Haut.
- Ihre Schutzblumen sind Gladiolen.
- Ihre Schutzfarbe (Bekleidung) ist gelb.
- Ihre Glückszahlen sind: 2, 7, 17, 27, 29.
- Amulett: Kleiner Beutel, gefüllt mit Malachit und Arnika.

Temperament im derzeitigen Leben:
- Wenn Sie am 25.08., 29.08., 10.09., 12.09., 22.09., 23.09. geboren sind, haben Sie sehr viel Temperament.
- Wenn Sie am 24.08., 26.08., 27.08., 01.09., 08.09., 19.09. geboren sind, haben Sie ein mittleres Temperament.

- Wenn Sie an anderen Tagen als Jungfrau geboren sind, sollten Sie temperamentvoller werden.

Lebensziel im derzeitigen Leben: Das eigene Leben einwandfrei zu leben, anderen zu helfen und Egoismus abzubauen.

Jungfraugeborene der Jahre: 1904, 1916, 1928, 1940, 1952, 1964, 1976, 1988, 2000, 2012

Mitgebrachte Prägung aus Ihrem Vorleben für dieses Leben: *Ihre Kräfte reichen für mehr, als Sie denken! Sie haben viel Fantasie, und alles in Ihrem Leben ist möglich. Verstellen Sie sich nicht.*

Karma: Schweres Karma
Land des letzten Lebens mit stärkster Vorprägung für hier: USA
Zeit des letzten Lebens mit stärkster Vorprägung für hier: 17. Jahrhundert
Alter: So alt wurden Sie: 32
Geschlecht: Ob Sie Mann oder Frau waren, ersehen Sie aus der Liste auf Seite 77f.
Beschäftigung: Als Mann: Heiler oder Schamane; als Frau: Medizinfrau
Charaktereigenschaften, die Sie hatten und für dieses Leben mitbringen:
  + Sie waren sehr loyal, ehrgeizig und auf Ihre Tätigkeit bezogen, zudem humorvoll, immer nach vorne denkend und fleißig.
  − Oft geizig, konnten Sie schlecht teilen und wollten die Belohnung meist für sich behalten. Sie bemerkten und beachteten viele wirkliche Schätze des Lebens nicht.

Empfehlungen für das derzeitige Leben: Werden Sie selbstkritischer, ab und zu sind auch Sie im Unrecht. Geben Sie es zu, und das Leben wird einfacher aussehen. Denken Sie bei Geschäften nicht zu lange nach, handeln Sie. Und zerbrechen Sie sich weniger den Kopf.
Schutzhinweise, gültig im letzten Leben sowie im derzeitigen Leben:

- Gesundheit: Achten Sie auf Ihren Magen, Darm und das Herz.
- Ihre Schutzblumen sind Nelken.
- Ihre Schutzfarbe (Bekleidung) ist blau.
- Ihre Glückszahlen sind: 3, 4, 7, 14, 26.
- Amulett: Kleiner Beutel, gefüllt mit Onyx und Baldrian.

Temperament im derzeitigen Leben:
- Wenn Sie am 25.08., 29.08., 10.09., 12.09., 22.09., 23.09. geboren sind, haben Sie sehr viel Temperament.
- Wenn Sie am 24.08., 26.08., 27.08., 01.09., 08.09., 19.09. geboren sind, haben Sie ein mittleres Temperament.
- Wenn Sie an anderen Tagen als Jungfrau geboren sind, sollten Sie temperamentvoller werden.

Lebensziel im derzeitigen Leben: Zu lernen, dass die Liebe die größte Kraft ist, größer als alles andere auf der Welt. Lernen Sie deshalb zu lieben. Alles andere ergibt sich von allein.

Jungfraugeborene der Jahre: 1905, 1917, 1929, 1941, 1953, 1965, 1977, 1989, 2001, 2013

Mitgebrachte Prägung aus Ihrem Vorleben für dieses Leben: *Ihre Intuition lässt Sie selten im Stich. Mit Ihrem Charme können Sie auch stürmische Momente Ihres Lebens zu Ihrem Vorteil nutzen.*

Karma: Neutrales Karma
Land des letzten Lebens mit stärkster Vorprägung für hier: Nordafrika
Zeit des letzten Lebens mit stärkster Vorprägung für hier: 19. Jahrhundert
Alter: So alt wurden Sie: 49
Geschlecht: Ob Sie Mann oder Frau waren, ersehen Sie aus der Liste auf Seite 77f.
Beschäftigung: Als Mann: Händler, Verkäufer; als Frau: Heilerin oder Schamanin

Charaktereigenschaften, die Sie hatten und für dieses Leben mitbringen:
- \+ Sie waren gerecht und zurückhaltend, konnten sich aber gut durchsetzen. Sie waren ein Romantiker und versuchten die Umwelt zu verbessern. Auch waren Sie intellektuell und offen.
- − Oft überfordert, belasteten Sie sich selbst mit unnötigen Plänen. Ihre Komplexe versperrten den Weg, um Gutes zu erreichen. Zudem waren Sie unpraktisch und konnten richtig explodieren, wenn etwas nicht Ihrer Vorstellung entsprechend verlief.

Empfehlungen für das derzeitige Leben: Werden Sie offener zu sich selbst. Bauen Sie Ihre Komplexe ab und fangen Sie an, sich und Ihre Sexualität auszuleben. Lernen Sie andere Kulturen kennen und versuchen Sie es mit Fremdsprachen. Verteidigen Sie weiterhin die Ziele, die Sie haben.

Schutzhinweise, gültig im letzten Leben sowie im derzeitigen Leben:
- Gesundheit: Achten Sie auf Ihren Magen.
- Ihre Schutzblumen sind Tulpen.
- Ihre Schutzfarbe (Bekleidung) ist rot.
- Ihre Glückszahlen sind: 13, 16, 23, 33, 50.
- Amulett: Kleiner Beutel, gefüllt mit Perlen und Birkenblättern.

Temperament im derzeitigen Leben:
- Wenn Sie am 25.08., 29.08., 10.09., 12.09., 22.09., 23.09. geboren sind, haben Sie sehr viel Temperament.
- Wenn Sie am 24.08., 26.08., 27.08., 01.09., 08.09., 19.09. geboren sind, haben Sie ein mittleres Temperament.
- Wenn Sie an anderen Tagen als Jungfrau geboren sind, sollten Sie temperamentvoller werden.

Lebensziel im derzeitigen Leben: Lernen, sich selbst zu verstehen und zu öffnen. Einsamkeit ist nicht gut für Sie. Lernen Sie, an sich zu glauben, dadurch kommen Sie weiter. Ihr Privatleben und Ihr Beruf, beides sind Ihre Ziele in diesem Leben.

Jungfraugeborene der Jahre: 1906, 1918, 1930, 1942, 1954, 1966, 1978, 1990, 2002, 2014

Mitgebrachte Prägung aus Ihrem Vorleben für dieses Leben: *Sie sind ein guter Rhetoriker; lernen Sie aber, auch einmal zuzuhören. Greifen Sie zu, wenn Sie Ihrem Glück begegnen, und lassen Sie es nicht mehr los.*

Karma: Schweres Karma
Land des letzten Lebens mit stärkster Vorprägung für hier: Australien
Zeit des letzten Lebens mit stärkster Vorprägung für hier: 19. Jahrhundert
Alter: So alt wurden Sie: 71
Geschlecht: Ob Sie Mann oder Frau waren, ersehen Sie aus der Liste auf Seite 77f.
Beschäftigung: Als Mann: Mediziner; als Frau: Erfinderin oder Handwerkerin
Charaktereigenschaften, die Sie hatten und für dieses Leben mitbringen:
- \+ Sie waren klug, taktisch geschickt, man konnte immer auf Sie zählen. Auch hatten Sie Prinzipien und waren gerecht.
- – Oft misstrauisch, diese Eigenschaft bremste Sie. Ihre Kompromisslosigkeit und Dickköpfigkeit schadeten Ihnen buchstäblich.

Empfehlungen für das derzeitige Leben: Werden Sie offener und nehmen Sie angebotene Hilfe an. Fressen Sie Ärger nicht in sich hinein, lassen Sie alles heraus, ohne anzugreifen. Lernen Sie Gutes von Schlechtem zu unterscheiden. Bleiben Sie immer gelassen, auch wenn Ihnen nicht danach ist.
Schutzhinweise, gültig im letzten Leben sowie im derzeitigen Leben:
- Gesundheit: Achten Sie auf Ihren Magen, Ihren Darm und Ihre Psyche.
- Ihre Schutzblumen sind Orchideen.

Jungfrau 24. August – 23. September

- Ihre Schutzfarbe (Bekleidung) ist grün.
- Ihre Glückszahlen sind: 1, 3, 45, 48, 56.
- Amulett: Kleiner Beutel, gefüllt mit Perlen und Malve.

Temperament im derzeitigen Leben:
- Wenn Sie am 25.08., 29.08., 10.09., 12.09., 22.09., 23.09. geboren sind, haben Sie sehr viel Temperament.
- Wenn Sie am 24.08., 26.08., 27.08., 01.09., 08.09., 19.09. geboren sind, haben Sie ein mittleres Temperament.
- Wenn Sie an anderen Tagen als Jungfrau geboren sind, sollten Sie temperamentvoller werden.

Lebensziel im derzeitigen Leben: Lernen, sich selbst zu verstehen und zu öffnen. Suchen Sie Ihre eigene Perfektion und wenn Sie sie gefunden haben, machen Sie neue Pläne. Ihre eigene seelische Entwicklung ist Ihr Ziel.

Jungfraugeborene der Jahre: 1907, 1919, 1931, 1943, 1955, 1967, 1979, 1991, 2003, 2015

Mitgebrachte Prägung aus Ihrem Vorleben für dieses Leben: *Sie können sich auf Ihre Fähigkeiten verlassen. Bleiben Sie bescheiden und diplomatisch und verlieren Sie nicht die Geduld.*

Karma: Schweres Karma
Land des letzten Lebens mit stärkster Vorprägung für hier: Hawaii
Zeit des letzten Lebens mit stärkster Vorprägung für hier: 17. Jahrhundert
Alter: So alt wurden Sie: 103
Geschlecht: Ob Sie Mann oder Frau waren, ersehen Sie aus der Liste auf Seite 77f.
Beschäftigung: Als Mann: Voodoomeister; als Frau: Voodoomeisterin oder Gemüsezüchterin
Charaktereigenschaften, die Sie hatten und für dieses Leben mitbringen:

- + Sie waren klug, spirituell und stets im Einklang mit der Natur. Sie hatten viel Fantasie und erfassten intuitiv den Kern aller Angelegenheiten. Zudem war Ihr Charakter ausgewogen, und Sie schritten mit großem Erfolg, auch etwas Kampf, durch das Leben.
- – Oft kleinlich und geizig. Ihre Gesprächspartner hatten oft Probleme mit Ihnen, weil Sie sie nicht verstehen konnten. Sie waren oft jähzornig, ohne dass es dafür einen Grund geben musste. Mangelndes Vertrauen bescherte öfters Probleme.

Empfehlungen für das derzeitige Leben: Werden Sie offener und nehmen Sie die angebotene Hilfe an. Hören Sie auf, sich selbst die Laune zu verderben, denken Sie positiv. Finden Sie Ihre Ruhe, versuchen Sie, sich zu entspannen. Die Welt ist nicht perfekt und wird es nie sein. Versuchen Sie, Ihre Gedanken, Ihre Worte und Ihre Taten zu kontrollieren, so kommen Sie besser voran.

Schutzhinweise, gültig im letzten Leben sowie im derzeitigen Leben:
- Gesundheit: Achten Sie auf Ihren Magen, Ihren Darm und besonders auf Ihre Psyche.
- Ihre Schutzblumen sind Löwenzahnblüten.
- Ihre Schutzfarbe (Bekleidung) ist blau.
- Ihre Glückszahlen sind: 3, 5, 17, 25, 41.
- Amulett: Kleiner Beutel, gefüllt mit Bergkristallen und Kleeblättern.

Temperament im derzeitigen Leben:
- Wenn Sie am 25.08., 29.08., 10.09., 12.09., 22.09., 23.09. geboren sind, haben Sie sehr viel Temperament.
- Wenn Sie am 24.08., 26.08., 27.08., 01.09., 08.09., 19.09. geboren sind, haben Sie ein mittleres Temperament.
- Wenn Sie an anderen Tagen als Jungfrau geboren sind, sollten Sie temperamentvoller werden.

Lebensziel im derzeitigen Leben: Lernen Sie, sich selbst zu verstehen und zu öffnen. Ihr Ziel ist die Gesellschaft. Sie sollten die Gesellschaft seelisch beeinflussen. Übernehmen Sie die gerechte Führung.

Jungfrau 24. August – 23. September

Jungfraugeborene der Jahre: 1908, 1920, 1932, 1944, 1956, 1968, 1980, 1992, 2004, 2016

Mitgebrachte Prägung aus Ihrem Vorleben für dieses Leben: *Sie werden in Ihrem Leben sehr erfolgreich sein und Ihre Träume verwirklichen können. Ihr Geschick öffnet Ihnen alle Türen.*

Karma: Schweres Karma
Land des letzten Lebens mit stärkster Vorprägung für hier: Marokko
Zeit des letzten Lebens mit stärkster Vorprägung für hier: 20. Jahrhundert
Alter: So alt wurden Sie: 56
Geschlecht: Ob Sie Mann oder Frau waren, ersehen Sie aus der Liste auf Seite 77f.
Beschäftigung: Als Mann: Geistlicher; als Frau: Naturmedizinerin oder Hebamme
Charaktereigenschaften, die Sie hatten und für dieses Leben mitbringen:
- + Sie waren klug, sparsam, planend. Sie verstanden, das Leben gut zu leben. Sie verfügten über eine gute Intuition und waren sehr spirituell veranlagt. Ihr Humor war wunderbar.
- − Oft pessimistisch, aus einer Mücke machten Sie einen Elefanten. Psychisch instabil und apathisch.

Empfehlungen für das derzeitige Leben: Werden Sie nicht hypochondrisch, zeigen Sie Initiative, schonen Sie Ihre Psyche. Vergessen Sie alles Negative in Ihrem Leben, denken Sie positiv und erinnern Sie sich nur an schöne Momente Ihres Daseins. Lernen Sie zu verzeihen. Seien Sie ehrlich zu allen.
Schutzhinweise, gültig im letzten Leben sowie im derzeitigen Leben:
- ■ Gesundheit: Achten Sie auf Ihren Magen, Ihren Darm und Ihre Psyche.
- ■ Ihre Schutzblumen sind Rosen.
- ■ Ihre Schutzfarbe (Bekleidung) ist schwarz.

- Ihre Glückszahlen sind: 3, 6, 8, 19, 37.
- Amulett: Kleiner Beutel, gefüllt mit Korallen und Kamille.

Temperament im derzeitigen Leben:
- Wenn Sie am 25.08., 29.08., 10.09., 12.09., 22.09., 23.09. geboren sind, haben Sie sehr viel Temperament.
- Wenn Sie am 24.08., 26.08., 27.08., 01.09., 08.09., 19.09. geboren sind, haben Sie ein mittleres Temperament.
- Wenn Sie an anderen Tagen als Jungfrau geboren sind, sollten Sie temperamentvoller werden.

Lebensziel im derzeitigen Leben: Sich selbst im Leben zu finden und verzeihen zu lernen. Konzentrieren Sie sich auf Ihr Berufsleben.

Jungfraugeborene der Jahre: 1909, 1921, 1933, 1945, 1957, 1969, 1981, 1993, 2005, 2017

Mitgebrachte Prägung aus Ihrem Vorleben für dieses Leben: *Alles in Ihrem Leben wird erfolgreich verlaufen. Sie werden all Ihre Pläne umsetzen können. Vernachlässigen Sie aber Ihr Privatleben nicht.*

Karma: Schweres Karma
Land des letzten Lebens mit stärkster Vorprägung für hier: Ägypten
Zeit des letzten Lebens mit stärkster Vorprägung für hier: 14. Jahrhundert
Alter: So alt wurden Sie: 60
Geschlecht: Ob Sie Mann oder Frau waren, ersehen Sie aus der Liste auf Seite 77f.
Beschäftigung: Als Mann: Redner oder Schriftsteller; als Frau: Geschichtenerzählerin oder Marktverkäuferin
Charaktereigenschaften, die Sie hatten und für dieses Leben mitbringen:
   + Sie waren intelligent, intellektuell; lehrten andere, wie man lebt, waren mathematisch begabt und suchten nach Perfektion. Auch waren Sie sexuell anziehend, erotisch, empfindsam

und geheimnisvoll. Ihre optimistische Einstellung machte alle froh.
- Oft unpünktlich, Sie verspäteten sich immer wieder. Ihr Selbstwertgefühl war sehr schwankend, denn Sie wussten nicht, was Sie wollten. Teamwork war nicht unbedingt Ihre Stärke.

Empfehlungen für das derzeitige Leben: Werden Sie gelassener und ruhiger. Versuchen Sie, mit anderen Menschen zusammenzuarbeiten, ohne dass Sie sich über sie stellen. Sehen Sie in die Zukunft und halten Sie nicht immer an alten, schönen Zeiten fest. Ziehen Sie Menschen an, indem Sie zuhören und selber weniger reden.

Schutzhinweise, gültig im letzten Leben sowie im derzeitigen Leben:

- Gesundheit: Achten Sie auf Ihren Magen und Ihre Leber; Alkoholsuchtgefahr!
- Ihre Schutzblumen sind Astern.
- Ihre Schutzfarbe (Bekleidung) ist weinrot.
- Ihre Glückszahlen sind: 2, 5, 7, 12, 29.
- Amulett: Kleiner Beutel, gefüllt mit Korallen und Schafgarbe.

Temperament im derzeitigen Leben:

- Wenn Sie am 25.08., 29.08., 10.09., 12.09., 22.09., 23.09. geboren sind, haben Sie sehr viel Temperament.
- Wenn Sie am 24.08., 26.08., 27.08., 01.09., 08.09., 19.09. geboren sind, haben Sie ein mittleres Temperament.
- Wenn Sie an anderen Tagen als Jungfrau geboren sind, sollten Sie temperamentvoller werden.

Lebensziel im derzeitigen Leben: Sich sexuell auszuleben, mutig und führend im Berufsleben zu werden. Ihre berufliche Selbstständigkeit und Ihr Geschick zu verbessern.

Jungfraugeborene der Jahre: 1910, 1922, 1934, 1946, 1958, 1970, 1982, 1994, 2006, 2018

Mitgebrachte Prägung aus Ihrem Vorleben für dieses Leben: *Sie sind ein lieber Mensch, auf den man zählen kann. Ihre Freunde schätzen Sie dafür. Verlieren Sie allerdings die Realität nicht aus den Augen.*

Karma: Schweres Karma
Land des letzten Lebens mit stärkster Vorprägung für hier: Kanada
Zeit des letzten Lebens mit stärkster Vorprägung für hier: 19. Jahrhundert
Alter: So alt wurden Sie: 69
Geschlecht: Ob Sie Mann oder Frau waren, ersehen Sie aus der Liste auf Seite 77f.
Beschäftigung: Als Mann: Arzt; als Frau: Krankenschwester
Charaktereigenschaften, die Sie hatten und für dieses Leben mitbringen:
- \+ Sie waren intelligent, intellektuell, optimistisch, fröhlich und treu und eine sehr zärtliche Person. Sie suchten stets nach Liebe und waren leidenschaftlich.
- − Oft hilflos und irritiert. Sie wussten oft nicht, wie es weitergehen sollte. Sie haben sich zu stark zurückgehalten.

Empfehlungen für das derzeitige Leben: Werden Sie offenherziger, lieben Sie Ihre Mitmenschen mehr, nehmen Sie sich nicht alles so zu Herzen. Nehmen Sie Hilfe an, Stolz ist hier unnötiger Ballast.
Schutzhinweise, gültig im letzten Leben sowie im derzeitigen Leben:
- Gesundheit: Achten Sie auf Ihren Magen, Ihren Darm und Ihre Psyche.
- Ihre Schutzblumen sind Tulpen.
- Ihre Schutzfarbe (Bekleidung) ist orange.
- Ihre Glückszahlen sind: 5, 8, 28, 34, 42.
- Amulett: Kleiner Beutel, gefüllt mit Bernsteinen und Schlüsselblumen.

Temperament im derzeitigen Leben:
- Wenn Sie am 25.08., 29.08., 10.09., 12.09., 22.09., 23.09. geboren sind, haben Sie sehr viel Temperament.

- Wenn Sie am 24.08., 26.08., 27.08., 01.09., 08.09., 19.09. geboren sind, haben Sie ein mittleres Temperament.
- Wenn Sie an anderen Tagen als Jungfrau geboren sind, sollten Sie temperamentvoller werden.

Lebensziel im derzeitigen Leben: Ihre Professionalität zu beweisen und im Berufsleben nach oben zu kommen.

Jungfraugeborene der Jahre: 1911, 1923, 1935, 1947, 1959, 1971, 1983, 1995, 2007, 2019

Mitgebrachte Prägung aus Ihrem Vorleben für dieses Leben: *Sie sind zuverlässig und fleißig. Bleiben Sie immer realistisch und lassen Sie sich von Rückschlägen in Ihrem Leben nicht beeindrucken.*

Karma: Schweres Karma
Land des letzten Lebens mit stärkster Vorprägung für hier: Usbekistan
Zeit des letzten Lebens mit stärkster Vorprägung für hier: 17. Jahrhundert
Alter: So alt wurden Sie: 98
Geschlecht: Ob Sie Mann oder Frau waren, ersehen Sie aus der Liste auf Seite 77f.
Beschäftigung: Als Mann: Landwirt (Baumwollfelder); als Frau: Hausfrau oder Haremsdame
Charaktereigenschaften, die Sie hatten und für dieses Leben mitbringen:
- + Sie waren intelligent, leidenschaftlich, sexy, klug und genial. Sie hatten eine ausgeprägte Fantasie und träumten gerne von einer schöneren Zukunft.
- − Oft leichtsinnig, launisch, und Sie zweifelten an sich selbst.

Empfehlungen für das derzeitige Leben: Werden Sie geduldiger. Vergessen Sie nicht, dass man das, was man sät, später auch ernten muss. Tun Sie nur Gutes. Setzen Sie sich durch.

Schutzhinweise, gültig im letzten Leben sowie im derzeitigen Leben:
- Gesundheit: Achten Sie auf Ihren Magen, Ihre Psyche und Muskulatur.
- Ihre Schutzblumen sind Magnolien.
- Ihre Schutzfarbe (Bekleidung) ist lila.
- Ihre Glückszahlen sind: 3, 6, 9, 17, 41.
- Amulett: Kleiner Beutel, gefüllt mit Bernsteinen und Arnika.

Temperament im derzeitigen Leben:
- Wenn Sie am 25.08., 29.08., 10.09., 12.09., 22.09., 23.09. geboren sind, haben Sie sehr viel Temperament.
- Wenn Sie am 24.08., 26.08., 27.08., 01.09., 08.09., 19.09. geboren sind, haben Sie ein mittleres Temperament.
- Wenn Sie an anderen Tagen als Jungfrau geboren sind, sollten Sie temperamentvoller werden.

Lebensziel im derzeitigen Leben: Ihr eigenes Leben, Ihr Kampf, den Sie führen, Ihr Sieg, den Sie erreichen.

Jungfraugeborene der Jahre: 1912, 1924, 1936, 1948, 1960, 1972, 1984, 1996, 2008, 2020

Mitgebrachte Prägung aus Ihrem Vorleben für dieses Leben: *Sie können alles, was Sie anstreben, realisieren. Sie sind genial und charmant, haben aber Schwierigkeiten mit der Konzentration. Versuchen Sie, sich besser zu fokussieren.*

Karma: Schweres Karma
Land des letzten Lebens mit stärkster Vorprägung für hier: Russland
Zeit des letzten Lebens mit stärkster Vorprägung für hier: 18. Jahrhundert
Alter: So alt wurden Sie: 48
Geschlecht: Ob Sie Mann oder Frau waren, ersehen Sie aus der Liste auf Seite 77f.

Jungfrau 24. August – 23. September

Beschäftigung: Als Mann: Adeliger, reicher Mann; als Frau: Näherin oder Weberin

Charaktereigenschaften, die Sie hatten und für dieses Leben mitbringen:

+ Sie waren leidenschaftlich, schnell in Gedanken und hatten einen guten Charakter. Zudem waren Sie ausgewogen, robust und zuverlässig.
− Oft leichtsinnig, Sie hatten ohne Grund Ängste. Sie schlossen sich zu leicht der Meinung anderer Menschen an, ohne zu hinterfragen, ob das gut für Sie war. Dadurch hatten Sie wenig Individualität und schwammen in der Masse.

Empfehlungen für das derzeitige Leben: Seien Sie weniger leichtgläubig, prüfen Sie alles nach und handeln Sie nach Ihrem Bauchgefühl. Versuchen Sie, ausgeglichen zu bleiben, und passen Sie auf Ihr körperliches Wohlbefinden auf. Helfen Sie anderen Menschen, wenn die nicht mehr weiterkommen. Sie werden dafür reichlich belohnt werden.

Schutzhinweise, gültig im letzten Leben sowie im derzeitigen Leben:

- Gesundheit: Achten Sie auf Ihren Magen, Ihre Psyche und Muskulatur.
- Ihre Schutzblumen sind Mohnblumen.
- Ihre Schutzfarbe (Bekleidung) ist weiß.
- Ihre Glückszahlen sind: 2, 4, 28, 29, 30.
- Amulett: Kleiner Beutel, gefüllt mit Opal und Löwenzahnblüten.

Temperament im derzeitigen Leben:

- Wenn Sie am 25.08., 29.08., 10.09., 12.09., 22.09., 23.09. geboren sind, haben Sie sehr viel Temperament.
- Wenn Sie am 24.08., 26.08., 27.08., 01.09., 08.09., 19.09. geboren sind, haben Sie ein mittleres Temperament.
- Wenn Sie an anderen Tagen als Jungfrau geboren sind, sollten Sie temperamentvoller werden.

Lebensziel im derzeitigen Leben: Ihr eigenes Karma zu bewältigen. Gute Taten bereinigen Ihr Karma. Suchen Sie die goldene Mitte in allem, was um Sie herum geschieht. Versuchen Sie, ausgeglichen zu bleiben. Suchen Sie sich die richtigen Partner.

Waage 24. September – 23. Oktober

Sie sind ein Familienmensch. Sie haben schauspielerisches Talent und können sich gut anpassen. Harmonie ist wichtig für Sie. Sie wissen, dass Sie viel Zeit haben, und lassen sich auch viel Spielraum. Allerdings sollten Sie ab und zu doch etwas Gas geben, sonst werden Ihnen gute Möglichkeiten weggeschnappt. Lernen Sie, selbstständig zu sein, und zählen Sie nur auf sich.

Länder, in denen Sie schon gelebt haben:
Ägypten
Argentinien
Australien
Bolivien
Guatemala
Honduras
Hongkong
Israel
Kanada
Libanon
Litauen
Mauretanien
Nordafrika
Russland
Südafrika
Südamerika
Venezuela

Waage 24. September – 23. Oktober

Waagegeborene der Jahre: 1901, 1913, 1925, 1937, 1949, 1961, 1973, 1985, 1997, 2009

Mitgebrachte Prägung aus Ihrem Vorleben für dieses Leben: *Sie werden alle auftretenden Probleme gut meistern. Bleiben Sie immer gelassen und konzentrieren Sie sich auf Ihre persönliche Entwicklung.*

Karma: Positives Karma
Land des letzten Lebens mit stärkster Vorprägung für hier: Australien
Zeit des letzten Lebens mit stärkster Vorprägung für hier: 19. Jahrhundert
Alter: So alt wurden Sie: 63
Geschlecht: Ob Sie Mann oder Frau waren, ersehen Sie aus der Liste auf Seite 77f.
Beschäftigung: Als Mann: Naturschützer oder Diplomat; als Frau: kreative Tätigkeit, z.B. Frisöse oder Malerin
Charaktereigenschaften, die Sie hatten und für dieses Leben mitbringen:
- \+ Sie waren fast immer harmonisch, gerecht, ehrenhaft, gut organisiert und vor allem talentiert. Ihr Intellekt war sehr ausgeprägt, und Sie freuten sich darüber. Sie waren fleißig und ausdauernd, und Sie fanden immer eine Beschäftigung.
- – Oft depressiv, Sie hatten immer wieder Misserfolge. Sie waren oft nervös und unausgeglichen, hatten Komplexe und waren skeptisch.

Empfehlungen für das derzeitige Leben: Werden Sie offener, robuster, optimistischer. Finden Sie ein Hobby für sich und gehen Sie endlich aus. Sie sollten immer etwas Neues suchen und auch finden. Weiterbildung ist ein Muss für Sie. Nehmen Sie sich mehr Zeit für Ihre wahren Freunde und für die Familie. Achten Sie auf Ihr Ego.
Schutzhinweise, gültig im letzten Leben sowie im derzeitigen Leben:
- ■ Gesundheit: Achten Sie auf Ihre Atemwege, Ihre Nieren, Ihren Rücken.

- Ihre Schutzblumen sind Tulpen.
- Ihre Schutzfarbe (Bekleidung) ist lila.
- Ihre Glückszahlen sind: 3, 8, 10, 15, 43.
- Amulett: Kleiner Beutel, gefüllt mit Saphiren und Wermutkraut.

Temperament im derzeitigen Leben:
- Wenn Sie am 25.09., 29.09., 10.10., 12.10., 22.10., 23.10. geboren sind, haben Sie sehr viel Temperament.
- Wenn Sie am 24.09., 26.09., 27.09., 01.10., 08.10., 19.10. geboren sind, haben Sie ein mittleres Temperament.
- Wenn Sie an anderen Tagen als Waage geboren sind, sollten Sie temperamentvoller werden.

Lebensziel im derzeitigen Leben: In Einklang mit der Umwelt zu kommen. Finden Sie Ihr Glück im Privaten. Fühlen Sie, was andere Menschen empfinden. Lernen Sie zu verstehen, dass es im Leben auch Misserfolge geben kann.

Waagegeborene der Jahre: 1902, 1914, 1926, 1938, 1950, 1962, 1974, 1986, 1998, 2010

Mitgebrachte Prägung aus Ihrem Vorleben für dieses Leben: *Ihre natürliche Autorität sorgt dafür, dass Sie sich überall durchsetzen können. Beharren Sie aber nicht stur auf Ihrer Meinung, sondern zeigen Sie sich auch nachgiebig und verhandlungsbereit.*

Karma: Positives Karma
Land des letzten Lebens mit stärkster Vorprägung für hier: Südafrika
Zeit des letzten Lebens mit stärkster Vorprägung für hier: 14. Jahrhundert
Alter: So alt wurden Sie: 33
Geschlecht: Ob Sie Mann oder Frau waren, ersehen Sie aus der Liste auf Seite 77f.
Beschäftigung: Als Mann: Schamane; als Frau: Amme oder Schamanin

Charaktereigenschaften, die Sie hatten und für dieses Leben mitbringen:
- \+ Sie waren diplomatisch, optimistisch, wissend und kommunikativ. Durch Ihre Neugierde und Ihren Wissensdurst erreichten Sie viel in Ihrem Leben. Sie konnten humorvoll und herzlich sein.
- − Sie waren oft depressiv, verletzend und dachten erst nach, wenn Sie jemanden beleidigt hatten. Sie gerieten schnell in Panik und waren nicht unbedingt jemand, der Geheimnisse hüten konnte.

Empfehlungen für das derzeitige Leben: Werden Sie ruhiger und gelassener. Reden Sie nicht so viel um den heißen Brei herum, werden Sie konkreter. Zählen Sie nicht auf andere, helfen Sie sich selbst. Wenn Sie etwas begonnen haben, versuchen Sie, es zu Ende zu bringen. Arbeiten Sie nicht zu viel, werden Sie nicht zum Workaholic, teilen Sie Ihre Energie gezielter ein.

Schutzhinweise, gültig im letzten Leben sowie im derzeitigen Leben:
- Gesundheit: Achten Sie auf Ihre Atemwege und Ihre Psyche.
- Ihre Schutzblumen sind Rosen.
- Ihre Schutzfarbe (Bekleidung) ist blau.
- Ihre Glückszahlen sind: 3, 6, 16, 17, 26.
- Amulett: Kleiner Beutel, gefüllt mit Türkisen und Olivenblättern.

Temperament im derzeitigen Leben:
- Wenn Sie am 25.09., 29.09., 10.10., 12.10., 22.10., 23.10. geboren sind, haben Sie sehr viel Temperament.
- Wenn Sie am 24.09., 26.09., 27.09., 01.10., 08.10., 19.10. geboren sind, haben Sie ein mittleres Temperament.
- Wenn Sie an anderen Tagen als Waage geboren sind, sollten Sie temperamentvoller werden.

Lebensziel im derzeitigen Leben: Die Gesellschaft zu führen und in diesem Leben das eigene Selbstwertgefühl zu steigern. Sie sollten lernen, an etwas zu glauben, so wird alles, was Sie vorhaben, erfüllt.

Waagegeborene der Jahre: 1903, 1915, 1927, 1939, 1951, 1963, 1975, 1987, 1999, 2011

Mitgebrachte Prägung aus Ihrem Vorleben für dieses Leben: *Manches in Ihrem Leben verläuft anders, als Sie es sich wünschen. Sie sollten sich mehr um Ihre Mitmenschen und um Ihre Familie kümmern.*

Karma: Positives Karma
Land des letzten Lebens mit stärkster Vorprägung für hier: Nordafrika
Zeit des letzten Lebens mit stärkster Vorprägung für hier: 18. Jahrhundert
Alter: So alt wurden Sie: 71
Geschlecht: Ob Sie Mann oder Frau waren, ersehen Sie aus der Liste auf Seite 77f.
Beschäftigung: Als Mann: Fischer oder Jäger; als Frau: Obstverkäuferin
Charaktereigenschaften, die Sie hatten und für dieses Leben mitbringen:
  + Sie waren kommunikativ, sinnlich und direkt. Sie hatten ein gutes Gedächtnis, waren pünktlich und planend.
  − Oft humorlos, Sie nahmen alles zu ernst. Oft hypochondrisch und masochistisch eingestellt.

Empfehlungen für das derzeitige Leben: Seien Sie weniger verschlossen, hören Sie anderen zu und diskutieren Sie nicht zu viel. Es mangelt Ihnen oftmals an Geduld. Wirken Sie nicht nur seriös, zeigen Sie, dass auch Sie humorvoll sein können. Planen Sie regelmäßig Spaß, Freude, Leichtigkeit und Lachen in Ihr Leben ein.

Schutzhinweise, gültig im letzten Leben sowie im derzeitigen Leben:
- Gesundheit: Achten Sie auf Ihre Atemwege und Ihre Nieren.
- Ihre Schutzblumen sind Gladiolen.
- Ihre Schutzfarbe (Bekleidung) ist weiß.
- Ihre Glückszahlen sind: 3, 8, 10, 12, 19.
- Amulett: Kleiner Beutel, gefüllt mit Türkisen und Malve.

Waage 24. September – 23. Oktober

Temperament im derzeitigen Leben:
- Wenn Sie am 25.09., 29.09., 10.10., 12.10., 22.10., 23.10. geboren sind, haben Sie sehr viel Temperament.
- Wenn Sie am 24.09., 26.09., 27.09., 01.10., 08.10., 19.10. geboren sind, haben Sie ein mittleres Temperament.
- Wenn Sie an anderen Tagen als Waage geboren sind, sollten Sie temperamentvoller werden.

Lebensziel im derzeitigen Leben: Ihr eigenes Karma. Das Karma sollte verbessert werden, indem Sie sich familiär finden und der Familie höchste Priorität geben. Nehmen Sie sich mehr Zeit für Ihre »bessere Hälfte« und vertrauen Sie Ihrem Partner/Ihrer Partnerin.

Waagegeborene der Jahre: 1904, 1916, 1928, 1940, 1952, 1964, 1976, 1988, 2000, 2012

Mitgebrachte Prägung aus Ihrem Vorleben für dieses Leben: *Sie können in Ihrem Leben sehr viel erreichen. Ihre Fantasie hilft Ihnen dabei. Sie können sich ruhig so zeigen, wie Sie sind.*

Karma: Positives Karma
Land des letzten Lebens mit stärkster Vorprägung für hier: Südamerika
Zeit des letzten Lebens mit stärkster Vorprägung für hier: 17. Jahrhundert
Alter: So alt wurden Sie: 62
Geschlecht: Ob Sie Mann oder Frau waren, ersehen Sie aus der Liste auf Seite 77f.
Beschäftigung: Als Mann: Gefängniswärter oder Justizangestellter; als Frau: Köchin oder Küchenhilfe
Charaktereigenschaften, die Sie hatten und für dieses Leben mitbringen:
+ Sie waren kommunikativ, sinnlich und klug. Sie beschenkten die Menschen und erwarteten von ihnen nichts zurück. Sie hatten eine offene Natur und ein analytisches Gedächtnis.

– Oft pessimistisch, es gelang Ihnen nur schlecht, sich selber zu finden. Es fiel Ihnen extrem schwer, »nein« zu sagen, auch wenn es hätte sein müssen, und Sie litten sehr darunter.

Empfehlungen für das derzeitige Leben: Werden Sie glücklicher, indem Sie positiv denken und danach auch handeln. Leihen Sie sich nie Geld von Ihren Freunden. Sie sind ein guter Schauspieler, benutzen Sie diese Gabe, um Ihre Familie zusammenzuschweißen.

Schutzhinweise, gültig im letzten Leben sowie im derzeitigen Leben:

- Gesundheit: Achten Sie auf Ihre Atemwege, Psyche und Gelenke.
- Ihre Schutzblumen sind Nelken.
- Ihre Schutzfarbe (Bekleidung) ist schwarz.
- Ihre Glückszahlen sind: 3, 6, 16, 24, 56.
- Amulett: Kleiner Beutel, gefüllt mit Jaspis und Löwenzahnblättern.

Temperament im derzeitigen Leben:

- Wenn Sie am 25.09., 29.09., 10.10., 12.10., 22.10., 23.10. geboren sind, haben Sie sehr viel Temperament.
- Wenn Sie am 24.09., 26.09., 27.09., 01.10., 08.10., 19.10. geboren sind, haben Sie ein mittleres Temperament.
- Wenn Sie an anderen Tagen als Waage geboren sind, sollten Sie temperamentvoller werden.

Lebensziel im derzeitigen Leben: Die große Liebe zu finden und diese mit beiden Händen festzuhalten.

Waagegeborene der Jahre: 1905, 1917, 1929, 1941, 1953, 1965, 1977, 1989, 2001, 2013

Mitgebrachte Prägung aus Ihrem Vorleben für dieses Leben: *Wenn Sie Ihrer Intuition vertrauen, werden Sie viel im Leben erreichen. Ihre Liebenswürdigkeit bringt Sie weiter, als Sie denken.*

Karma: Positives Karma
Land des letzten Lebens mit stärkster Vorprägung für hier: Guatemala
Zeit des letzten Lebens mit stärkster Vorprägung für hier: 19. Jahrhundert
Alter: So alt wurden Sie: 45
Geschlecht: Ob Sie Mann oder Frau waren, ersehen Sie aus der Liste auf Seite 77f.
Beschäftigung: Als Mann: Designer, Modemacher; als Frau: Künstlerin
Charaktereigenschaften, die Sie hatten und für dieses Leben mitbringen:
- + Sie waren beständig, hatten eigene Ideale und respektierten andere Menschen. Sie waren ein echter Lebensberater und konnten anderen immer einen guten Rat geben.
- − Oft dogmatisch, pedantisch und zäh.

Empfehlungen für das derzeitige Leben: Halten Sie Ihre Launen unter Kontrolle und vergessen Sie Missstimmung und Depressionen. Schauen Sie nach vorne in die Zukunft. Glauben Sie an sich und schonen Sie Ihre Nerven.

Schutzhinweise, gültig im letzten Leben sowie im derzeitigen Leben:
- Gesundheit: Achten Sie auf Ihre Psyche, Nieren und Harnleiter.
- Ihre Schutzblumen sind Astern.
- Ihre Schutzfarbe (Bekleidung) ist gelb.
- Ihre Glückszahlen sind: 2, 7, 9, 19, 27.
- Amulett: Kleiner Beutel, gefüllt mit Karneol und Roggen.

Temperament im derzeitige Leben:
- Wenn Sie am 25.09., 29.09., 10.10., 12.10., 22.10., 23.10. geboren sind, haben Sie sehr viel Temperament.
- Wenn Sie am 24.09., 26.09., 27.09., 01.10., 08.10., 19.10. geboren sind, haben Sie ein mittleres Temperament.

- Wenn Sie an anderen Tagen als Waage geboren sind, sollten Sie temperamentvoller werden.

Lebensziel im derzeitigen Leben: Die beruflichen Angelegenheiten zu meistern, im Beruf engagiert zu bleiben und aufzusteigen. Sich außerdem zu entwickeln.

Waagegeborene der Jahre: 1906, 1918, 1930, 1942, 1954, 1966, 1978, 1990, 2002, 2014

Mitgebrachte Prägung aus Ihrem Vorleben für dieses Leben: *Sie können gut reden, müssen das Zuhören aber noch lernen. Wenn Ihr Glück auftaucht, sollten Sie mit beiden Händen zugreifen und es nie mehr loslassen.*

Karma: Positives Karma
Land des letzten Lebens mit stärkster Vorprägung für hier: Ägypten
Zeit des letzten Lebens mit stärkster Vorprägung für hier: 14. Jahrhundert
Alter: So alt wurden Sie: 25
Geschlecht: Ob Sie Mann oder Frau waren, ersehen Sie aus der Liste auf Seite 77f.
Beschäftigung: Als Mann: Redner oder Erzähler; als Frau: adelige Hausdame
Charaktereigenschaften, die Sie hatten und für dieses Leben mitbringen:
+ Sie waren optimistisch und neugierig. Sie bildeten sich immer weiter und lernten viel Neues kennen. Sie kamen immer aus jedem Schlamassel heraus. Körperlich waren Sie anziehend und graziös.
− Oft unverständlich, wechselhaft und launisch. Sie handelten und plapperten oft zu unüberlegt.

Empfehlungen für das derzeitige Leben: Werden Sie mutiger in allen Lebenslagen. Werden Sie pünktlicher, lernen Sie fremde Geheimnisse zu hüten und seien Sie für andere ein »Glücksbringer« (Mut, Hoffnung, gute Laune). Nehmen Sie sich mehr Zeit für sich selbst und bilden Sie sich weiter. Suchen Sie sich ein Hobby aus, das wird Ihrem Leben eine neue Richtung geben.

Schutzhinweise, gültig im letzten Leben sowie im derzeitigen Leben:

- Gesundheit: Achten Sie auf Ihr Immunsystem, Ihren Harnleiter und Ihr Gewicht.
- Ihre Schutzblumen sind Tulpen.
- Ihre Schutzfarbe (Bekleidung) ist knallrot.
- Ihre Glückszahlen sind: 1, 7, 11, 25, 37.
- Amulett: Kleiner Beutel, gefüllt mit Lapislazuli und Basilikumblättern.

Temperament im derzeitigen Leben:

- Wenn Sie am 25.09., 29.09., 10.10., 12.10., 22.10., 23.10. geboren sind, haben Sie sehr viel Temperament.
- Wenn Sie am 24.09., 26.09., 27.09., 01.10., 08.10., 19.10. geboren sind, haben Sie ein mittleres Temperament.
- Wenn Sie an anderen Tagen als Waage geboren sind, sollten Sie temperamentvoller werden.

Lebensziel im derzeitigen Leben: Sich selbst in diesem Leben zu finden und anderen den Weg zu weisen. Lernen Sie, ein Anführer zu sein, und seien Sie gut für die Menschen.

Waagegeborene der Jahre: 1907, 1919, 1931, 1943, 1955, 1967, 1979, 1991, 2003, 2015

Mitgebrachte Prägung aus Ihrem Vorleben für dieses Leben: *Vertrauen Sie immer Ihren Fähigkeiten. Mit Geduld und Bescheidenheit werden Sie weit kommen.*

Karma: Neutrales Karma
Land des letzten Lebens mit stärkster Vorprägung für hier: Kanada

Zeit des letzten Lebens mit stärkster Vorprägung für hier: 19. Jahrhundert

Alter: So alt wurden Sie: 59

Geschlecht: Ob Sie Mann oder Frau waren, ersehen Sie aus der Liste auf Seite 77f.

Beschäftigung: Als Mann: Künstler oder Friseur; als Frau: Schneiderin

Charaktereigenschaften, die Sie hatten und für dieses Leben mitbringen:

- \+ Sie waren ein offener Mensch. Treue war für Sie nicht nur ein Wort, sondern hatte eine hohe Bedeutung. Sie waren gut erzogen, wussten immer, was Sie wollten und wie Sie alles Geplante erreichen. Sie konnten Ihre Ziele gut verteidigen und hatten meistens recht.
- – Oft waren Sie unverständlich, gönnten sich nicht viel und opferten sich für andere Menschen auf. Aus einer Mücke machten Sie ohne Grund einen Elefanten und damit sich und andere sehr unglücklich. Oft waren Sie auch sehr schlampig und panisch.

Empfehlungen für das derzeitige Leben: Werden Sie mutiger in allen Lebenslagen. Versuchen Sie, Ihre Ziele immer zu verwirklichen und praktisch umzusetzen. Ihr Leben ist noch nie glatt verlaufen, nur Mut. Versuchen Sie, ehrlich zu bleiben, und schwindeln oder lügen Sie nicht. Bleiben Sie stolz, denn Sie haben keinen Grund, Ihr eigenes Ich klein zu halten.

Schutzhinweise, gültig im letzten Leben sowie im derzeitigen Leben:

- Gesundheit: Achten Sie auf Ihre Harnleiter und auf das Immunsystem.
- Ihre Schutzblumen sind Geranien.
- Ihre Schutzfarbe (Bekleidung) ist braun.
- Ihre Glückszahlen sind: 5, 9, 14, 29, 33.
- Amulett: Kleiner Beutel, gefüllt mit Korallen und Birkenblättern.

Waage 24. September – 23. Oktober

Temperament im derzeitigen Leben:
- Wenn Sie am 25.09., 29.09., 10.10., 12.10., 22.10., 23.10. geboren sind, haben Sie sehr viel Temperament.
- Wenn Sie am 24.09., 26.09., 27.09., 01.10., 08.10., 19.10. geboren sind, haben Sie ein mittleres Temperament.
- Wenn Sie an anderen Tagen als Waage geboren sind, sollten Sie temperamentvoller werden.

Lebensziel im derzeitigen Leben: Sich selbst in diesem Leben zu bestätigen, an sich zu glauben und das eigene Privatleben zu meistern.

Waagegeborene der Jahre: 1908, 1920, 1932, 1944, 1956, 1968, 1980, 1992, 2004, 2016

Mitgebrachte Prägung aus Ihrem Vorleben für dieses Leben: *Sie können gut mit Menschen umgehen und werden dadurch sehr erfolgreich sein. Alle Ihre Träume sind realisierbar.*

Karma: Positives Karma
Land des letzten Lebens mit stärkster Vorprägung für hier: Hongkong
Zeit des letzten Lebens mit stärkster Vorprägung für hier: 20. Jahrhundert
Alter: So alt wurden Sie: 47
Geschlecht: Ob Sie Mann oder Frau waren, ersehen Sie aus der Liste auf Seite 77f.
Beschäftigung: Als Mann: Industrieller, Erfinder oder Handwerker; als Frau: Kosmetikerin oder Nageldesignerin
Charaktereigenschaften, die Sie hatten und für dieses Leben mitbringen:
+ Sie waren ein konzentriert denkender und freundlicher Mensch. Sie verstanden die Probleme anderer und waren immer bereit, jedem zu helfen. Sie hatten schauspielerisches Talent und konnten Menschen gut beraten.

– Oft feige, eifersüchtig und kleinlich. Sie zogen sich gerne zurück und waren ängstlich. Oft waren Sie pessimistisch und bockig.

Empfehlungen für das derzeitige Leben: Werden Sie offener zu sich selbst. Bauen Sie Ihr Ego ab und widmen Sie sich der Natur. Vernachlässigen Sie Ihre Träume nicht, diese können erfüllt werden. Finden Sie ein geeignetes Hobby. Treiben Sie viel Sport.

Schutzhinweise, gültig im letzten Leben sowie im derzeitigen Leben:
- Gesundheit: Achten Sie auf Ihr Immunsystem und Ihren Harnleiter.
- Ihre Schutzblumen sind Rosen.
- Ihre Schutzfarbe (Bekleidung) ist türkis.
- Ihre Glückszahlen sind: 2, 4, 12, 37, 45.
- Amulett: Kleiner Beutel, gefüllt mit Onyx und Dillspitzen.

Temperament im derzeitigen Leben:
- Wenn Sie am 25.09., 29.09., 10.10., 12.10., 22.10., 23.10. geboren sind, haben Sie sehr viel Temperament.
- Wenn Sie am 24.09., 26.09., 27.09., 01.10., 08.10., 19.10. geboren sind, haben Sie ein mittleres Temperament.
- Wenn Sie an anderen Tagen als Waage geboren sind, sollten Sie temperamentvoller werden.

Lebensziel im derzeitigen Leben: Sich für die Gesellschaft einzusetzen und politische oder ökologische Situationen zu verbessern.

Waagegeborene der Jahre: 1909, 1921, 1933, 1945, 1957, 1969, 1981, 1993, 2005, 2017

Mitgebrachte Prägung aus Ihrem Vorleben für dieses Leben: *Erfolg ist Ihr Lebensmotto. Glauben Sie an sich, und Sie werden alles erreichen. Nehmen Sie sich viel Zeit für Ihre Mitmenschen.*

Karma: Positives Karma
Land des letzten Lebens mit stärkster Vorprägung für hier: Libanon

Waage 24. September – 23. Oktober

Zeit des letzten Lebens mit stärkster Vorprägung für hier: 17. Jahrhundert

Alter: So alt wurden Sie: 33

Geschlecht: Ob Sie Mann oder Frau waren, ersehen Sie aus der Liste auf Seite 77f.

Beschäftigung: Als Mann: Geistlicher, evtl. auch Heiler; als Frau: Nonne oder Besprecherin (Gebetsheilerin)

Charaktereigenschaften, die Sie hatten und für dieses Leben mitbringen:

- **+** Sie waren ein konzentriert denkender und freundlicher Mensch. Sie waren lustig, objektiv, einfühlsam und besaßen ein gutes Gedächtnis. Zudem waren Sie gütig, ruhig und besonnen.
- **−** Oft zerstreut, schwebten Sie irgendwo in den Wolken. Sie hielten nicht immer, was Sie versprochen hatten, waren undurchschaubar und weinten oft.

Empfehlungen für das derzeitige Leben: Werden Sie ordentlicher. Achten Sie insbesondere auf Ihre Kleidung. Setzen Sie das, was Sie vorhaben, auch um. Versuchen Sie, selbst zu denken. Lernen Sie zu organisieren und zu leiten.

Schutzhinweise, gültig im letzten Leben sowie im derzeitigen Leben:

- Gesundheit: Achten Sie auf Ihre Muskulatur und den Harnleiter.
- Ihre Schutzblumen sind Lilien.
- Ihre Schutzfarbe (Bekleidung) ist rot.
- Ihre Glückszahlen sind: 2, 6, 7, 16, 22.
- Amulett: Kleiner Beutel, gefüllt mit Opal und Johanniskraut.

Temperament im derzeitigen Leben:

- Wenn Sie am 25.09., 29.09., 10.10., 12.10., 22.10., 23.10. geboren sind, haben Sie sehr viel Temperament.
- Wenn Sie am 24.09., 26.09., 27.09., 01.10., 08.10., 19.10. geboren sind, haben Sie ein mittleres Temperament.
- Wenn Sie an anderen Tagen als Waage geboren sind, sollten Sie temperamentvoller werden.

Lebensziel im derzeitigen Leben: Ihr Privatleben in den Griff zu bekommen und glücklich zu werden. Es wird allerdings nicht leicht sein, dieses Ziel zu erreichen.

Waagegeborene der Jahre: 1910, 1922, 1934, 1946, 1958, 1970, 1982, 1994, 2006, 2018

Mitgebrachte Prägung aus Ihrem Vorleben für dieses Leben: *Sie sind ein lieber Mensch, man kann auf Sie zählen. Von Ihren Freunden werden Sie geschätzt. Versuchen Sie allerdings, auf dem Boden zu bleiben.*

Karma: Positives Karma
Land des letzten Lebens mit stärkster Vorprägung für hier: Litauen
Zeit des letzten Lebens mit stärkster Vorprägung für hier: 15. Jahrhundert
Alter: So alt wurden Sie: 69
Geschlecht: Ob Sie Mann oder Frau waren, ersehen Sie aus der Liste auf Seite 77f.
Beschäftigung: Als Mann: ein Adeliger; als Frau: Künstlerin oder Hofangehörige
Charaktereigenschaften, die Sie hatten und für dieses Leben mitbringen:
- + Sie waren ein konzentriert denkender und freundlicher Mensch. Sie liebten Sauberkeit, Gemütlichkeit und Ordnung. Sie waren feinfühlig, und man konnte immer auf Sie zählen.
- – Oft nicht analytisch denkend, handelten Sie zu schnell und stellten sich dadurch schlechter dar, als Sie waren. Sie nahmen sich viel zu viel vor, denn Sie waren oft zu selbstverliebt.

Empfehlungen für das derzeitige Leben: Versuchen Sie, weniger pedantisch und genau zu sein. Gestehen Sie anderen zu, dass auch sie recht haben können und sich frei entfalten dürfen. Nehmen Sie sich mehr Zeit für Ihre Familie. Engen Sie Ihre »bessere Hälfte« nicht zu sehr ein. Halten Sie Ihr Wort.

Schutzhinweise, gültig im letzten Leben sowie im derzeitigen Leben:
- Gesundheit: Achten Sie auf Ihr Immunsystem.
- Ihre Schutzblumen sind Nelken.
- Ihre Schutzfarbe (Bekleidung) ist grün.
- Ihre Glückszahlen sind: 4, 6, 18, 26, 41.
- Amulett: Kleiner Beutel, gefüllt mit Türkisen und Augentrost.

Temperament im derzeitigen Leben:
- Wenn Sie am 25.09., 29.09., 10.10., 12.10., 22.10., 23.10. geboren sind, haben Sie sehr viel Temperament.
- Wenn Sie am 24.09., 26.09., 27.09., 01.10., 08.10., 19.10. geboren sind, haben Sie ein mittleres Temperament.
- Wenn Sie an anderen Tagen als Waage geboren sind, sollten Sie temperamentvoller werden.

Lebensziel im derzeitigen Leben: Ihr Privatleben in den Griff zu bekommen und glücklich zu werden. Dieses Ziel ist nicht immer leicht zu erreichen, Sie werden es jedoch schaffen.

Waagegeborene der Jahre: 1911, 1923, 1935, 1947, 1959, 1971, 1983, 1995, 2007, 2019

Mitgebrachte Prägung aus Ihrem Vorleben für dieses Leben: *Trotz Ihrer Verlässlichkeit und Zielstrebigkeit kann es in Ihrem Leben zu Rückschlägen kommen. Lassen Sie sich dadurch nicht aus dem Konzept bringen.*

Karma: Neutrales Karma
Land des letzten Lebens mit stärkster Vorprägung für hier: Israel
Zeit des letzten Lebens mit stärkster Vorprägung für hier: 19. Jahrhundert
Alter: So alt wurden Sie: 91
Geschlecht: Ob Sie Mann oder Frau waren, ersehen Sie aus der Liste auf Seite 77f.
Beschäftigung: Als Mann: Soldat; als Frau: Krankenschwester

Charaktereigenschaften, die Sie hatten und für dieses Leben mitbringen:
- \+ Sie waren diplomatisch begabt. Ihr Optimismus passte zu Ihrem Typ. Auch waren Sie flexibel, kommunikativ und lustig. Sie waren ein Arbeitstier, sehr ehrgeizig und taktisch geschickt.
- − Oft verletzend, zynisch und zu neugierig. Sie konnten sich nicht organisieren und waren ab und zu verlogen oder »schleimten herum«, um Ihre Ziele zu erreichen. Sie hatten kaum Prinzipien und wirkten unlogisch.

Empfehlungen für das derzeitige Leben: Werden Sie geradlinig, überlegen Sie, bevor Sie etwas tun. Verändern Sie Ihre Gewohnheiten, Ihr Aussehen und Ihren Stil, wenn Sie nicht damit zufrieden sind. Haben Sie keine Ängste, alles wird sich erfüllen.

Schutzhinweise, gültig im letzten Leben sowie im derzeitigen Leben:
- Gesundheit: Achten Sie auf Ihr Immunsystem und den Harnleiter.
- Ihre Schutzblumen sind Lilien.
- Ihre Schutzfarbe (Bekleidung) ist rot.
- Ihre Glückszahlen sind: 3, 6, 8, 10, 11.
- Amulett: Kleiner Beutel, gefüllt mit Achaten und Melisse.

Temperament im derzeitigen Leben:
- Wenn Sie am 25.09., 29.09., 10.10., 12.10., 22.10., 23.10. geboren sind, haben Sie sehr viel Temperament.
- Wenn Sie am 24.09., 26.09., 27.09., 01.10., 08.10., 19.10. geboren sind, haben Sie ein mittleres Temperament.
- Wenn Sie an anderen Tagen als Waage geboren sind, sollten Sie temperamentvoller werden.

Lebensziel im derzeitigen Leben: Ihr Karma aufzubessern, Menschen zu lieben und zu lehren. Lernen Sie, dass das Materielle nicht das Wichtigste im Leben ist. Lernen Sie, frei zu werden und selbst zu handeln.

Waagegeborene der Jahre: 1912, 1924, 1936, 1948, 1960, 1972, 1984, 1996, 2008, 2020

Mitgebrachte Prägung aus Ihrem Vorleben für dieses Leben: *Alles, was Sie anstreben, lässt sich in die Tat umsetzen. Sie haben Charme und sind sehr außergewöhnlich, aber Sie können sich oft nicht konzentrieren. Arbeiten Sie daran!*

Karma: Neutrales Karma
Land des letzten Lebens mit stärkster Vorprägung für hier: Russland
Zeit des letzten Lebens mit stärkster Vorprägung für hier: 17. Jahrhundert
Alter: So alt wurden Sie: 21
Geschlecht: Ob Sie Mann oder Frau waren, ersehen Sie aus der Liste auf Seite 77f.
Beschäftigung: Als Mann: Soldat oder Offizier; als Frau: Schauspielerin oder Autorin
Charaktereigenschaften, die Sie hatten und für dieses Leben mitbringen:
  + Sie waren sehr begabt, fröhlich und freundlich. Auch konnten Sie anderen die richtigen Wege zeigen. Zudem war Ihr Denken schlüssig, und Sie verhielten sich gerecht.
  − Oft verzweifelt, kalt und unruhig. Sie konnten nicht vertrauen und waren daher zu vorsichtig.

Empfehlungen für das derzeitige Leben: Werden Sie mutiger, tapferer, und denken Sie daran, dass alle Menschen Fehler machen können. Ein Leben ohne Fehler wäre langweilig. Nur durch sie lernt man etwas. Bilden Sie sich immer weiter und entwickeln Sie Ihren Intellekt.

Schutzhinweise, gültig im letzten Leben sowie im derzeitigen Leben:
- Gesundheit: Achten Sie auf Ihre Psyche.
- Ihre Schutzblumen sind Astern.
- Ihre Schutzfarbe (Bekleidung) ist gelb.

- Ihre Glückszahlen sind: 2, 4, 27, 31, 43.
- Amulett: Kleiner Beutel, gefüllt mit Calcit und Veilchen.

Temperament im derzeitigen Leben:
- Wenn Sie am 25.09., 29.09., 10.10., 12.10., 22.10., 23.10. geboren sind, haben Sie sehr viel Temperament.
- Wenn Sie am 24.09., 26.09., 27.09., 01.10., 08.10., 19.10. geboren sind, haben Sie ein mittleres Temperament.
- Wenn Sie an anderen Tagen als Waage geboren sind, sollten Sie temperamentvoller werden.

Lebensziel im derzeitigen Leben: Die Gesellschaft, die Sie umgibt, zu unterweisen, zu führen und zu unterstützen. Gründen Sie eine eigene Richtung, damit Menschen bei Ihnen Rat finden können. Helfen Sie Menschen, den richtigen Weg im Leben zu finden.

Skorpion 24. Oktober – 22. November

Sie sind liebenswert – lieb, aber kompliziert. Sie genießen das Leben und wissen es zu leben. Suchen Sie Antworten auf die Fragen Ihrer Umgebung, der Menschen, die Sie lieben. Mit Ihrem Energiepotenzial werden Sie viel in diesem Dasein erreichen.

Länder, in denen Sie schon gelebt haben:
Ägypten
Arabien (Arabische Emirate)
Bahamas
Bosnien und Herzegowina
Bulgarien
China
Ecuador
England
Georgien
Italien

Jordanien
Mongolei
Russland
Slowakei
Türkei
Ungarn
Zentralafrika

Skorpiongeborene der Jahre: 1901, 1913, 1925, 1937, 1949, 1961, 1973, 1985, 1997, 2009

Mitgebrachte Prägung aus Ihrem Vorleben für dieses Leben: *Sie haben taktisches Talent, das Ihnen bei der Bewältigung von Schwierigkeiten hilft. Lassen Sie sich nicht aus der Ruhe bringen und konzentrieren Sie sich auf Ihre persönliche Entwicklung.*

Karma: Schweres Karma
Land des letzten Lebens mit stärkster Vorprägung für hier: Georgien
Zeit des letzten Lebens mit stärkster Vorprägung für hier: 14. Jahrhundert
Alter: So alt wurden Sie: 49
Geschlecht: Ob Sie Mann oder Frau waren, ersehen Sie aus der Liste auf Seite 77f.
Beschäftigung: Als Mann: Soldat oder Wächter; als Frau: Schneiderin oder Weberin
Charaktereigenschaften, die Sie hatten und für dieses Leben mitbringen:

+ Sie fanden Ihr Leben zwar nicht immer schön, aber es gelang Ihnen trotzdem stets, eine Lösung für Ihre Probleme zu erhalten. Sie hatten eigene Ideale, waren interessant und loyal, konnten gut organisieren, waren klug und idealistisch in Ihren Vorhaben.

- Sie kamen oft nicht mit Ihren Problemen zurecht und waren deshalb häufig jähzornig. Sie reagierten dann egoistisch und verweigerten sich.

Empfehlungen für das derzeitige Leben: Sie erreichen Ihre Ziele. Achten Sie aber darauf, nur eines nach dem anderen in Angriff zu nehmen, nicht alle zusammen. Üben Sie, geduldig zu sein, und schätzen Sie das, was Sie haben. Nehmen Sie sich mehr Zeit für sich und Ihre Freunde. Ihr Feind sind Sie selbst. Versuchen Sie, sich zu konzentrieren, und streiten Sie so wenig wie möglich.

Schutzhinweise, gültig im letzten Leben sowie im derzeitigen Leben:

- Gesundheit: Achten Sie auf Ihre Psyche, Verdauung und Knochen.
- Ihre Schutzblumen sind Tulpen.
- Ihre Schutzfarbe (Bekleidung) ist weiß.
- Ihre Glückszahlen sind: 1, 7, 9, 17, 30.
- Amulett: Kleiner Beutel, gefüllt mit Azuriten und Melisse.

Temperament im derzeitigen Leben:

- Wenn Sie am 24.10., 25.10., 28.10., 12.11., 16.11., 17.11., 20.11. geboren sind, haben Sie sehr viel Temperament.
- Wenn Sie am 26.10., 27.10., 29.10., 01.11., 08.11., 19.11. geboren sind, haben Sie ein mittleres Temperament.
- Wenn Sie an anderen Tagen als Skorpion geboren sind, sollten Sie temperamentvoller werden.

Lebensziel im derzeitigen Leben: Ihr Privatleben im Griff zu haben. Nicht zu lange zu überlegen, agieren Sie sofort, wenn es Probleme gibt. Widmen Sie sich mehr Ihrer Familie.

Skorpiongeborene der Jahre: 1902, 1914, 1926, 1938, 1950, 1962, 1974, 1986, 1998, 2010

Mitgebrachte Prägung aus Ihrem Vorleben für dieses Leben: *Nutzen Sie Ihre natürliche Autorität, um sich überall durchzusetzen. Beharren Sie weniger auf Ihrer Meinung, sondern zeigen Sie sich nachgiebiger und besonnener.*

Karma: Neutrales bis annähernd gutes Karma
Land des letzten Lebens mit stärkster Vorprägung für hier: Zentralafrika
Zeit des letzten Lebens mit stärkster Vorprägung für hier: 17. Jahrhundert
Alter: So alt wurden Sie: 78
Geschlecht: Ob Sie Mann oder Frau waren, ersehen Sie aus der Liste auf Seite 77f.
Beschäftigung: Als Mann: Pflanzenkenner oder Jäger; als Frau: Heilerin
Charaktereigenschaften, die Sie hatten und für dieses Leben mitbringen:

+ Sie waren ehrlich, gerecht, humorvoll, freundlich und familienbezogen. Sie waren in der Lage, allen Menschen zu vertrauen. Zudem charmant, liebevoll und loyal, sehr ruhig und treu.
− Sie hielten das Leben anderer für besser und schöner, da hatten Sie völlig recht. Sie waren zu langsam, zu vorsichtig und zu problembeladen.

Empfehlungen für das derzeitige Leben: Nehmen Sie sich mehr Zeit nur für sich alleine. Schreiben Sie öfter an Ihre Freunde. Blicken Sie immer nur nach vorne. Wenn Sie zurückschauen, dann bitte nur auf das, was Sie schon geschafft haben. Das Leben ist zu kurz für Ärger und unangenehme Diskussionen. Passen Sie auf Ihre Gesundheit auf.
Schutzhinweise, gültig im letzten Leben sowie im derzeitigen Leben:

- Gesundheit: Achten Sie auf Ihr Gewicht und das Herz, essen Sie keine Süßigkeiten und nur wenig Salz.
- Ihre Schutzblumen sind Veilchen.
- Ihre Schutzfarbe (Bekleidung) ist gelb.
- Ihre Glückszahlen sind: 6, 8, 9, 59, 78.
- Amulett: Kleiner Beutel, gefüllt mit Perlen und Baldrian.

Temperament im derzeitigen Leben:
- Wenn Sie am 24.10., 25.10., 28.10., 12.11., 16.11., 17.11., 20.11. geboren sind, haben Sie sehr viel Temperament.
- Wenn Sie am 26.10., 27.10., 29.10., 01.11., 08.11., 19.11. geboren sind, haben Sie ein mittleres Temperament.
- Wenn Sie an anderen Tagen als Skorpion geboren sind, sollten Sie temperamentvoller werden.

Lebensziel im derzeitigen Leben: Ihr privates Leben ist Ihr Ziel. Sie sollten sich selbst finden und sich verstärkt auf die seelischen Schätze konzentrieren. Vergessen Sie alles Materielle. Werden Sie rein. Helfen Sie Menschen. Erziehen Sie Ihre Kinder gut.

Skorpiongeborene der Jahre: 1903, 1915, 1927, 1939, 1951, 1963, 1975, 1987, 1999, 2011

Mitgebrachte Prägung aus Ihrem Vorleben für dieses Leben: *Ihr Leben verläuft nicht immer so, wie Sie es sich wünschen. Konzentrieren Sie sich mehr auf Ihre Mitmenschen, und kümmern Sie sich um Ihre Familie.*

Karma: Schweres Karma
Land des letzten Lebens mit stärkster Vorprägung für hier: Ungarn
Zeit des letzten Lebens mit stärkster Vorprägung für hier: 19. Jahrhundert.
Alter: So alt wurden Sie: 48
Geschlecht: Ob Sie Mann oder Frau waren, ersehen Sie aus der Liste auf Seite 77f.
Beschäftigung: Als Mann: Mediziner; als Frau: Verarmte oder Prostituierte.
Charaktereigenschaften, die Sie hatten und für dieses Leben mitbringen:
+ Sie waren tiefsinnig und hatten ein gutes Gedächtnis, zudem entscheidungsfreudig, vital und sinnlich.

- Oft egoistisch, wenig diplomatisch, redeten Sie, ohne zu überlegen, und bereuten dann hinterher das Gesagte. Sie waren launisch und suchtgefährdet.

Empfehlungen für das derzeitige Leben: Nehmen Sie sich mehr Zeit nur für Ihre Familie. Versuchen Sie, etwas Neues zu lernen. Stecken Sie sich neue Ziele, dann werden Sie schnell zum Erfolg kommen. Erfüllung wartet auf Sie. Vermeiden Sie Alkohol und Zigaretten, da dies leicht zu Problemen in Bezug auf andere Genussmittel führen kann.

Schutzhinweise, gültig im letzten Leben sowie im derzeitigen Leben:
- Gesundheit: Achten Sie auf Ihre Psyche, den Magen und die Geschlechtsorgane.
- Ihre Schutzblumen sind Gladiolen.
- Ihre Schutzfarbe (Bekleidung) ist grün.
- Ihre Glückszahlen sind: 1, 7, 8, 10, 32.
- Amulett: Kleiner Beutel, gefüllt mit Turmalin und Thymian.

Temperament im derzeitigen Leben:
- Wenn Sie am 24.10., 25.10., 28.10., 12.11., 16.11., 17.11., 20.11. geboren sind, haben Sie sehr viel Temperament.
- Wenn Sie am 26.10., 27.10., 29.10., 01.11., 08.11., 19.11. geboren sind, haben Sie ein mittleres Temperament.
- Wenn Sie an anderen Tagen als Skorpion geboren sind, sollten Sie temperamentvoller werden.

Lebensziel im derzeitigen Leben: Ihr Privatleben und Ihr Berufsleben gut zu kombinieren. Vergessen Sie nicht, dass das Privatleben sehr wichtig für Sie ist. Sonst werden Sie beruflich auch nicht weit kommen. Lernen Sie, mit jeder Situation gut umzugehen.

Skorpiongeborene der Jahre: 1904, 1916, 1928, 1940, 1952, 1964, 1976, 1988, 2000, 2012

Mitgebrachte Prägung aus Ihrem Vorleben für dieses Leben: *Sie bringen sehr viel Energie mit und können mehr erreichen, als Sie sich zutrauen. Vertrauen Sie Ihrer Fantasie. Seien Sie so, wie Sie sind.*

Karma: Sehr schweres Karma
Land des letzten Lebens mit stärkster Vorprägung für hier: Bulgarien
Zeit des letzten Lebens mit stärkster Vorprägung für hier: 18. Jahrhundert
Alter: So alt wurden Sie: 70
Geschlecht: Ob Sie Mann oder Frau waren, ersehen Sie aus der Liste auf Seite 77f.
Beschäftigung: Als Mann: Arzt oder Krankenpfleger; als Frau: Nonne
Charaktereigenschaften, die Sie hatten und für dieses Leben mitbringen:

+ Sie hatten einen ausgewogenen »goldenen« Charakter, kamen mit allen Menschen und mit allem klar. Sie waren akkurat, ehrlich, gutmütig, man konnte auf Sie zählen. Sie waren einzigartig, wenn Sie sich um andere kümmerten.
− Sehr oft zurückhaltend, kamen Sie nur sehr langsam in Bewegung. Es gab Tage, da waren Sie sehr nervös und unausgeglichen. Wenn es zu Auseinandersetzungen kam, konnten Sie nicht als Erster aufhören.

Empfehlungen für das derzeitige Leben: Lernen Sie, dass das Wort »genug« auch aus Ihrem Mund kommen kann. Man sollte in die Zukunft schauen und nicht nur in der Vergangenheit leben. Bilden Sie sich weiter, besuchen Sie spirituelle Kurse, beschäftigen Sie sich mit etwas, das Ihnen Spaß macht. Bleiben Sie natürlich, aber kompetent in allen Lebenslagen und lassen Sie Ihre Mitmenschen ihr eigenes Leben leben. Achten Sie auf Ihre Ernährung, essen Sie öfter, aber nicht zu viel. Wenn Sie eine Idee haben, sollten Sie diese schnellstmöglich in die Tat umsetzen.

Schutzhinweise, gültig im letzten Leben sowie im derzeitigen Leben:

- Gesundheit: Achten Sie auf Ihren Kopf, Kreislauf, Ihre Psyche und die Genitalien.
- Ihre Schutzblumen sind Rosen.
- Ihre Schutzfarbe (Bekleidung) ist lila.

Skorpion 24. Oktober – 22. November

- Ihre Glückszahlen sind: 4, 5, 9, 22, 32.
- Amulett: Kleiner Beutel, gefüllt mit Smaragden und Enzian.

Temperament im derzeitigen Leben:

- Wenn Sie am 24.10., 25.10., 28.10., 12.11., 16.11., 17.11., 20.11. geboren sind, haben Sie sehr viel Temperament.
- Wenn Sie am 26.10., 27.10., 29.10., 01.11., 08.11., 19.11. geboren sind, haben Sie ein mittleres Temperament.
- Wenn Sie an anderen Tagen als Skorpion geboren sind, sollten Sie temperamentvoller werden.

Lebensziel im derzeitigen Leben: Die Gesellschaft. Geben Sie den Menschen, die Sie respektieren, mehr von dem, was Sie im Überfluss haben. Entdecken Sie öfter etwas Neues, damit auch Ihre Nachkommen Ihren Namen nicht vergessen.

Skorpiongeborene der Jahre: 1905, 1917, 1929, 1941, 1953, 1965, 1977, 1989, 2001, 2013

Mitgebrachte Prägung aus Ihrem Vorleben für dieses Leben: *Vertrauen Sie Ihrer Intuition, und Sie erreichen mehr, als Sie vorhaben. Mit Ihrem Charme werden Sie auch Schwierigkeiten in Ihrem Leben zu Ihrem Vorteil nutzen können.*

Karma: Schweres Karma
Land des letzten Lebens mit stärkster Vorprägung für hier: Türkei
Zeit des letzten Lebens mit stärkster Vorprägung für hier: 20. Jahrhundert
Alter: So alt wurden Sie: 26
Geschlecht: Ob Sie Mann oder Frau waren, ersehen Sie aus der Liste auf Seite 77f.
Beschäftigung: Als Mann: Designer, Modemacher oder Erfinder; als Frau: Krankenschwester
Charaktereigenschaften, die Sie hatten und für dieses Leben mitbringen:

- Sie waren eine feine, patente Person, zärtlich und unkompliziert. Sie schauten mutig in die Zukunft. Auch waren Sie treu, zuverlässig und hatten einen guten Charakter. Es gelang Ihnen schnell, sich überall wie zu Hause zu fühlen.
- Sie waren manchmal launisch und oft sehr stur. Hatten mit Abhängigkeit im Alkohol- und Drogenbereich zu kämpfen.

Empfehlungen für das derzeitige Leben: Lernen Sie, sich selbst zu kritisieren und nicht nur die anderen. Schauen Sie zuerst sich selbst an! Sie sind nicht immer ein gutes Beispiel. Reisen Sie mehr im Sommer. Werden Sie geduldiger, lösen Sie Ihre Probleme selbst. Achten Sie auf Ihren Alkohol- und Zigarettenkonsum, denn Sie können leicht abhängig werden.

Schutzhinweise, gültig im letzten Leben sowie im derzeitigen Leben:
- Gesundheit: Achten Sie auf Ihren Kopf, Ihren Kreislauf und auf das Herz. Gehen Sie mit Salz sparsam um.
- Ihre Schutzblumen sind Geranien.
- Ihre Schutzfarbe (Bekleidung) ist rot.
- Ihre Glückszahlen sind: 3, 5, 17, 25, 35.
- Amulett: Kleiner Beutel, gefüllt mit Mondstein und Rosenblättern.

Temperament im derzeitigen Leben:
- Wenn Sie am 24.10., 25.10., 28.10., 12.11., 16.11., 17.11., 20.11. geboren sind, haben Sie sehr viel Temperament.
- Wenn Sie am 26.10., 27.10., 29.10., 01.11., 08.11., 19.11. geboren sind, haben Sie ein mittleres Temperament.
- Wenn Sie an anderen Tagen als Skorpion geboren sind, sollten Sie temperamentvoller werden.

Lebensziel im derzeitigen Leben: Alle Ziele, die Sie sich selbst stecken, zu verwirklichen und damit andere Menschen glücklich zu machen.

Skorpiongeborene der Jahre: 1906, 1918, 1930, 1942, 1954, 1966, 1978, 1990, 2002, 2014

Skorpion 24. Oktober – 22. November

Mitgebrachte Prägung aus Ihrem Vorleben für dieses Leben: *Sie sind ein guter Redner, hätten aber Vorteile, wenn Sie auch besser zuhören könnten. Lassen Sie Ihr Glück nicht mehr los, wenn Sie ihm begegnen.*

Karma: Schweres Karma
Land des letzten Lebens mit stärkster Vorprägung für hier: China
Zeit des letzten Lebens mit stärkster Vorprägung für hier: 19. Jahrhundert
Alter: So alt wurden Sie: 68
Geschlecht: Ob Sie Mann oder Frau waren, ersehen Sie aus der Liste auf Seite 77f.
Beschäftigung: Als Mann: Apotheker; als Frau: Bäuerin
Charaktereigenschaften, die Sie hatten und für dieses Leben mitbringen:

+ Sie waren intellektuell, humorvoll, freundlich, mutig und zuverlässig, sinnlich, einzigartig und einmalig in Ihrem Tun. Sie hatten ein gutes Selbstwertgefühl und konnten andere Menschen richtig schätzen.
− Zu launisch, oberflächlich, impulsiv und öfters zu egoistisch. Ihre Oberflächlichkeit steht Ihnen schlecht.

Empfehlungen für das derzeitige Leben: Bauen Sie Ihren Egoismus und Ihre Machtgier ab. Andere Menschen haben auch ein Anrecht auf Erfolg und Spitzenstellungen. Achten Sie auf Ihre Gesundheit, und schonen Sie Ihre Energie. Lieben Sie das Leben, und das Leben wird Sie lieben. Ihr kompliziertes Liebesleben sollten Sie einmal unter die Lupe nehmen und entwirren.
Schutzhinweise, gültig im letzten Leben sowie im derzeitigen Leben:

- Gesundheit: Achten Sie auf Ihren Darm und Ihren Magen.
- Ihre Schutzblumen sind Astern.
- Ihre Schutzfarbe (Bekleidung) ist schwarz.
- Ihre Glückszahlen sind: 1, 2, 7, 32, 41.
- Amulett: Kleiner Beutel, gefüllt mit Opal und Malve.

Temperament im derzeitigen Leben:

- Wenn Sie am 24.10., 25.10., 28.10., 12.11., 16.11., 17.11., 20.11. geboren sind, haben Sie sehr viel Temperament.
- Wenn Sie am 26.10., 27.10., 29.10., 01.11., 08.11., 19.11. geboren sind, haben Sie ein mittleres Temperament.
- Wenn Sie an anderen Tagen als Skorpion geboren sind, sollten Sie temperamentvoller werden.

Lebensziel im derzeitigen Leben: Ihr eigenes Leben zu meistern. Lernen Sie zu verzeihen, und nutzen Sie dazu Ihr Lebenspotenzial.

Skorpiongeborene der Jahre: 1907, 1919, 1931, 1943, 1955, 1967, 1979, 1991, 2003, 2015

Mitgebrachte Prägung aus Ihrem Vorleben für dieses Leben: *Vertrauen Sie auf Ihr Können. Bleiben Sie geduldig, bescheiden und diplomatisch in allen Bereichen Ihres Lebens.*

Karma: Schweres Karma
Land des letzten Lebens mit stärkster Vorprägung für hier: Italien
Zeit des letzten Lebens mit stärkster Vorprägung für hier: 17. Jahrhundert
Alter: So alt wurden Sie: 39
Geschlecht: Ob Sie Mann oder Frau waren, ersehen Sie aus der Liste auf Seite 77f.
Beschäftigung: Als Mann: Wissenschaftler, Chemiker; als Frau: Adelige oder Hofdame
Charaktereigenschaften, die Sie hatten und für dieses Leben mitbringen:
  + Sie waren leidenschaftlich, entscheidungsfreudig, freundlich und vital. Sie konnten alles organisieren, waren offen und sehr sympathisch, auch mutig und arbeitswillig.
  − Hin und wieder zu stolz, um eigene Fehler zuzugeben, auch streitbar und kompromisslos. Sie tratschten zu viel, zumal auch über Dinge, die Sie nichts angingen.

Skorpion 24. Oktober – 22. November

Empfehlungen für das derzeitige Leben: Schauen Sie weniger zurück, streben Sie konkreter Ihrem Ziel zu. Seien Sie nicht aggressiv und beschenken Sie Ihre Familie öfter. Kleine Geschenke machen immer Freude. Tun Sie auch mehr für sich selbst.

Schutzhinweise, gültig im letzten Leben sowie im derzeitigen Leben:
- Gesundheit: Achten Sie auf Ihren Darm, den Magen, die Psyche und die Genitalien.
- Ihre Schutzblumen sind Lilien.
- Ihre Schutzfarbe (Bekleidung) ist goldfarben.
- Ihre Glückszahlen sind: 4, 17, 18, 22, 30.
- Amulett: Kleiner Beutel, gefüllt mit Jaspis und Taubnessel.

Temperament im derzeitigen Leben:
- Wenn Sie am 24.10., 25.10., 28.10., 12.11., 16.11., 17.11., 20.11. geboren sind, haben Sie sehr viel Temperament.
- Wenn Sie am 26.10., 27.10., 29.10., 01.11., 08.11., 19.11. geboren sind, haben Sie ein mittleres Temperament.
- Wenn Sie an anderen Tagen als Skorpion geboren sind, sollten Sie temperamentvoller werden.

Lebensziel im derzeitigen Leben: Das Wichtigste für Sie ist zu lernen, andere Menschen zu verstehen und zu unterstützen. Auch das eigene Karma sollten Sie verbessern.

Skorpiongeborene der Jahre: 1908, 1920, 1932, 1944, 1956, 1968, 1980, 1992, 2004, 2016

Mitgebrachte Prägung aus Ihrem Vorleben für dieses Leben: *Ihr Leben ist geprägt von Erfolg in vielen Bereichen. Sie können alle Ihre Träume verwirklichen. Ihr Geschick öffnet Ihnen alle Türen.*

Karma: Gutes Karma
Land des letzten Lebens mit stärkster Vorprägung für hier: Ecuador
Zeit des letzten Lebens mit stärkster Vorprägung für hier: 20. Jahrhundert

Alter: So alt wurden Sie: 42

Geschlecht: Ob Sie Mann oder Frau waren, ersehen Sie aus der Liste auf Seite 77f.

Beschäftigung: Als Mann: Rechtsanwalt; als Frau: Designerin, Erfinderin oder Hausdame

Charaktereigenschaften, die Sie hatten und für dieses Leben mitbringen:

- \+ Sie waren außergewöhnlich, optimistisch und zuversichtlich. Sie konnten sich gut konzentrieren, waren sensibel und konnten andere meist gut verstehen. Sie bildeten sich ständig weiter und erweiterten Ihren Horizont.
- – Oft psychisch instabil, wenig diplomatisch, stur. Sie konnten sich selbst nicht kritisieren oder kritisieren lassen.

Empfehlungen für das derzeitige Leben: Vertrauen Sie Ihrer Umgebung, öffnen Sie sich. Wenn Sie einen Weg gewählt haben, gehen Sie ihn stolz und bleiben Sie auf ihm. Werden Sie nicht aggressiv, auch wenn einmal nicht alles nach Ihrem Kopf geht.

Schutzhinweise, gültig im letzten Leben sowie im derzeitigen Leben:

- Gesundheit: Achten Sie auf Ihre Psyche, den Rücken und auf die Knochen. Unfallgefahr vorhanden!
- Ihre Schutzblumen sind Nelken.
- Ihre Schutzfarbe (Bekleidung) ist hellrot.
- Ihre Glückszahlen sind: 5, 15, 27, 48, 50.
- Amulett: Kleiner Beutel, gefüllt mit Malachit und Schafgarbe.

Temperament im derzeitigen Leben:

- Wenn Sie am 24.10., 25.10., 28.10., 12.11., 16.11., 17.11., 20.11. geboren sind, haben Sie sehr viel Temperament.
- Wenn Sie am 26.10., 27.10., 29.10., 01.11., 08.11., 19.11. geboren sind, haben Sie ein mittleres Temperament.
- Wenn Sie an anderen Tagen als Skorpion geboren sind, sollten Sie temperamentvoller werden.

Lebensziel im derzeitigen Leben: Die Familie ist das wichtigste Ziel für Sie. Machen Sie Menschen zufrieden, indem Sie sich Zeit für sie nehmen, dann werden auch Sie glücklich. Finden Sie Ihre goldene Mitte und Ihre Harmonie.

Skorpiongeborene der Jahre: 1909, 1921, 1933, 1945, 1957, 1969, 1981, 1993, 2005, 2017

Mitgebrachte Prägung aus Ihrem Vorleben für dieses Leben: *Alles in Ihrem Leben steht unter einem Erfolgsstern. Sie können alles erreichen. Seien Sie nicht zu selbstkritisch und vernachlässigen Sie Ihr Privatleben nicht.*

Karma: Schweres Karma
Land des letzten Lebens mit stärkster Vorprägung für hier: Arabien (Arabische Emirate)
Zeit des letzten Lebens mit stärkster Vorprägung für hier: 15. Jahrhundert
Alter: So alt wurden Sie: 66
Geschlecht: Ob Sie Mann oder Frau waren, ersehen Sie aus der Liste auf Seite 77f.
Beschäftigung: Als Mann: Chemiker, Giftmischer oder Heiler; als Frau: Sklavin oder Unterdrückte
Charaktereigenschaften, die Sie hatten und für dieses Leben mitbringen:
- + Sie waren willig, charmant, freundlich, geheimnisvoll und anziehend. Sie hatten eine leidenschaftliche Natur, waren kommunikativ, humorvoll und originell.
- − Etwas stur, leichtsinnig, egoistisch und selbstbezogen. Sie bemerkten nie, was sich hinter Ihrem Rücken abspielte.

Empfehlungen für das derzeitige Leben: Werden Sie nicht zu vorsichtig, ansonsten verpassen Sie alles Schöne in Ihrem Leben. Achten Sie auf Ihre Gesundheit. Lassen Sie Ihre Freunde auf Sie zählen. Lernen Sie, sich zu entspannen.
Schutzhinweise, gültig im letzten Leben sowie im derzeitigen Leben:

- Gesundheit: Achten Sie auf Ihren Rücken und Ihre Gelenke.
- Ihre Schutzblumen sind Astern.
- Ihre Schutzfarbe (Bekleidung) ist orange.
- Ihre Glückszahlen sind: 6, 16, 29, 31, 44.
- Amulett: Kleiner Beutel, gefüllt mit Jaspis und Beifuß.

Temperament im derzeitigen Leben:
- Wenn Sie am 24.10., 25.10., 28.10., 12.11., 16.11., 17.11., 20.11. geboren sind, haben Sie sehr viel Temperament.
- Wenn Sie am 26.10., 27.10., 29.10., 01.11., 08.11., 19.11. geboren sind, haben Sie ein mittleres Temperament.
- Wenn Sie an anderen Tagen als Skorpion geboren sind, sollten Sie temperamentvoller werden.

Lebensziel im derzeitigen Leben: Sie selbst sind Ihr Ziel. Verbessern Sie Ihr Karma und versuchen Sie, gute Qualitäten zu erhalten, offener zu werden und Freunde schätzen zu lernen.

Skorpiongeborene der Jahre: 1910, 1922, 1934, 1946, 1958, 1970, 1982, 1994, 2006, 2018

Mitgebrachte Prägung aus Ihrem Vorleben für dieses Leben: *Ihre Zuverlässigkeit ist sprichwörtlich. Ihre Freunde schätzen Ihre Liebenswürdigkeit. Bleiben Sie allerdings auf dem Boden.*

Karma: Schweres Karma
Land des letzten Lebens mit stärkster Vorprägung für hier: England
Zeit des letzten Lebens mit stärkster Vorprägung für hier: 16. Jahrhundert
Alter: So alt wurden Sie: 78
Geschlecht: Ob Sie Mann oder Frau waren, ersehen Sie aus der Liste auf Seite 77f.
Beschäftigung: Als Mann: Graveur oder Künstler; als Frau: Heilerin
Charaktereigenschaften, die Sie hatten und für dieses Leben mitbringen:

+ Sie waren sympathisch, zuverlässig und impulsiv. Sie hatten sehr gute und schnelle Reaktionen, einen gutmütigen Charakter und konnten mit Menschen gut umgehen. Auch waren Sie treuherzig und intuitiv.
− Oft zu widersprüchlich, Sie machten aus einer Mücke einen Elefanten. Ihr Stolz war in vielen Lebenslagen unangebracht. Sie weinten oft und waren zu weich in Ihrem Innersten.

Empfehlungen für das derzeitige Leben: Bevor Sie etwas sagen, überlegen Sie es sich gründlich. Lügen Sie nicht und denken Sie nicht nur mit Ihrem Kopf, sondern auch mit dem Herzen; hören Sie mehr auf Ihre Intuition! Glauben Sie nur an das, was Sie selbst sehen.

Schutzhinweise, gültig im letzten Leben sowie im derzeitigen Leben:

- Gesundheit: Achten Sie auf Ihren Rücken und Ihre Nerven.
- Ihre Schutzblumen sind Magnolien.
- Ihre Schutzfarbe (Bekleidung) ist türkis.
- Ihre Glückszahlen sind: 3, 6, 7, 9, 13, 30.
- Amulett: Kleiner Beutel, gefüllt mit Rubinen und Zinnkraut.

Temperament im derzeitigen Leben:

- Wenn Sie am 24.10., 25.10., 28.10., 12.11., 16.11., 17.11., 20.11. geboren sind, haben Sie sehr viel Temperament.
- Wenn Sie am 26.10., 27.10., 29.10., 01.11., 08.11., 19.11. geboren sind, haben Sie ein mittleres Temperament.
- Wenn Sie an anderen Tagen als Skorpion geboren sind, sollten Sie temperamentvoller werden.

Lebensziel im derzeitigen Leben: Ihre Karriere zu steigern, denn Ihr erstes Ziel ist das Arbeitsleben. Vernachlässigen Sie aber Ihre Familie nicht, die Sie liebt.

Skorpiongeborene der Jahre: 1911, 1923, 1935, 1947, 1959, 1971, 1983, 1995, 2007, 2019

Mitgebrachte Prägung aus Ihrem Vorleben für dieses Leben: *Ihre Verlässlichkeit ist legendär. Achten Sie aber darauf, realistisch zu bleiben. Lassen Sie sich nicht von Rückschlägen in Ihrem Leben beeindrucken.*

Karma: Schweres Karma
Land des letzten Lebens mit stärkster Vorprägung für hier: Russland
Zeit des letzten Lebens mit stärkster Vorprägung für hier: 19. Jahrhundert
Alter: So alt wurden Sie: 30
Geschlecht: Ob Sie Mann oder Frau waren, ersehen Sie aus der Liste auf Seite 77f.
Beschäftigung: Als Mann: Magier; als Frau: Parapsychologin oder Hexe
Charaktereigenschaften, die Sie hatten und für dieses Leben mitbringen:
- \+ Sie waren natürlich, neugierig, ehrgeizig. Sie konnten auch sehr originell sein und liebten es, wenn Sie im Mittelpunkt des Geschehens standen. Sie waren sehr diplomatisch und ernst.
- − Widersprüchlich, kleinlich, kompliziert und oft depressiv.

Empfehlungen für das derzeitige Leben: Seien Sie ehrlich zu allen Menschen und zu sich selbst. Trinken Sie keinen Alkohol und hören Sie auf zu jammern. Haben Sie keine Angst vor der Zukunft. Machen Sie das, was Sie planen, und planen Sie das, was Sie tun – dann ist Ihr Erfolg garantiert und das Glück an Ihrer Seite.

Schutzhinweise, gültig im letzten Leben sowie im derzeitigen Leben:
- Gesundheit: Achten Sie auf Ihren Rücken und Ihre Nerven.
- Ihre Schutzblumen sind Jasminblüten.
- Ihre Schutzfarbe (Bekleidung) ist rosa.
- Ihre Glückszahlen sind: 3, 27, 34, 42, 99.
- Amulett: Kleiner Beutel, gefüllt mit Magnetit und Mistelkraut.

Temperament im derzeitigen Leben:
- Wenn Sie am 24.10., 25.10., 28.10., 12.11., 16.11., 17.11., 20.11. geboren sind, haben Sie sehr viel Temperament.

- Wenn Sie am 26.10., 27.10., 29.10., 01.11., 08.11., 19.11. geboren sind, haben Sie ein mittleres Temperament.
- Wenn Sie an anderen Tagen als Skorpion geboren sind, sollten Sie temperamentvoller werden.

Lebensziel im derzeitigen Leben: Liebe zu gewinnen, verzeihen zu lernen und menschenfreundlicher zu werden. Meistern Sie Ihr Privatleben.

Skorpiongeborene der Jahre: 1912, 1924, 1936, 1948, 1960, 1972, 1984, 1996, 2008, 2020

Mitgebrachte Prägung aus Ihrem Vorleben für dieses Leben: *Ihr Leben verläuft sehr zielgerichtet. Sie können alle Ihre Pläne realisieren. Sie sind genial und charmant, leiden aber unter mangelnder Konzentrationsfähigkeit. Versuchen Sie, sich besser zu fokussieren.*

Karma: Neutrales Karma
Land des letzten Lebens mit stärkster Vorprägung für hier: Ägypten
Zeit des letzten Lebens mit stärkster Vorprägung für hier: 18. Jahrhundert
Alter: So alt wurden Sie: 55
Geschlecht: Ob Sie Mann oder Frau waren, ersehen Sie aus der Liste auf Seite 77f.
Beschäftigung: Als Mann: Verarmter oder Dieb; als Frau: Hausdame, Haushälterin
Charaktereigenschaften, die Sie hatten und für dieses Leben mitbringen:
   + Sie waren edelmütig, diplomatisch, gefühlvoll, loyal. Sie erreichten alles, was Sie geplant hatten. Sie waren lernwillig und bildeten sich weiter. Auch waren Sie sehr spirituell, natürlich und vital.
   − Selbstbezogen, auch zurückhaltend und psychisch instabil. Sie konnten sich nicht konzentrieren und entspannen.

Empfehlungen für das derzeitige Leben: Sie sollten die Führung einer Gruppe übernehmen und Menschen anleiten. Die Gesellschaft ist Ihr Ziel Nummer eins. Alkohol ist schädlich für Sie.

Schutzhinweise, gültig im letzten Leben sowie im derzeitigen Leben:
- Gesundheit: Achten Sie auf Ihre Nerven.
- Ihre Schutzblumen sind Mohnblumen.
- Ihre Schutzfarbe (Bekleidung) ist blau.
- Ihre Glückszahlen sind: 4, 5, 7, 9, 19.
- Amulett: Kleiner Beutel, gefüllt mit Rosenquarz und Augentrost.

Temperament im derzeitigen Leben:
- Wenn Sie am 24.10., 25.10., 28.10., 12.11., 16.11., 17.11., 20.11. geboren sind, haben Sie sehr viel Temperament.
- Wenn Sie am 26.10., 27.10., 29.10., 01.11., 08.11., 19.11. geboren sind, haben Sie ein mittleres Temperament.
- Wenn Sie an anderen Tagen als Skorpion geboren sind, sollten Sie temperamentvoller werden.

Lebensziel im derzeitigen Leben: Menschen den Weg zu zeigen und die Führung zu übernehmen. Sie sind ein Sieger! Glauben Sie an sich. Ihr zweites Ziel ist, die große Liebe zu finden und zu behalten.

Schütze 23. November – 21. Dezember

Hoffnungsvoll und gezielt schauen Sie nach vorne. Sie haben nicht sehr viele Freunde, dafür aber die richtigen. Sie lieben Ihre Freiheit und können immer frei bleiben. Ihr Optimismus steht Ihnen gut.

Länder, in denen Sie schon gelebt haben:
Bangladesch
China
Deutschland

Dschibuti
Guyana
England
Frankreich
Hongkong
Italien
Japan
Kamerun
Malta
Monaco
Spanien
Türkei
Ukraine
USA

Schützegeborene der Jahre: 1901, 1913, 1925, 1937, 1949, 1961, 1973, 1985, 1997, 2009

Mitgebrachte Prägung aus Ihrem Vorleben für dieses Leben: *Ihre taktischen Fähigkeiten helfen Ihnen über alle Schwierigkeiten hinweg. Bleiben Sie stets gelassen und konzentrieren Sie sich ganz auf Ihre persönliche Entwicklung.*

Karma: Gutes Karma
Land des letzten Lebens mit stärkster Vorprägung für hier: USA
Zeit des letzten Lebens mit stärkster Vorprägung für hier: 18. Jahrhundert
Alter: So alt wurden Sie: 74
Geschlecht: Ob Sie Mann oder Frau waren, ersehen Sie aus der Liste auf Seite 77f.
Beschäftigung: Als Mann: Richter; als Frau: Schneiderin
Charaktereigenschaften, die Sie hatten und für dieses Leben mitbringen:

+ Sie waren friedfertig und treu, ein sehr sympathischer Mensch. Auch lustig, leidenschaftlich, liebenswert und großzügig.
− Oft gleichgültig und arrogant. Sie konnten Ihrer Umgebung nicht vertrauen. Sie tranken oftmals zu viel Alkohol.

Empfehlungen für das derzeitige Leben: Werden Sie ehrlich zu sich selbst. Seien Sie weniger kompliziert. Bauen Sie Ihre Eifersucht ab.

Schutzhinweise, gültig im letzten Leben sowie im derzeitigen Leben:

- Gesundheit: Achten Sie auf Ihre Lunge, Ihre Knochen und Ihr Immunsystem.
- Ihre Schutzblumen sind Magnolien.
- Ihre Schutzfarbe (Bekleidung) ist rot.
- Ihre Glückszahlen sind: 1, 3, 5, 18, 27.
- Amulett: Kleiner Beutel, gefüllt mit Granaten und Hagebutte.

Temperament im derzeitigen Leben:

- Wenn Sie am 23.11., 24.11., 29.11., 06.12., 12.12., 14.12., 21.12. geboren sind, haben Sie sehr viel Temperament.
- Wenn Sie am 25.11., 26.11., 27.11., 01.12., 08.12., 19.12. geboren sind, haben Sie ein mittleres Temperament.
- Wenn Sie an anderen Tagen als Schütze geboren sind, sollten Sie temperamentvoller werden.

Lebensziel im derzeitigen Leben: In Einklang mit der Umwelt zu kommen. Vertrauen zu Menschen aufzubauen. Ängste loszuwerden.

Schützegeborene der Jahre: 1902, 1914, 1926, 1938, 1950, 1962, 1974, 1986, 1998, 2010

Mitgebrachte Prägung aus Ihrem Vorleben für dieses Leben: *Beharren Sie nicht stur auf Ihrer Meinung, sondern zeigen Sie sich nachgiebiger. Dank Ihrer natürlichen Autorität können Sie sich ohnehin überall durchsetzen.*

Schütze 23. November – 21. Dezember

Karma: Gutes Karma
Land des letzten Lebens mit stärkster Vorprägung für hier: China
Zeit des letzten Lebens mit stärkster Vorprägung für hier: 15. Jahrhundert
Alter: So alt wurden Sie: 48
Geschlecht: Ob Sie Mann oder Frau waren, ersehen Sie aus der Liste auf Seite 77f.
Beschäftigung: Als Mann: Mönch; als Frau: Prostituierte
Charaktereigenschaften, die Sie hatten und für dieses Leben mitbringen:
- \+ Sie waren klug, fantasievoll, amüsant und weltoffen. Man konnte auf Sie zählen. Außerdem waren Sie höflich, ausdauernd und großzügig.
- – Oft extrem arrogant. Sie standen sehr stark unter innerem Druck und oft kurz vor einer Explosion, die Sie dann nicht unterdrücken konnten. Sie vernachlässigten auch Ihre Figur und kümmerten sich nicht um Ihre Gesundheit.

Empfehlungen für das derzeitige Leben: Werden Sie geduldiger, lieben Sie auch Ihre negative Seite. Tun Sie mehr für sich selbst.
Schutzhinweise, gültig im letzten Leben sowie im derzeitigen Leben:
- Gesundheit: Achten Sie auf Ihre Lunge, Ihre Wirbelsäule und auf Ihre Figur. Alkoholsuchtgefahr!
- Ihre Schutzblumen sind Lilien.
- Ihre Schutzfarbe (Bekleidung) ist schwarz.
- Ihre Glückszahlen sind: 3, 7, 13, 42, 47.
- Amulett: Kleiner Beutel, gefüllt mit Saphiren und Johanniskraut.

Temperament im derzeitigen Leben:
- Wenn Sie am 23.11., 24.11., 29.11., 06.12., 12.12., 14.12., 21.12. geboren sind, haben Sie sehr viel Temperament.
- Wenn Sie am 25.11., 26.11., 27.11., 01.12., 08.12., 19.12. geboren sind, haben Sie ein mittleres Temperament.

- Wenn Sie an anderen Tagen als Schütze geboren sind, sollten Sie temperamentvoller werden.

Lebensziel im derzeitigen Leben: In Einklang mit sich selbst zu kommen. Seelische Entfaltung zu erreichen. Ängste abzubauen.

Schützegeborene der Jahre: 1903, 1915, 1927, 1939, 1951, 1963, 1975, 1987, 1999, 2011

Mitgebrachte Prägung aus Ihrem Vorleben für dieses Leben: *Manches in Ihrem Leben verläuft nicht so, wie Sie es sich wünschen. Konzentrieren Sie sich mehr auf Ihre Mitmenschen und Ihre Familie.*

Karma: Gutes Karma
Land des letzten Lebens mit stärkster Vorprägung für hier: Japan
Zeit des letzten Lebens mit stärkster Vorprägung für hier: 16. Jahrhundert
Alter: So alt wurden Sie: 60
Geschlecht: Ob Sie Mann oder Frau waren, ersehen Sie aus der Liste auf Seite 77f.
Beschäftigung: Als Mann: Mönch; als Frau: Bäuerin oder Bettlerin
Charaktereigenschaften, die Sie hatten und für dieses Leben mitbringen:
  + Sie waren klug, optimistisch, geduldig und gesprächig und hatten ein gutes Gedächtnis. Sie waren immer auf der Suche nach etwas Neuem. Sie waren fantasievoll, Ihre Träume erfüllten sich oft von allein. Sie konnten gut reden und effektiv handeln.
  − Oft oberflächlich, langsam und überheblich. Sie lagen mit Ihrer Meinung vielfach falsch. Oftmals waren Sie hysterisch und launisch.

Empfehlungen für das derzeitige Leben: Werden Sie fröhlicher und lieben Sie das Leben so, wie es ist. Lachen Sie öfter und seien Sie nicht so neugierig. Lernen Sie, geduldiger zu werden, lügen Sie nicht und hören Sie auf Ihre wahren Freunde.

Schütze 23. November – 21. Dezember

Schutzhinweise, gültig im letzten Leben sowie im derzeitigen Leben:
- Gesundheit: Achten Sie auf Ihre Knochen und Ihre Gelenke, vermeiden Sie Unfälle.
- Ihre Schutzblumen sind Nelken.
- Ihre Schutzfarbe (Bekleidung) ist braun.
- Ihre Glückszahlen sind: 6, 7, 9, 24, 37.
- Amulett: Kleiner Beutel, gefüllt mit Rubinen, Achat und Kalmuswurzeln.

Temperament im derzeitigen Leben:
- Wenn Sie am 23.11., 24.11., 29.11., 06.12., 12.12., 14.12., 21.12. geboren sind, haben Sie sehr viel Temperament.
- Wenn Sie am 25.11., 26.11., 27.11., 01.12., 08.12., 19.12. geboren sind, haben Sie ein mittleres Temperament.
- Wenn Sie an anderen Tagen als Schütze geboren sind, sollten Sie temperamentvoller werden.

Lebensziel im derzeitigen Leben: Anderen Menschen zu helfen und den richtigen Weg zu weisen. Ihre Fähigkeiten als Ratgeber in die Tat umzusetzen. Ihre Kräfte voll zu nutzen.

Schützegeborene der Jahre: 1904, 1916, 1928, 1940, 1952, 1964, 1976, 1988, 2000, 2012

Mitgebrachte Prägung aus Ihrem Vorleben für dieses Leben: *Sie können sich selbst übertreffen, wenn Sie Ihre Kräfte einteilen und Ihrer Fantasie vertrauen. Bleiben Sie so, wie Sie sind, und alles ist möglich.*

Karma: Gutes Karma
Land des letzten Lebens mit stärkster Vorprägung für hier: England
Zeit des letzten Lebens mit stärkster Vorprägung für hier: 16. Jahrhundert
Alter: So alt wurden Sie: 92
Geschlecht: Ob Sie Mann oder Frau waren, ersehen Sie aus der Liste auf Seite 77f.

Beschäftigung: Als Mann: Philosoph; als Frau: Künstlerin

Charaktereigenschaften, die Sie hatten und für dieses Leben mitbringen:

- + Sie waren loyal, klug und hatten gute Umgangsformen. Sie waren schnell in Ihren Gedanken und Taten. Sie bildeten sich immer weiter und wollten ganz oben sein. Sie wussten, was Sie wollten und waren zielstrebig.
- − Oft kleptomanisch. Sie konnten nicht gut mit Geld umgehen, hatten oftmals Engpässe und Geldprobleme. Sie waren sehr oft zu geradlinig und pedantisch, taktlos und genussmittelsüchtig.

Empfehlungen für das derzeitige Leben: Werden Sie gelassener, Sie stehen sowieso an der Spitze. Lassen Sie sich öfter fallen und entspannen Sie sich. Mischen Sie sich nicht in fremde Angelegenheiten ein. Seien Sie Sie selbst.

Schutzhinweise, gültig im letzten Leben sowie im derzeitigen Leben:

- Gesundheit: Achten Sie auf Ihre Lunge und Ihre Brust, oft sehen Sie älter aus, als Sie sind.
- Ihre Schutzblumen sind Kamillen.
- Ihre Schutzfarbe (Bekleidung) ist orange.
- Ihre Glückszahlen sind: 8, 9, 15, 29, 50.
- Amulett: Kleiner Beutel, gefüllt mit Hämatit und Kamillenblüten.

Temperament im derzeitigen Leben:

- Wenn Sie am 23.11., 24.11., 29.11., 06.12., 12.12., 14.12., 21.12. geboren sind, haben Sie sehr viel Temperament.
- Wenn Sie am 25.11., 26.11., 27.11., 01.12., 08.12., 19.12. geboren sind, haben Sie ein mittleres Temperament.
- Wenn Sie an anderen Tagen als Schütze geboren sind, sollten Sie temperamentvoller werden.

Lebensziel im derzeitigen Leben: In der Gesellschaft zu führen und immer an der Spitze des Geschehens zu stehen.

Schützegeborene der Jahre: 1905, 1917, 1929, 1941, 1953, 1965, 1977, 1989, 2001, 2013

Mitgebrachte Prägung aus Ihrem Vorleben für dieses Leben: *Ihre Intuition ist sehr ausgeprägt; Sie können auf sie zählen, um Ihre Pläne zu realisieren. Ihre liebenswürdige Art hilft Ihnen dabei, dass aus Problemen nicht unüberwindliche Hindernisse werden.*

Karma: Gutes Karma
Land des letzten Lebens mit stärkster Vorprägung für hier: Türkei
Zeit des letzten Lebens mit stärkster Vorprägung für hier: 19. Jahrhundert
Alter: So alt wurden Sie: 63
Geschlecht: Ob Sie Mann oder Frau waren, ersehen Sie aus der Liste auf Seite 77f.
Beschäftigung: Als Mann: Arzt oder Kräuterexperte; als Frau: Küchenhilfe oder Köchin
Charaktereigenschaften, die Sie hatten und für dieses Leben mitbringen:
- \+ Sie waren lebensbejahend, neugierig, glücklich und hielten Ihre Versprechen. Mit Ihrer ausgesuchten Höflichkeit kamen Sie bei allen Menschen gut an.
- − Oft naiv und dickköpfig, kompromisslos und verantwortungslos.

Empfehlungen für das derzeitige Leben: Werden Sie ruhiger und zugänglicher. Achten Sie nur auf Ihre wahren Freunde. Machen Sie sich das Leben leichter, indem Sie weniger nachdenken. Bauen Sie Eifersucht ab und seien Sie weniger misstrauisch.
Schutzhinweise, gültig im letzten Leben sowie im derzeitigen Leben:
- ■ Gesundheit: Achten Sie auf Ihre Lunge, Gelenke und die Psyche.
- ■ Ihre Schutzblumen sind Königskerzen.
- ■ Ihre Schutzfarbe (Bekleidung) ist gelb und rot.

- Ihre Glückszahlen sind: 1, 2, 3, 8, 17.
- Amulett: Kleiner Beutel, gefüllt mit Bronzit und Hopfen.

Temperament im derzeitigen Leben:
- Wenn Sie am 23.11., 24.11., 29.11., 06.12., 12.12., 14.12., 21.12. geboren sind, haben Sie sehr viel Temperament.
- Wenn Sie am 25.11., 26.11., 27.11., 01.12., 08.12., 19.12. geboren sind, haben Sie ein mittleres Temperament.
- Wenn Sie an anderen Tagen als Schütze geboren sind, sollten Sie temperamentvoller werden.

Lebensziel im derzeitigen Leben: Etwas Neues zu entdecken, ein Patent für irgendetwas Technisches anzumelden. Machen Sie etwas Außergewöhnliches! Und achten Sie auf Ihre Liebsten. Lassen Sie Ihre Ängste los.

Schützegeborene der Jahre: 1906, 1918, 1930, 1942, 1954, 1966, 1978, 1990, 2002, 2014

Mitgebrachte Prägung aus Ihrem Vorleben für dieses Leben: *Es fällt Ihnen schwer, anderen Menschen zuzuhören. Das sollten Sie bei Ihrem Redetalent noch lernen. Wenn Ihr Glück kommt, sollten Sie es nicht vorübergehen lassen.*

Karma: Neutrales Karma
Land des letzten Lebens mit stärkster Vorprägung für hier: Spanien
Zeit des letzten Lebens mit stärkster Vorprägung für hier: 17. Jahrhundert
Alter: So alt wurden Sie: 51
Geschlecht: Ob Sie Mann oder Frau waren, ersehen Sie aus der Liste auf Seite 77f.
Beschäftigung: Als Mann: Pirat oder Räuber; als Frau: Autorin oder Lehrerin
Charaktereigenschaften, die Sie hatten und für dieses Leben mitbringen:

+ Sie waren humorvoll, kommunikativ, freundlich und energisch. Sie fantasierten gerne und versuchten, Ihre Träume zu leben. Auch waren Sie individuell und lebensbejahend.
− Oft naiv und vergesslich, oft pessimistisch und grob. Sie liebten es, sich zu zeigen, zur Schau zu stellen, zu profilieren.

Empfehlungen für das derzeitige Leben: Werden Sie stabiler und haben Sie mehr Selbstvertrauen. Essen Sie nicht zu fett. Bilden Sie sich weiter und bleiben Sie immer auf dem aktuellsten Stand der Dinge.

Schutzhinweise, gültig im letzten Leben sowie im derzeitigen Leben:
- Gesundheit: Achten Sie auf Ihre Gelenke und Ihre Psyche.
- Ihre Schutzblumen sind Lavendel.
- Ihre Schutzfarbe (Bekleidung) ist grün.
- Ihre Glückszahlen sind: 5, 6, 7, 11, 36.
- Amulett: Kleiner Beutel, gefüllt mit Achat und Enziankraut.

Temperament im derzeitigen Leben:
- Wenn Sie am 23.11., 24.11., 29.11., 06.12., 12.12., 14.12., 21.12. geboren sind, haben Sie sehr viel Temperament.
- Wenn Sie am 25.11., 26.11., 27.11., 01.12., 08.12., 19.12. geboren sind, haben Sie ein mittleres Temperament.
- Wenn Sie an anderen Tagen als Schütze geboren sind, sollten Sie temperamentvoller werden.

Lebensziel im derzeitigen Leben: Mit Kritik umzugehen und die Menschen zu verstehen. Ihr Familienleben hat Priorität. Widmen Sie sich der Familie.

Schützegeborene der Jahre: 1907, 1919, 1931, 1943, 1955, 1967, 1979, 1991, 2003, 2015

Mitgebrachte Prägung aus Ihrem Vorleben für dieses Leben: *Vertrauen Sie immer auf Ihr Können. Werden Sie nicht ungeduldig; bleiben Sie bescheiden und diplomatisch.*

Karma: Gutes Karma
Land des letzten Lebens mit stärkster Vorprägung für hier: Italien
Zeit des letzten Lebens mit stärkster Vorprägung für hier: 17. Jahrhundert
Alter: So alt wurden Sie: 49
Geschlecht: Ob Sie Mann oder Frau waren, ersehen Sie aus der Liste auf Seite 77f.
Beschäftigung: Als Mann: Reisender, Abenteurer; als Frau: Verkäuferin
Charaktereigenschaften, die Sie hatten und für dieses Leben mitbringen:

+ Sie waren ein kluger und sehr naturverbundener Mensch. Weiterbildung war sehr wichtig für Sie. Zudem waren Sie optimistisch, lebensbejahend und emotional ausgeglichen, auch extravagant und optimistisch.
− Oft misstrauisch, nicht immer ordentlich, und Sie hatten manchmal das Problem, süchtig nach Genussmitteln zu werden.

Empfehlungen für das derzeitige Leben: Werden Sie offener zu Menschen, lernen Sie zuzuhören. Passen Sie auf Ihre Gesundheit auf. Tragen Sie immer ein Amulett bei sich und schützen Sie sich vor Stress. Versuchen Sie, selbst Karten zu legen und andere zu beraten.

Schutzhinweise, gültig im letzten Leben sowie im derzeitigen Leben:
- Gesundheit: Achten Sie auf Ihre Psyche und Ihre Lunge.
- Ihre Schutzblumen sind Ginsengblüten.
- Ihre Schutzfarbe (Bekleidung) ist blau.
- Ihre Glückszahlen sind: 1, 5, 22, 29, 32.
- Amulett: Kleiner Beutel, gefüllt mit Rubinen und Melisse.

Temperament im derzeitigen Leben:
- Wenn Sie am 23.11., 24.11., 29.11., 06.12., 12.12., 14.12., 21.12. geboren sind, haben Sie sehr viel Temperament.
- Wenn Sie am 25.11., 26.11., 27.11., 01.12., 08.12., 19.12. geboren sind, haben Sie ein mittleres Temperament.
- Wenn Sie an anderen Tagen als Schütze geboren sind, sollten Sie temperamentvoller werden.

Schütze 23. November – 21. Dezember

Lebensziel im derzeitigen Leben: Neue Welten zu entdecken, neue Ideen durchzusetzen, neue Dimensionen zu erschaffen.

Schützegeborene der Jahre: 1908, 1920, 1932, 1944, 1956, 1968, 1980, 1992, 2004, 2016

Mitgebrachte Prägung aus Ihrem Vorleben für dieses Leben: *Dank Ihrer Beweglichkeit werden Sie viel erreichen in Ihrem Leben und all Ihre Träume verwirklichen können. Ihre Talente öffnen alle Türen.*

Karma: Gutes Karma
Land des letzten Lebens mit stärkster Vorprägung für hier: Malta
Zeit des letzten Lebens mit stärkster Vorprägung für hier: 20. Jahrhundert
Alter: So alt wurden Sie: 28
Geschlecht: Ob Sie Mann oder Frau waren, ersehen Sie aus der Liste auf Seite 77f.
Beschäftigung: Als Mann: Rechtsanwalt; als Frau: Lehrerin und Seminarleiterin
Charaktereigenschaften, die Sie hatten und für dieses Leben mitbringen:
+ Sie waren ein kluger Mensch, ehrlich und gelassen. Sie erlernten leicht Fremdsprachen und waren auch mathematisch begabt. Zudem waren Sie stolz, aber gerecht.
− Oft nicht korrekt, pessimistisch und grob, auch pedantisch und ambitiös. Sie waren zu selbstverliebt.

Empfehlungen für das derzeitige Leben: Werden Sie freundlicher und denken Sie positiver. Vernachlässigen Sie Ihre Familie nicht, sonst bleiben Sie einsam. Lesen Sie mehr und bilden Sie sich weiter. Erlernen Sie etwas Neues.
Schutzhinweise, gültig im letzten Leben sowie im derzeitigen Leben:
- Gesundheit: Achten Sie auf Ihre Psyche, Ihre Lunge, auch auf die Knie.

- Ihre Schutzblumen sind Kleeblüten.
- Ihre Schutzfarbe (Bekleidung) ist grün.
- Ihre Glückszahlen sind: 1, 4, 8, 12, 17.
- Amulett: Kleiner Beutel, gefüllt mit Bernsteinen und Weide.

Temperament im derzeitigen Leben:
- Wenn Sie am 23.11., 24.11, 29.11., 06.12., 12.12., 14.12., 21.12. geboren sind, haben Sie sehr viel Temperament.
- Wenn Sie am 25.11., 26.11., 27.11., 01.12., 08.12., 19.12. geboren sind, haben Sie ein mittleres Temperament.
- Wenn Sie an anderen Tagen als Schütze geboren sind, sollten Sie temperamentvoller werden.

Lebensziel im derzeitigen Leben: Sich zu verbessern, den eigenen Intellekt zu steigern, als Ratgeber tätig zu werden. Eigene Talente zu entfalten.

Schützegeborene der Jahre: 1909, 1921, 1933, 1945, 1957, 1969, 1981, 1993, 2005, 2017

Mitgebrachte Prägung aus Ihrem Vorleben für dieses Leben: *Alle Zeichen in Ihrem Leben stehen auf Erfolg. Glauben Sie an sich, und Sie werden alles erreichen. Denken Sie aber auch an das Privatleben.*

Karma: Schweres Karma
Land des letzten Lebens mit stärkster Vorprägung für hier: Hongkong
Zeit des letzten Lebens mit stärkster Vorprägung für hier: 15. Jahrhundert
Alter: So alt wurden Sie: 36
Geschlecht: Ob Sie Mann oder Frau waren, ersehen Sie aus der Liste auf Seite 77f.
Beschäftigung: Als Mann: Fischer; als Frau: Adelige oder Hofdame
Charaktereigenschaften, die Sie hatten und für dieses Leben mitbringen:

+ Sie kamen langsam, aber sicher ans Ziel, waren logisch und direkt, auch zärtlich und vertrauensvoll. Sie waren ein großzügiger und leidenschaftlicher Mensch.
− Oft naiv und ängstlich, unsozial und arrogant.

Empfehlungen für das derzeitige Leben: Werden Sie mutiger und stecken Sie sich ruhig höhere Ziele. Haben Sie keine Angst, Fehler zu machen! Versuchen Sie, alles in Ihrem Leben selbst zu erreichen, und verzichten Sie auf fremde Hilfe.

Schutzhinweise, gültig im letzten Leben sowie im derzeitigen Leben:

- Gesundheit: Achten Sie auf Ihre Psyche.
- Ihre Schutzblumen sind Tulpen.
- Ihre Schutzfarbe (Bekleidung) ist weiß.
- Ihre Glückszahlen sind: 4, 6, 12, 56, 58.
- Amulett: Kleiner Beutel, gefüllt mit Sand und Mistelkraut.

Temperament im derzeitigen Leben:

- Wenn Sie am 23.11., 24.11., 29.11., 06.12., 12.12., 14.12., 21.12. geboren sind, haben Sie sehr viel Temperament.
- Wenn Sie am 25.11., 26.11., 27.11., 01.12., 08.12., 19.12. geboren sind, haben Sie ein mittleres Temperament.
- Wenn Sie an anderen Tagen als Schütze geboren sind, sollten Sie temperamentvoller werden.

Lebensziel im derzeitigen Leben: Sich zu bestätigen und tapferer zu werden. Träume nicht nur zu träumen, sondern auch zu verwirklichen.

Schützegeborene der Jahre: 1910, 1922, 1934, 1946, 1958, 1970, 1982, 1994, 2006, 2018

Mitgebrachte Prägung aus Ihrem Vorleben für dieses Leben: *Sie sind ein angenehmer Zeitgenosse, zuverlässig und liebenswürdig. Versuchen Sie, immer realistisch zu bleiben.*

Karma: Positives Karma
Land des letzten Lebens mit stärkster Vorprägung für hier: Frankreich
Zeit des letzten Lebens mit stärkster Vorprägung für hier: 19. Jahrhundert
Alter: So alt wurden Sie: 52
Geschlecht: Ob Sie Mann oder Frau waren, ersehen Sie aus der Liste auf Seite 77f.
Beschäftigung: Als Mann: Flieger, Abenteurer; als Frau: Frisörin
Charaktereigenschaften, die Sie hatten und für dieses Leben mitbringen:
- + Sie besaßen eine Anführernatur und strebten nach oben. Sie waren sympathisch und liebenswert. Sie reagierten und handelten sehr schnell. Sie waren ein guter Psychologe.
- − Oft gleichgültig, kalt, geldgierig und kleinlich. Sie konnten sich nicht immer konzentrieren.

Empfehlungen für das derzeitige Leben: Werden Sie aktiv, verbessern Sie Ihr Gedächtnis, machen Sie andere glücklich und seien Sie offen zu sich selbst.
Schutzhinweise, gültig im letzten Leben sowie im derzeitigen Leben:
- Gesundheit: Achten Sie auf Ihre Gelenke und Ihre Bronchien.
- Ihre Schutzblumen sind Lilien.
- Ihre Schutzfarbe (Bekleidung) ist gelb.
- Glückszahlen: 2, 3, 6, 17, 31.
- Amulett: Kleiner Beutel, gefüllt mit Edelsteinen und Blutwurz.

Temperament im derzeitigen Leben:
- Wenn Sie am 23.11., 24.11., 29.11., 06.12., 12.12., 14.12., 21.12. geboren sind, haben Sie sehr viel Temperament.
- Wenn Sie am 25.11., 26.11., 27.11., 01.12., 08.12., 19.12. geboren sind, haben Sie ein mittleres Temperament.
- Wenn Sie an anderen Tagen als Schütze geboren sind, sollten Sie temperamentvoller werden.

Lebensziel im derzeitigen Leben: Sich seelisch zu entwickeln und die Gesellschaft zu führen.

Schütze 23. November – 21. Dezember

Schützegeborene der Jahre: 1911, 1923, 1935, 1947, 1959, 1971, 1983, 1995, 2007, 2019

Mitgebrachte Prägung aus Ihrem Vorleben für dieses Leben: *Sie sind ein fleißiger, planender Mensch. Achten Sie darauf, nicht unrealistisch zu werden. Lassen Sie sich von Misserfolgen nicht aus dem Konzept bringen.*

Karma: Neutrales Karma
Land des letzten Lebens mit stärkster Vorprägung für hier: Ukraine
Zeit des letzten Lebens mit stärkster Vorprägung für hier: 18. Jahrhundert
Alter: So alt wurden Sie: 87
Geschlecht: Ob Sie Mann oder Frau waren, ersehen Sie aus der Liste auf Seite 77f.
Beschäftigung: Als Mann: Schamane; als Frau: Hebamme, Amme oder Hausfrau
Charaktereigenschaften, die Sie hatten und für dieses Leben mitbringen:
  + Sie waren zärtlich, fantasievoll, konnten sich gut anpassen und hatten niemals wirkliche Feinde. Sie suchten nach Freiheit und waren durchsetzungsfähig.
  − Neidisch, nicht sparsam, geldverschwenderisch. Sehr oft unsozial, misstrauisch und eifersüchtig.

Empfehlungen für das derzeitige Leben: Spenden Sie etwas Geld an Kinder. Denken Sie daran, Geld hat noch niemand auf die letzte Reise mitgenommen. Lernen Sie zu vertrauen, dieser Wert ist wichtiger als das Materielle.

Schutzhinweise, gültig im letzten Leben sowie im derzeitigen Leben:
- Gesundheit: Achten Sie auf Ihr Immunsystem und Ihre Knochen.
- Ihre Schutzblumen sind Rosen und Hibiskus.
- Ihre Schutzfarbe (Bekleidung) ist rot.

- Ihre Glückszahlen sind: 2, 7, 19, 29, 35.
- Amulett: Kleiner Beutel, gefüllt mit Bergkristallen und Pfefferminze.

Temperament im derzeitigen Leben:
- Wenn Sie am 23.11., 24.11., 29.11., 06.12., 12.12., 14.12., 21.12. geboren sind, haben Sie sehr viel Temperament.
- Wenn Sie am 25.11., 26.11., 27.11., 01.12., 08.12., 19.12. geboren sind, haben Sie ein mittleres Temperament.
- Wenn Sie an anderen Tagen als Schütze geboren sind, sollten Sie temperamentvoller werden.

Lebensziel im derzeitigen Leben: Ihr materielles Leben stabil zu halten, aber nicht zu vergessen, dass es auch andere schöne und interessante Dinge im Leben gibt.

Schützegeborene der Jahre: 1912, 1924, 1936, 1948, 1960, 1972, 1984, 1996, 2008, 2020

Mitgebrachte Prägung aus Ihrem Vorleben für dieses Leben: *Alle Ihre Vorhaben lassen sich in die Tat umsetzen. Sie sind genial und charmant, aber Sie können sich nicht immer konzentrieren. Versuchen Sie, auch diese Eigenschaft zu erwerben.*

Karma: Neutrales Karma
Land des letzten Lebens mit stärkster Vorprägung für hier: Deutschland
Zeit des letzten Lebens mit stärkster Vorprägung für hier: 16. Jahrhundert
Alter: So alt wurden Sie: 37
Geschlecht: Ob Sie Mann oder Frau waren, ersehen Sie aus der Liste auf Seite 77f.
Beschäftigung: Als Mann: Jäger oder Bauer; als Frau: Kräuterfrau
Charaktereigenschaften, die Sie hatten und für dieses Leben mitbringen:

- + Sie waren pünktlich, offen zu Menschen, hilfsbereit und fröhlich. Zudem optimistisch, planend und zielstrebig.
- − Oft nervös, meistens unausgeglichen, ängstlich, und Sie tratschten zu viel. Sie waren zu sich selbst weder offen noch ehrlich.

Empfehlungen für das derzeitige Leben: Versuchen Sie, Geheimnisse anderer nicht auszuplaudern, sondern für sich zu behalten. Auch eine schlechte Erfahrung kann gut sein, lernen Sie daraus!

Schutzhinweise, gültig im letzten Leben sowie im derzeitigen Leben:
- Gesundheit: Achten Sie auf Ihre Psyche, Haut und die Gelenke.
- Ihre Schutzblumen sind Ringelblumen.
- Ihre Schutzfarben (Bekleidung) sind weiß und auch gelb.
- Ihre Glückszahlen sind: 2, 9, 15, 27, 33.
- Amulett: Kleiner Beutel, gefüllt mit Opal und Blutwurz.

Temperament im derzeitigen Leben:
- Wenn Sie am 23.11., 24.11., 29.11., 06.12., 12.12., 14.12., 21.12. geboren sind, haben Sie sehr viel Temperament.
- Wenn Sie am 25.11., 26.11., 27.11., 01.12., 08.12., 19.12. geboren sind, haben Sie ein mittleres Temperament.
- Wenn Sie an anderen Tagen als Schütze geboren sind, sollten Sie temperamentvoller werden.

Lebensziel im derzeitigen Leben: Sensibler zu werden, viele Charakterzüge zu verändern. Alles Geplante zu erreichen. Seien Sie weniger chaotisch, handeln Sie gezielter und strukturierter. Lassen Sie Ihre Ängste los.

Steinbock 22. Dezember – 20. Januar

Sie sind selbstkritisch, fressen sich oft selbst auf. Werden Sie ehrlicher zu sich selber und nehmen Sie Kleinigkeiten nicht zu wichtig. Sie sind besser und talentierter, als Sie selbst denken. Alle Wege stehen Ihnen offen, nur Mut!

Länder, in denen Sie schon gelebt haben:
Albanien
Barbados
China
Elfenbeinküste
England
Estland
Gran Canaria
Grenada
Krim
Lettland
Marokko
Mauritius
Nordrussland
Serbien
Tibet
USA
Vatikanstadt

Steinbockgeborene der Jahre: 1901, 1913, 1925, 1937, 1949, 1961, 1973, 1985, 1997, 2009

Mitgebrachte Prägung aus Ihrem Vorleben für dieses Leben: *Sie haben taktisches Talent, das Ihnen dabei hilft, alle Probleme zu meistern und für Ihr Weiterkommen zu nutzen. Verlieren Sie nie die Geduld und konzentrieren Sie sich auf Ihre persönliche Entwicklung.*

Karma: Gutes Karma
Land des letzten Lebens mit stärkster Vorprägung für hier: Gran Canaria
Zeit des letzten Lebens mit stärkster Vorprägung für hier: 20. Jahrhundert
Alter: So alt wurden Sie: 62

Steinbock 22. Dezember – 20. Januar

Geschlecht: Ob Sie Mann oder Frau waren, ersehen Sie aus der Liste auf Seite 77f.

Beschäftigung: Als Mann: Anwaltsgehilfe, Anwalt oder Richter; als Frau: Modedesignerin oder Schneiderin

Charaktereigenschaften, die Sie hatten und für dieses Leben mitbringen:

+ Sie waren kräftig, verantwortungsbewusst, reif und ehrlich. Sie hatten organisatorische Fähigkeiten und konnten andere Menschen gut führen. Auch waren Sie ehrgeizig und treu.
− Manchmal zu vorsichtig, sehr langsam und apathisch. Sie konnten Ihrer Umgebung nicht vertrauen. Sie konnten nicht »nein« sagen.

Empfehlungen für das derzeitige Leben: Werden Sie ehrlich mit sich selbst. Seien Sie weniger kompliziert. Vergessen Sie alle Misserfolge aus der Vergangenheit und sehen Sie in die Zukunft.

Schutzhinweise, gültig im letzten Leben sowie im derzeitigen Leben:

- Gesundheit: Achten Sie auf Ihre Gelenke, die Knochen und den Magen.
- Ihre Schutzblumen sind Augentrost und Efeu.
- Ihre Schutzfarbe (Bekleidung) ist gelb.
- Ihre Glückszahlen sind: 1, 2, 5, 18, 29.
- Amulett: Kleiner Beutel, gefüllt mit Turmalin und Heckenrosen.

Temperament im derzeitigen Leben:

- Wenn Sie am 22.12., 23.12., 29.12., 06.01., 12.01., 14.01., 20.01. geboren sind, haben Sie sehr viel Temperament.
- Wenn Sie am 25.12., 26.12., 01.01., 08.01., 19.01. geboren sind, haben Sie ein mittleres Temperament.
- Wenn Sie an anderen Tagen als Steinbock geboren sind, sollten Sie temperamentvoller werden.

Lebensziel im derzeitigen Leben: In Einklang mit der Umwelt zu kommen. Vertrauen zu Menschen aufzubauen. Lernen Sie, Ihre Pläne in die Tat umzusetzen.

Steinbockgeborene der Jahre: 1902, 1914, 1926, 1938, 1950, 1962, 1974, 1986, 1998, 2010

Mitgebrachte Prägung aus Ihrem Vorleben für dieses Leben: *Vertrauen Sie Ihrer natürliche Autorität, und Sie werden sich überall durchsetzen. Beharren Sie nicht stur auf Ihrer Meinung, sondern zeigen Sie sich nachgiebig, gelassen und verhandlungsbereit.*

Karma: Gutes Karma
Land des letzten Lebens mit stärkster Vorprägung für hier: Marokko
Zeit des letzten Lebens mit stärkster Vorprägung für hier: 16. Jahrhundert
Alter: So alt wurden Sie: 49
Geschlecht: Ob Sie Mann oder Frau waren, ersehen Sie aus der Liste auf Seite 77f.
Beschäftigung: Als Mann: Weiser und Zauberer; als Frau: Hexe oder Naturmedizinerin
Charaktereigenschaften, die Sie hatten und für dieses Leben mitbringen:
  + Sie waren klug, amüsant und weltoffen. Man konnte auf Sie zählen. Sie konnten schnell denken und waren sehr intellektuell, humorvoll und loyal.
  − Sie waren oft jähzornig und konnten sich nicht zurückhalten. Sie vernachlässigten Ihre Figur und kümmerten sich nicht um Ihre Gesundheit. Sie kritisierten viel und hatten keinen Respekt vor den anderen.

Empfehlungen für das derzeitige Leben: Werden Sie geduldiger, lieben Sie auch Ihre negative Seite. Finden Sie Ihre Stärken heraus und setzen Sie diese in die Tat um. Versuchen Sie, sich fallen zu lassen und zu entspannen.

Schutzhinweise, gültig im letzten Leben sowie im derzeitigen Leben:
  ■ Gesundheit: Achten Sie auf Ihre Wirbelsäule und Ihre Figur. Zähne und Ohren stellen ein Problem dar.

Steinbock 22. Dezember – 20. Januar   243

- Ihre Schutzblumen sind Lilien.
- Ihre Schutzfarbe (Bekleidung) ist schwarz.
- Ihre Glückszahlen sind: 3, 7, 12, 41, 57.
- Amulett: Kleiner Beutel, gefüllt mit Bernsteinen und Johanniskraut.

Temperament im derzeitige Leben:

- Wenn Sie am 22.12., 23.12., 29.12., 06.01., 12.01., 14.01., 20.01. geboren sind, haben Sie sehr viel Temperament.
- Wenn Sie am 25.12., 26.12., 01.01., 08.01., 19.01. geboren sind, haben Sie ein mittleres Temperament.
- Wenn Sie an anderen Tagen als Steinbock geboren sind, sollten Sie temperamentvoller werden.

Lebensziel im derzeitigen Leben: In Einklang mit sich selbst zu kommen, seelische Entfaltung zu erleben.

Steinbockgeborene der Jahre: 1903, 1915, 1927, 1939, 1951, 1963, 1975, 1987, 1999, 2011

Mitgebrachte Prägung aus Ihrem Vorleben für dieses Leben: *Ihr Leben verläuft nicht immer so, wie Sie es sich wünschen. Sie sollten sich mehr auf Ihre Mitmenschen und Ihre Familie konzentrieren.*

Karma: Gutes Karma
Land des letzten Lebens mit stärkster Vorprägung für hier: Albanien
Zeit des letzten Lebens mit stärkster Vorprägung für hier: 16. Jahrhundert
Alter: So alt wurden Sie: 102
Geschlecht: Ob Sie Mann oder Frau waren, ersehen Sie aus der Liste auf Seite 77f.
Beschäftigung: Als Mann: Magier; als Frau: Verarmte oder Diebin
Charaktereigenschaften, die Sie hatten und für dieses Leben mitbringen:

- + Sie waren klug, geduldig, gesprächig und hatten ein gutes Gedächtnis. Auch waren Sie kräftig, zielstrebig und lernfähig.
- − Oft oberflächlich, langsam und zu lange überlegend. Sie waren nicht in der Lage, sich zu entspannen, denn Sie dachten und grübelten zu viel. Fehlende Konzentration war Ihre große Schwäche.

Empfehlungen für das derzeitige Leben: Werden Sie fröhlicher und lieben Sie das Leben so, wie es ist. Suchen Sie Ihre Ideale und verwirklichen Sie Ihre Träume. Lachen Sie öfter und seien Sie nicht so neugierig. Achten Sie auf Ihre Ernährung und essen Sie weniger Süßes.

Schutzhinweise, gültig im letzten Leben sowie im derzeitigen Leben:
- Gesundheit: Achten Sie auf Ihre Psyche, Verdauung und Zähne.
- Ihre Schutzblumen sind Nelken.
- Ihre Schutzfarbe (Bekleidung) ist braun.
- Ihre Glückszahlen sind: 5, 7, 8, 22, 37.
- Amulett: Kleiner Beutel, gefüllt mit Bronzit und Kleeblättern.

Temperament im derzeitigen Leben:
- Wenn Sie am 22.12., 23.12., 29.12., 06.01., 12.01., 14.01., 20.01. geboren sind, haben Sie sehr viel Temperament.
- Wenn Sie am 25.12., 26.12., 01.01., 08.01., 19.01. geboren sind, haben Sie ein mittleres Temperament.
- Wenn Sie an anderen Tagen als Steinbock geboren sind, sollten Sie temperamentvoller werden.

Lebensziel im derzeitigen Leben: Anderen Menschen zu helfen und den richtigen Weg zu weisen. Ihre Fähigkeiten als Berater in die Tat umzusetzen. Sie sollten lernen, für andere zu sorgen und Verantwortung zu übernehmen.

Steinbockgeborene der Jahre: 1904, 1916, 1928, 1940, 1952, 1964, 1976, 1988, 2000, 2012

Steinbock 22. Dezember – 20. Januar

Mitgebrachte Prägung aus Ihrem Vorleben für dieses Leben: *Sie sind ein wahres Energiebündel, außerdem fantasievoll und ehrgeizig. Sie können in diesem Leben viel erreichen.*

Karma: Gutes Karma
Land des letzten Lebens mit stärkster Vorprägung für hier: England
Zeit des letzten Lebens mit stärkster Vorprägung für hier: 17. Jahrhundert
Alter: So alt wurden Sie: 88
Geschlecht: Ob Sie Mann oder Frau waren, ersehen Sie aus der Liste auf Seite 77f.
Beschäftigung: Als Mann: Pädagoge; als Frau: Diebin
Charaktereigenschaften, die Sie hatten und für dieses Leben mitbringen:

+ Sie waren loyal, klug, gutherzig und weise und hatten gute Umgangsformen. Auch waren Sie schnell in Ihren Gedanken und Taten. Sie bildeten sich immer weiter und wollten ganz oben sein.
− Oft nicht sparsam, humorlos und zu bescheiden. Außerdem zu kritisch, Sie hatten keinen Respekt.

Empfehlungen für das derzeitige Leben: Werden Sie gelassener, Sie stehen sowieso an der Spitze. Lassen Sie sich fallen und entspannen Sie sich. Lernen Sie zu meditieren.
Schutzhinweise, gültig im letzten Leben sowie im derzeitigen Leben:

- Gesundheit: Achten Sie auf Ihre Lunge, Brust, Knie und Psyche.
- Ihre Schutzblumen sind Rosen.
- Ihre Schutzfarbe (Bekleidung) ist rot.
- Ihre Glückszahlen sind: 8, 15, 19, 29, 50.
- Amulett: Kleiner Beutel, gefüllt mit Turmalin und Kamillenblüten.

Temperament im derzeitigen Leben:

- Wenn Sie am 22.12., 23.12., 29.12., 06.01., 12.01., 14.01., 20.01. geboren sind, haben Sie sehr viel Temperament.
- Wenn Sie am 25.12., 26.12., 01.01., 08.01., 19.01. geboren sind, haben Sie ein mittleres Temperament.
- Wenn Sie an anderen Tagen als Steinbock geboren sind, sollten Sie temperamentvoller werden.

Lebensziel im derzeitigen Leben: Die Gesellschaft zu führen, immer an der Spitze des Geschehens zu bleiben und Verantwortung zu tragen.

Steinbockgeborene der Jahre: 1905, 1917, 1929, 1941, 1953, 1965, 1977, 1989, 2001, 2013

Mitgebrachte Prägung aus Ihrem Vorleben für dieses Leben: *Vertrauen Sie Ihrer Intuition, dann erreichen Sie mehr, als Sie planten. Mit Ihrem charmanten Wesen können Sie auch stürmische Zeiten in Ihrem Leben zu Ihrem Vorteil nutzen.*

Karma: Gutes Karma
Land des letzten Lebens mit stärkster Vorprägung für hier: Lettland
Zeit des letzten Lebens mit stärkster Vorprägung für hier: 19. Jahrhundert
Alter: So alt wurden Sie: 73
Geschlecht: Ob Sie Mann oder Frau waren, ersehen Sie aus der Liste auf Seite 77f.
Beschäftigung: Als Mann: Polizist; als Frau: Lehrerein
Charaktereigenschaften, die Sie hatten und für dieses Leben mitbringen:
- \+ Sie waren lebensbejahend, kommunikativ, neugierig, glücklich und hielten fast immer Ihre Versprechen. Sie fanden immer einen Ausweg, wenn es ein Problem gab.
- − Oft naiv und dickköpfig. Auch waren Sie pessimistisch und glaubten nicht an Wunder, auch nicht daran, dass Hilfe von

anderen Menschen kommen könnte, die einem Wunder gleicht.

Empfehlungen für das derzeitige Leben: Werden Sie ruhiger und zugänglicher. Achten Sie auf Ihre Freunde und lassen Sie fremde Menschen ihr eigenes Leben leben. Machen Sie sich das Leben leichter, indem Sie weniger nachdenken. Nehmen Sie sich mehr Zeit für die Familie und für Ihre Liebsten.

Schutzhinweise, gültig im letzten Leben sowie im derzeitigen Leben:

- Gesundheit: Achten Sie auf Ihre Lunge, Gelenke und auf die Psyche.
- Ihre Schutzblumen sind Gladiolen.
- Ihre Schutzfarbe (Bekleidung) ist gelb.
- Ihre Glückszahlen sind: 1, 2, 3, 7, 17.
- Amulett: Kleiner Beutel, gefüllt mit Achat und Labkraut.

Temperament im derzeitigen Leben:

- Wenn Sie am 22.12., 23.12., 29.12., 06.01., 12.01., 14.01., 20.01. geboren sind, haben Sie sehr viel Temperament.
- Wenn Sie am 25.12., 26.12., 01.01., 08.01., 19.01. geboren sind, haben Sie ein mittleres Temperament.
- Wenn Sie an anderen Tagen als Steinbock geboren sind, sollten Sie temperamentvoller werden.

Lebensziel im derzeitigen Leben: Etwas Neues zu entdecken, ein Patent anzumelden. Machen Sie etwas Außergewöhnliches! Versuchen Sie, Ihre Pläne durchzusetzen.

Steinbockgeborene der Jahre: 1906, 1918, 1930, 1942, 1954, 1966, 1978, 1990, 2002, 2014

Mitgebrachte Prägung aus Ihrem Vorleben für dieses Leben: *Sie können gut reden, aber es fällt Ihnen schwer zuzuhören. Wenn Sie Ihrem Glück begegnen, sollten Sie mit beiden Händen zugreifen.*

Karma: Gutes Karma
Land des letzten Lebens mit stärkster Vorprägung für hier: Estland
Zeit des letzten Lebens mit stärkster Vorprägung für hier: 18. Jahrhundert
Alter: So alt wurden Sie: 59
Geschlecht: Ob Sie Mann oder Frau waren, ersehen Sie aus der Liste auf Seite 77f.
Beschäftigung: Als Mann: Landwirt; als Frau: Hausfrau
Charaktereigenschaften, die Sie hatten und für dieses Leben mitbringen:

+ Sie waren humorvoll, freundlich und energisch. Sie fantasierten gerne und versuchten, Ihre Träume zu leben. Außerdem waren Sie klug, humorvoll und intellektuell.
− Sie waren naiv, vergesslich, oft pessimistisch und verzettelten sich im Privaten und im Beruflichen. Sie gingen anderen Menschen auf die Nerven und gaben nicht nach.

Empfehlungen für das derzeitige Leben: Werden Sie stabiler und haben Sie mehr Selbstvertrauen. Suchen Sie neue Freunde. Suchen Sie neue Wege im Beruflichen.
Schutzhinweise, gültig im letzten Leben sowie im derzeitigen Leben:

- Gesundheit: Achten Sie auf Ihre Gelenke und auf Ihre Psyche.
- Ihre Schutzblume ist Lavendel.
- Ihre Schutzfarbe (Bekleidung) ist grün.
- Ihre Glückszahlen sind: 3, 6, 7, 11, 36.
- Amulett: Kleiner Beutel, gefüllt mit Achat und Arnika.

Temperament im derzeitigen Leben:

- Wenn Sie am 22.12., 23.12., 29.12., 06.01., 12.01., 14.01., 20.01. geboren sind, haben Sie sehr viel Temperament.
- Wenn Sie am 25.12., 26.12., 01.01., 08.01., 19.01. geboren sind, haben Sie ein mittleres Temperament.
- Wenn Sie an anderen Tagen als Steinbock geboren sind, sollten Sie temperamentvoller werden.

Lebensziel im derzeitigen Leben: Ihr Familienleben hat Priorität. Erfüllen Sie sich Ihre Träume selbst, setzen Sie Ihre Träume in die Tat um.

Steinbockgeborene der Jahre: 1907, 1919, 1931, 1943, 1955, 1967, 1979, 1991, 2003, 2015

Mitgebrachte Prägung aus Ihrem Vorleben für dieses Leben: *Sie können Ihren Fähigkeiten vertrauen. Bleiben Sie diplomatisch und verlieren Sie nicht die Geduld.*

Karma: Gutes Karma
Land des letzten Lebens mit stärkster Vorprägung für hier: China
Zeit des letzten Lebens mit stärkster Vorprägung für hier: 20. Jahrhundert
Alter: So alt wurden Sie: 36
Geschlecht: Ob Sie Mann oder Frau waren, ersehen Sie aus der Liste auf Seite 77f.
Beschäftigung: Als Mann: Heiler oder eine andere beratende Tätigkeit; als Frau: Köchin oder Hauswirtschafterin
Charaktereigenschaften, die Sie hatten und für dieses Leben mitbringen:
+ Sie waren taktisch, treu und aufmerksam, zudem ein kluger Mensch und sehr mit der Natur verbunden. Weiterbildung war sehr wichtig für Sie. Auch waren Sie optimistisch und lebensbejahend sowie emotional ausgeglichen.
− Nicht immer ordentlich, depressiv, faul, dogmatisch und pessimistisch.

Empfehlungen im derzeitigen Leben: Werden Sie offener zu anderen Menschen, lernen Sie zuzuhören, passen Sie auf Ihre Gesundheit auf. Vergessen Sie folgende Weisheit nicht: Was man gesät hat, wird man sicher auch irgendwann ernten.
Schutzhinweise, gültig im letzten Leben sowie im derzeitigen Leben:

- Gesundheit: Achten Sie auf Ihre Psyche, Ihren Magen und die Galle.
- Ihre Schutzblumen sind Magnolien.
- Ihre Schutzfarbe (Bekleidung) ist blau.
- Ihre Glückszahlen sind: 2, 9, 22, 27, 40.
- Amulett: Kleiner Beutel, gefüllt mit Malachit und Löwenzahnblüten.

Temperament im derzeitigen Leben:
- Wenn Sie am 22.12., 23.12., 29.12., 06.01., 12.01., 14.01., 20.01. geboren sind, haben Sie sehr viel Temperament.
- Wenn Sie am 25.12., 26.12., 01.01., 08.01., 19.01. geboren sind, haben Sie ein mittleres Temperament.
- Wenn Sie an anderen Tagen als Steinbock geboren sind, sollten Sie temperamentvoller werden.

Lebensziel im derzeitigen Leben: Neue Welten zu entdecken, neue Ideen durchzusetzen, neue Dimensionen zu schaffen. Und natürlich, die große Liebe zu finden.

Steinbockgeborene der Jahre: 1908, 1920, 1932, 1944, 1956, 1968, 1980, 1992, 2004, 2016

Mitgebrachte Prägung aus Ihrem Vorleben für dieses Leben: *Ihnen stehen alle Türen offen, und Sie werden sehr erfolgreich sein und in allen Bereichen Ihres Lebens gut vorankommen. Sie können alle Ihre Träume verwirklichen.*

Karma: Gutes Karma
Land des letzten Lebens mit stärkster Vorprägung für hier: Serbien
Zeit des letzten Lebens mit stärkster Vorprägung für hier: 20. Jahrhundert
Alter: So alt wurden Sie: 58
Geschlecht: Ob Sie Mann oder Frau waren, ersehen Sie aus der Liste auf Seite 77f.

Steinbock 22. Dezember – 20. Januar

Beschäftigung: Als Mann: Lehrer oder Erzieher; als Frau: Autorin oder Buchhändlerin

Charaktereigenschaften, die Sie hatten und für dieses Leben mitbringen:

- \+ Sie waren intellektuell, freundlich und unabhängig. Auch waren Sie ein kluger Mensch, ehrlich und gelassen. Sie erlernten leicht Fremdsprachen und waren auch mathematisch begabt.
- – Oft pessimistisch und grob. Sie waren zu selbstkritisch, zu angespannt und konnten sich nur sehr schlecht entspannen.

Empfehlungen für das derzeitige Leben: Werden Sie freundlicher und denken Sie positiver. Vernachlässigen Sie Ihre Familie nicht, sonst bleiben Sie einsam. Seien Sie immer korrekt und geduldig und versuchen Sie, Ihr Leben zu schätzen.

Schutzhinweise, gültig im letzten Leben sowie im derzeitigen Leben:

- Gesundheit: Achten Sie auf Ihre Psyche und Ihre Knie.
- Ihre Schutzblumen sind Kleeblüten.
- Ihre Schutzfarbe (Bekleidung) ist grün.
- Ihre Glückszahlen sind: 1, 4, 8, 12, 17.
- Amulett: Kleiner Beutel, gefüllt mit Bernsteinen und Malve.

Temperament im derzeitigen Leben:

- Wenn Sie am 22.12., 23.12., 29.12., 06.01., 12.01., 14.01., 20.01. geboren sind, haben Sie sehr viel Temperament.
- Wenn Sie am 25.12., 26.12., 01.01., 08.01., 19.01. geboren sind, haben Sie ein mittleres Temperament.
- Wenn Sie an anderen Tagen als Steinbock geboren sind, sollten Sie temperamentvoller werden.

Lebensziel im derzeitigen Leben: Sich zu verbessern, den Intellekt zu steigern, eine beratende Tätigkeit aufzunehmen.

Steinbockgeborene der Jahre: 1909, 1921, 1933, 1945, 1957, 1969, 1981, 1993, 2005, 2017

Mitgebrachte Prägung aus Ihrem Vorleben für dieses Leben: *Sie werden Erfolg in allen Lebenslagen haben, allzu viel Selbstkritik ist unnötig. Damit auch das Privatleben nicht zu kurz kommt, sollten Sie Ihre Mitmenschen lieben und sich viel Zeit für sie nehmen.*

Karma: Schweres Karma
Land des letzten Lebens mit stärkster Vorprägung für hier: Tibet
Zeit des letzten Lebens mit stärkster Vorprägung für hier: 17. Jahrhundert
Alter: So alt wurden Sie: 86
Geschlecht: Ob Sie Mann oder Frau waren, ersehen Sie aus der Liste auf Seite 77f.
Beschäftigung: Als Mann: Totengräber oder Bestatter; als Frau: adelige Dame
Charaktereigenschaften, die Sie hatten und für dieses Leben mitbringen:
- \+ Sie waren klug, konnten logisch und direkt denken. Zudem graziös und originell, auch zärtlich und vertrauensvoll. Sie waren langsam, kamen aber sicher ans Ziel.
- − Oft naiv und ängstlich, ernsthaft, enttäuscht.

Empfehlungen für das derzeitige Leben: Werden Sie mutiger und setzen Sie sich ruhig höhere Ziele. Haben Sie keine Angst, Fehler zu machen! Gehen Sie auch in schweren Zeiten weiter Ihrem Ziel entgegen, leben Sie Ihre Träume aus.

Schutzhinweise, gültig im letzten Leben sowie im derzeitigen Leben:
- Gesundheit: Achten Sie auf Ihre Psyche, Gelenke und auf die Zähne.
- Ihre Schutzblumen sind Rosen.
- Ihre Schutzfarbe (Bekleidung) ist rubinrot.
- Ihre Glückszahlen sind: 4, 6, 12, 56, 58.
- Amulett: Kleiner Beutel, gefüllt mit Jaspis und Herzgespann.

Temperament im derzeitigen Leben:

- Wenn Sie am 22.12., 23.12., 29.12., 06.01., 12.01., 14.01., 20.01. geboren sind, haben Sie sehr viel Temperament.
- Wenn Sie am 25.12., 26.12., 01.01., 08.01., 19.01. geboren sind, haben Sie ein mittleres Temperament.
- Wenn Sie an anderen Tagen als Steinbock geboren sind, sollten Sie temperamentvoller werden.

Lebensziel im derzeitigen Leben: Sich zu bestätigen und tapferer zu werden. Träume nicht nur zu träumen, sondern auch zu leben und zu verwirklichen.

Steinbockgeborene der Jahre: 1910, 1922, 1934, 1946, 1958, 1970, 1982, 1994, 2006, 2018

Mitgebrachte Prägung aus Ihrem Vorleben für dieses Leben: *Ihre Freunde schätzen Ihre Zuverlässigkeit und Liebenswürdigkeit. Verlieren Sie die Realität nicht aus dem Blick.*

Karma: Positives Karma
Land des letzten Lebens mit stärkster Vorprägung für hier: Nordrussland
Zeit des letzten Lebens mit stärkster Vorprägung für hier: 19. Jahrhundert
Alter: So alt wurden Sie: 52
Geschlecht: Ob Sie Mann oder Frau waren, ersehen Sie aus der Liste auf Seite 77f.
Beschäftigung: Als Mann: Rechtsgelehrter oder Wissenschaftler; als Frau: Lehrerin oder Erzieherin
Charaktereigenschaften, die Sie hatten und für dieses Leben mitbringen:
- \+ Sie besaßen eine Anführernatur und strebten nach oben. Sie waren sympathisch, gutherzig, weise und loyal und zeichneten sich durch gute Umgangsformen aus.
- − Oft gleichgültig, kalt, pedantisch. Sie konnten sich nicht immer konzentrieren.

Empfehlungen für das derzeitige Leben: Werden Sie aktiver, verbessern Sie Ihr Gedächtnis. Machen Sie andere glücklich und seien Sie offen zu sich selbst.

Schutzhinweise, gültig im letzten Leben sowie im derzeitigen Leben:
- Gesundheit: Achten Sie auf Ihre Gelenke und Ihre Verdauung.
- Ihre Schutzblumen sind Lilien.
- Ihre Schutzfarbe (Bekleidung) ist rosa.
- Ihre Glückszahlen sind: 2, 3, 5, 18, 35.
- Amulett: Kleiner Beutel, gefüllt mit Edelsteinen und Weidenblättern.

Temperament im derzeitigen Leben:
- Wenn Sie am 22.12., 23.12., 29.12., 06.01., 12.01., 14.01., 20.01. geboren sind, haben Sie sehr viel Temperament.
- Wenn Sie am 25.12., 26.12., 01.01., 08.01., 19.01. geboren sind, haben Sie ein mittleres Temperament.
- Wenn Sie an anderen Tagen als Steinbock geboren sind, sollten Sie temperamentvoller werden.

Lebensziel im derzeitigen Leben: Sich seelisch zu entwickeln und die Gesellschaft zu führen. Versuchen Sie, Ihr Karma zu verbessern. Mit guten Taten werden Sie es schaffen.

Steinbockgeborene der Jahre: 1911, 1923, 1935, 1947, 1959, 1971, 1983, 1995, 2007, 2019

Mitgebrachte Prägung aus Ihrem Vorleben für dieses Leben: *Sie sind sehr zuverlässig und fleißig. Verlieren Sie aber nicht den Boden unter den Füßen. Lassen Sie sich von Rückschlägen nicht beeindrucken.*

Karma: Neutrales Karma
Land des letzten Lebens mit stärkster Vorprägung für hier: Krim
Zeit des letzten Lebens mit stärkster Vorprägung für hier: 15. Jahrhundert

Steinbock 22. Dezember – 20. Januar   255

Alter: So alt wurden Sie: 67

Geschlecht: Ob Sie Mann oder Frau waren, ersehen Sie aus der Liste auf Seite 77f.

Beschäftigung: Als Mann: Winzer oder Bierbrauer; als Frau: Köchin oder in einem Gasthaus tätig

Charaktereigenschaften, die Sie hatten und für dieses Leben mitbringen:

- \+ Sie waren zärtlich, fantasievoll, konnten sich gut anpassen und hatten keine Feinde. Sie waren reif, liebevoll und sparsam.
- – Neidisch, prahlerisch, geldverschwenderisch, oft pessimistisch und zurückgezogen.

Empfehlungen für das derzeitige Leben: Denken Sie daran, Geld hat noch niemand mit ins Grab genommen. Lernen Sie zu vertrauen, solche Werte sind wichtiger als alles Materielle. Versuchen Sie nicht, mit etwas anzugeben, was nicht stimmt, bleiben Sie realistisch.

Schutzhinweise, gültig im letzten Leben sowie im derzeitigen Leben:

- Gesundheit: Achten Sie auf Ihre Psyche, Ohren und Ihre Verdauung.
- Ihre Schutzblumen sind Nelken.
- Ihre Schutzfarbe (Bekleidung) ist silberfarben.
- Ihre Glückszahlen sind: 2, 4, 19, 22, 37.
- Amulett: Kleiner Beutel, gefüllt mit Bergkristallen und Thymian.

Temperament im derzeitigen Leben:

- Wenn Sie am 22.12., 23.12., 29.12., 06.01., 12.01., 14.01., 20.01. geboren sind, haben Sie sehr viel Temperament
- Wenn Sie am 25.12., 26.12., 01.01., 08.01., 19.01. geboren sind, haben Sie ein mittleres Temperament
- Wenn Sie an anderen Tagen als Steinbock geboren sind, sollten Sie temperamentvoller werden.

Lebensziel im derzeitigen Leben: Ihr materielles Leben stabil zu halten, aber nicht zu vergessen, dass es auch andere schöne Dinge im

Leben gibt. Eine Beziehung aufzubauen, nach der Sie sich schon immer gesehnt haben.

Steinbockgeborene der Jahre: 1912, 1924, 1936, 1948, 1960, 1972, 1984, 1996, 2008, 2020

Mitgebrachte Prägung aus Ihrem Vorleben für dieses Leben: *Alle Ihre Ziele lassen sich umsetzen. Sie sind genial und haben viel Charme, können sich aber oft nicht konzentrieren. Lernen Sie auch das.*

Karma: Neutrales Karma
Land des letzten Lebens mit stärkster Vorprägung für hier: USA
Zeit des letzten Lebens mit stärkster Vorprägung für hier: 19. Jahrhundert
Alter: So alt wurden Sie: 63
Geschlecht: Ob Sie Mann oder Frau waren, ersehen Sie aus der Liste auf Seite 77f.
Beschäftigung: Als Mann: Einsiedler, Handwerker; als Frau: Frisörin oder eine andere kreative Tätigkeit
Charaktereigenschaften, die Sie hatten und für dieses Leben mitbringen:
+ Sie waren pünktlich, schnell, liebenswert, loyal und offen zu den Menschen, auch hilfsbereit und fröhlich. Sie konnten gut rechnen.
− Nicht immer offen zu sich selbst und ängstlich. Sie tratschten zu viel. Oft nervös und nicht immer ausgeglichen, pessimistisch und ohne ausreichenden Glauben an Ihre Kraft.

Empfehlungen für das derzeitige Leben: Versuchen Sie, Geheimnisse von anderen nicht auszuplaudern, sondern für sich zu behalten. Auch eine schlechte Erfahrung kann gut sein, lernen Sie daraus! Tragen Sie gelbe Bekleidung. Seien Sie nicht kleinlich.

Schutzhinweise, gültig im letzten Leben sowie im derzeitigen Leben:

- Gesundheit: Achten Sie auf Ihre Psyche, Ihre Haut und Ihren Magen.
- Ihre Schutzblumen sind Gladiolen.
- Ihre Schutzfarbe (Bekleidung) ist gelb.
- Ihre Glückszahlen sind: 2, 5, 15, 25, 33.
- Amulett: Kleiner Beutel, gefüllt mit Opal und Quecken.

Temperament im derzeitigen Leben:
- Wenn Sie am 22.12., 23.12., 29.12., 06.01., 12.01., 14.01., 20.01. geboren sind, haben Sie sehr viel Temperament.
- Wenn Sie am 25.12., 26.12., 01.01., 08.01., 19.01. geboren sind, haben Sie ein mittleres Temperament.
- Wenn Sie an anderen Tagen als Steinbock geboren sind, sollten Sie temperamentvoller werden.

Lebensziel im derzeitigen Leben: Wendiger, agiler zu werden. Alles, was Sie planen, auch zu erreichen. Seien Sie weniger durcheinander, handeln Sie strukturierter und gezielter.

Wassermann 21. Januar – 19. Februar

Sie sollen Verantwortung übernehmen, führen und siegen. Ihr Leben ist nicht immer leicht, aber Sie sollen durch diese schweren Zeiten hindurch, ohne aufzugeben. Lernen Sie, auch in schweren Zeiten zu kommunizieren. Achten Sie auf Ihre Beziehung, geben Sie dem Partner das Gefühl, geliebt zu werden, nicht nur freundschaftlich, sondern auch sexuell. Es beruht alles auf Gegenseitigkeit.

Länder, in denen Sie schon gelebt haben:
Australien
Bulgarien
Chile
Deutschland
Finnland

Herzegowina
Irak
Iran
Island
Kuwait
Malta
Neuseeland
Österreich
Rumänien
Schweiz
Südrussland
Tibet

Wassermanngeborene der Jahre: 1901, 1913, 1925, 1937, 1949, 1961, 1973, 1985, 1997, 2009

Mitgebrachte Prägung aus Ihrem Vorleben für dieses Leben: *Ihre taktische Veranlagung ist von Nutzen, um alle auftretenden Schwierigkeiten zu überwinden und für Ihre Persönlichkeitsentwicklung nutzbar zu machen. Konzentrieren Sie sich auf diese und bleiben Sie ruhig und gelassen.*

Karma: Neutrales Karma
Land des letzten Lebens mit stärkster Vorprägung für hier: Tibet
Zeit des letzten Lebens mit stärkster Vorprägung für hier: 14. Jahrhundert
Alter: So alt wurden Sie: 75
Geschlecht: Ob Sie Mann oder Frau waren, ersehen Sie aus der Liste auf Seite 77f.
Beschäftigung: Als Mann: Schreiber oder Dichter; als Frau: Kräuterfrau, Wahrsagerin und Traumdeuterin
Charaktereigenschaften, die Sie hatten und für dieses Leben mitbringen:

+ Sie fanden Ihr Leben nicht immer schön, aber es gab immer eine Lösung für Ihre Probleme. Sie waren tolerant, freundlich, graziös, pflegten leicht Kontakte, waren sehr impulsiv und gesprächig, außerdem konnten Sie andere begeistern.
− Unpünktlich, oft einsam und pessimistisch. Sie dachten, dass das Leben anderer schöner wäre, waren oft neidisch und konnten keine Geheimnisse für sich behalten.

Empfehlungen für das derzeitige Leben: Erreichen Sie Ihre Ziele. Achten Sie aber darauf, ein Ziel nach dem anderen anzugehen und nicht alle zusammen. Üben Sie, geduldiger zu sein und schätzen Sie das, was Sie haben. Nehmen Sie sich mehr Zeit für sich und Ihre Freunde. Seien Sie nicht wählerisch.

Schutzhinweise, gültig im letzten Leben sowie im derzeitigen Leben:
- Gesundheit: Achten Sie auf Kopfschmerzen, Kreislauf und Herz.
- Ihre Schutzblumen sind Mohnblumen.
- Ihre Schutzfarbe (Bekleidung) ist weiß.
- Ihre Glückszahlen sind: 1, 2, 9, 44, 56.
- Amulett: Kleiner Beutel, gefüllt mit Smaragden und Melisse.

Temperament im derzeitigen Leben:
- Wenn Sie am 21.01., 24.01., 28.01., 12.02., 14.02., 17.02., 19.02. geboren sind, haben Sie sehr viel Temperament.
- Wenn Sie am 22.01., 23.01., 26.01., 01.02., 08.02., 18.02. geboren sind, haben Sie ein mittleres Temperament.
- Wenn Sie an anderen Tagen als Wassermann geboren sind, sollten Sie temperamentvoller werden.

Lebensziel im derzeitigen Leben: Sie sollen Ihr Privatleben im Griff behalten. Überlegen Sie nicht zu viel, machen Sie größere Schritte. Finden Sie Ihre Vorlieben heraus und werden Sie glücklich.

Wassermanngeborene der Jahre: 1902, 1914, 1926, 1938, 1950, 1962, 1974, 1986, 1998, 2010

Mitgebrachte Prägung aus Ihrem Vorleben für dieses Leben: *Nutzen Sie Ihre natürliche Autorität, um sich überall durchzusetzen. Beharren Sie nicht nur auf Ihrer Meinung, sondern zeigen Sie sich nachgiebig und gelassen.*

Karma: Neutrales bis gutes Karma
Land des letzten Lebens mit stärkster Vorprägung für hier: Chile
Zeit des letzten Lebens mit stärkster Vorprägung für hier: 17. Jahrhundert
Alter: So alt wurden Sie: 78
Geschlecht: Ob Sie Mann oder Frau waren, ersehen Sie aus der Liste auf Seite 77f.
Beschäftigung: Als Mann: Soldat oder Sportler; als Frau: Schneiderin
Charaktereigenschaften, die Sie hatten und für dieses Leben mitbringen:
- \+ Sie waren intellektuell, haben sich viel weitergebildet, waren gerecht, humorvoll, freundlich und familienbezogen. Sie schenkten Ihr Vertrauen jedem Menschen. Auch waren Sie mutig und liebten die Welt.
- – Sie dachten, das Leben anderer sei schöner als das Ihre. Da hatten Sie völlig recht, denn Sie waren sehr oft stur und dickköpfig, zu kritisch und konnten sich nicht fallen lassen. Oft waren Sie einsam und hatten Launen.

Empfehlungen für das derzeitige Leben: Nehmen Sie sich mehr Zeit nur für sich. Behaupten Sie nichts, was Sie nicht wissen oder nicht genau kennen. Streiten Sie nichts ab, nur weil Sie sich noch nie damit beschäftigt haben. Schreiben Sie öfter Ihren Freunden. Gehen Sie immer bergauf, und wenn Sie zurückschauen, dann nur auf das, was Sie schon geschafft haben. Essen Sie keine Süßigkeiten.
Schutzhinweise, gültig im letzten Leben sowie im derzeitigen Leben:
- Gesundheit: Achten Sie auf Ihren Kopf, Kreislauf und besonders auf die Haut.
- Ihre Schutzblumen sind Nelken.

- Ihre Schutzfarbe (Bekleidung) ist grün.
- Ihre Glückszahlen sind: 6, 8, 9, 59, 77.
- Amulett: Kleiner Beutel, gefüllt mit Onyx und Löwenzahnblüten.

Temperament im derzeitigen Leben:
- Wenn Sie am 21.01., 24.01., 28.01., 12.02., 14.02., 17.02., 19.02. geboren sind, haben Sie sehr viel Temperament.
- Wenn Sie am 22.01., 23.01., 26.01., 01.02., 08.02., 18.02. geboren sind, haben Sie ein mittleres Temperament.
- Wenn Sie an anderen Tagen als Wassermann geboren sind, sollten Sie temperamentvoller werden.

Lebensziel im derzeitigen Leben: Ihr privates Leben ist Ihr Ziel. Sie sollen sich selbst finden und sich mehr auf seelische Schätze konzentrieren. Vergessen Sie alles Materielle. Werden Sie rein im Herzen. Helfen Sie Menschen.

Wassermanngeborene der Jahre: 1903, 1915, 1927, 1939, 1951, 1963, 1975, 1987, 1999, 2011

Mitgebrachte Prägung aus Ihrem Vorleben für dieses Leben: *Ihr Leben verläuft manchmal anders, als Sie es sich wünschen. Konzentrieren Sie sich mehr auf Ihre Mitmenschen und kümmern Sie sich um Ihre Familie.*

Karma: Neutrales Karma
Land des letzten Lebens mit stärkster Vorprägung für hier: Neuseeland
Zeit des letzten Lebens mit stärkster Vorprägung für hier: 19. Jahrhundert
Alter: So alt wurden Sie: 43
Geschlecht: Ob Sie Mann oder Frau waren, ersehen Sie aus der Liste auf Seite 77f.
Beschäftigung: Als Mann: Richter, Gerichtsmitarbeiter; als Frau: Ärztin oder Krankenschwester

Charaktereigenschaften, die Sie hatten und für dieses Leben mitbringen:
- + Sie hatten ein gutes Gedächtnis, waren humorvoll und lustig und konnten andere mitreißen. Sie hatten immer Interesse an einer Weiterbildung. Sie suchten stets das Neue, gingen den Dingen auf den Grund.
- − Sie waren manchmal unbeweglich und konnten die Welt oft nicht mehr verstehen.

Empfehlungen für das derzeitige Leben: Nehmen Sie sich mehr Zeit für Ihre Familie. Lassen Sie Freunde an sich heran. Versuchen Sie, etwas Neues zu lernen. Setzen Sie sich neue Ziele, dann werden Sie schnell zum Erfolg kommen. Erfüllung wartet auf Sie. Verlangen Sie von Ihren Mitmenschen nicht zu viel.

Schutzhinweise, gültig im letzten Leben sowie im derzeitigen Leben:
- Gesundheit: Achten Sie auf Ihren Kopf, den Kreislauf, Ihre Waden und Nase.
- Ihre Schutzblumen sind Lilien.
- Ihre Schutzfarbe (Bekleidung) ist hellblau.
- Ihre Glückszahlen sind: 1, 8, 10, 32, 66.
- Amulett: Kleiner Beutel, gefüllt mit Bernsteinen und Malven.

Temperament im derzeitigen Leben:
- Wenn Sie am 21.01., 24.01., 28.01., 12.02., 14.02., 17.02., 19.02. geboren sind, haben Sie sehr viel Temperament.
- Wenn Sie am 22.01., 23.01., 26.01., 01.02., 08.02., 18.02. geboren sind, haben Sie ein mittleres Temperament.
- Wenn Sie an anderen Tagen als Wassermann geboren sind, sollten Sie temperamentvoller werden.

Lebensziel im derzeitigen Leben: Ihr Privatleben und Ihr Berufsleben gut kombinieren zu können. Freuen Sie sich auch auf Kleinigkeiten. Lieben Sie Ihnen nahestehende Menschen mehr. Lernen Sie, mit jeder Situation gut umzugehen.

Wassermanngeborene der Jahre: 1904, 1916, 1928, 1940, 1952, 1964, 1976, 1988, 2000, 2012

Mitgebrachte Prägung aus Ihrem Vorleben für dieses Leben: *Sie sind stark und vielseitig interessiert. Mit Ihrer Fantasie können Sie alles im Leben erreichen. Geben Sie sich so, wie Sie sind.*

Karma: Sehr gutes Karma
Land des letzten Lebens mit stärkster Vorprägung für hier: Australien
Zeit des letzten Lebens mit stärkster Vorprägung für hier: 18. Jahrhundert
Alter: So alt wurden Sie: 29
Geschlecht: Ob Sie Mann oder Frau waren, ersehen Sie aus der Liste auf Seite 77f.
Beschäftigung: Als Mann: Koch oder Butler; als Frau: Köchin oder Haushälterin
Charaktereigenschaften, die Sie hatten und für dieses Leben mitbringen:
+ Sie waren gesellig, humorvoll und neugierig und hatten einen goldenen Charakter. Sie kamen mit allen und mit allem klar. Sie waren akkurat, ehrlich, gutmütig, man konnte auf Sie zählen.
− Es gab Tage, an denen Sie nervös waren, und wenn es zu einer Auseinandersetzung kam, konnten Sie nicht als Erster aufhören. Sie waren sehr kritisch und obendrein chaotisch.

Empfehlungen für das derzeitige Leben: Lernen Sie, dass das Wort »genug« auch aus Ihrem Mund kommen kann. Man sollte in die Zukunft schauen und nicht nur in der Vergangenheit leben. Machen Sie eine Weiterbildung, besuchen Sie spirituelle Kurse, beschäftigen Sie sich mit etwas, das Ihnen viel Spaß machen würde. Versuchen Sie, die Verantwortung zu übernehmen, und versuchen Sie sich als Anführer.
Schutzhinweise, gültig im letzten Leben sowie im derzeitigen Leben:

- Gesundheit: Achten Sie auf Ihre Psyche, Ihre Venen und Ihr Gewicht.
- Ihre Schutzblumen sind Rosen.
- Ihre Schutzfarbe (Bekleidung) ist lila.
- Ihre Glückszahlen sind: 4, 5, 9, 22, 37.
- Amulett: Kleiner Beutel, gefüllt mit Amazoniten und Pfefferminze.

Temperament im derzeitigen Leben:
- Wenn Sie am 21.01., 24.01., 28.01., 12.02., 14.02., 17.02., 19.02. geboren sind, haben Sie sehr viel Temperament.
- Wenn Sie am 22.01., 23.01., 26.01., 01.02., 08.02., 18.02. geboren sind, haben Sie ein mittleres Temperament.
- Wenn Sie an anderen Tagen als Wassermann geboren sind, sollten Sie temperamentvoller werden.

Lebensziel im derzeitigen Leben: Die Gesellschaft. Geben Sie den Menschen, die Sie respektieren, mehr, entdecken Sie etwas Neues, damit auch Ihre Nachkommen Ihren Namen nicht vergessen.

Wassermanngeborene der Jahre: 1905, 1917, 1929, 1941, 1953, 1965, 1977, 1989, 2001, 2013

Mitgebrachte Prägung aus Ihrem Vorleben für dieses Leben: *Sie machen intuitiv alles richtig, um erfolgreich zu sein. Ihr charmantes Wesen hilft Ihnen dabei, aus Schwierigkeiten gestärkt hervorzugehen.*

Karma: Mittelgutes bis gutes Karma
Land des letzten Lebens mit stärkster Vorprägung für hier: Deutschland
Zeit des letzten Lebens mit stärkster Vorprägung für hier: 19. Jahrhundert
Alter: So alt wurden Sie: 40
Geschlecht: Ob Sie Mann oder Frau waren, ersehen Sie aus der Liste auf Seite 77f.

Wassermann 21. Januar – 19. Februar

Beschäftigung: Als Mann: Psychoanalytiker, Mediziner; als Frau: Hebamme

Charaktereigenschaften, die Sie hatten und für dieses Leben mitbringen:

+ Sie waren individuell, intellektuell und klug, auch optimistisch und Sie schauten mutig in die Zukunft. Sie waren treu, zu großen Opfern bereit und hatten einen guten Charakter. Sie konnten sich überall wie zu Hause fühlen.
- Mangelnde Selbstkritik, Sturheit und kommunikative Probleme. Sie waren oft kalt zu Ihren Mitmenschen.

Empfehlungen für das derzeitige Leben: Kritisieren Sie nicht zu viel. Reisen Sie mehr im Sommer. Versuchen Sie, sich auch sexuell auszuleben. Seien Sie weniger risikofreudig.

Schutzhinweise, gültig im letzten Leben sowie im derzeitigen Leben:

- Gesundheit: Achten Sie auf Ihren Kopf, Ihren Kreislauf und auf das Herz. Essen Sie weniger Salz.
- Ihre Schutzblumen sind Astern.
- Ihre Schutzfarbe (Bekleidung) ist gelb.
- Ihre Glückszahlen sind: 3, 9, 18, 25, 45.
- Amulett: Kleiner Beutel, gefüllt mit Korallen und Rosenblättern.

Temperament im derzeitigen Leben:

- Wenn Sie am 21.01., 24.01., 28.01., 12.02., 14.02., 17.02., 19.02. geboren sind, haben Sie sehr viel Temperament.
- Wenn Sie am 22.01., 23.01., 26.01., 01.02., 08.02., 18.02. geboren sind, haben Sie ein mittleres Temperament.
- Wenn Sie an anderen Tagen als Wassermann geboren sind, sollten Sie temperamentvoller werden.

Lebensziel im derzeitigen Leben: Alle Ihre Ziele, die Sie sich selbst stecken, zu verwirklichen und andere Menschen glücklich zu machen.

Wassermanngeborene der Jahre: 1906, 1918, 1930, 1942, 1954, 1966, 1978, 1990, 2002, 2014

Mitgebrachte Prägung aus Ihrem Vorleben für dieses Leben: *Sie sind ein guter Redner, sollten aber lernen, auch einmal zuzuhören. Wenn Ihr Glück kommt, sollten Sie es mit beiden Händen ergreifen und nie mehr loslassen.*

Karma: Schweres Karma
Land des letzten Lebens mit stärkster Vorprägung für hier: Südrussland
Zeit des letzten Lebens mit stärkster Vorprägung für hier: 20. Jahrhundert
Alter: So alt wurden Sie: 61
Geschlecht: Ob Sie Mann oder Frau waren, ersehen Sie aus der Liste auf Seite 77f.
Beschäftigung: Als Mann: Pilot, Forscher; als Frau: Köchin oder Kellnerin
Charaktereigenschaften, die Sie hatten und für dieses Leben mitbringen:
  + Sie waren intellektuell, humorvoll, freundlich und mutig. Sie hatten ein gutes Selbstwertgefühl und konnten auch andere Menschen schätzen. Wenn Sie etwas planten, unternahmen Sie alles, um das Ziel zu erreichen. Sie waren romantisch, offen und hatten gute Umgangsformen.
  − Zu launisch, zu impulsiv, hin und wieder zu risikofreudig. Sehr oft unzuverlässig und kaltherzig.

Empfehlungen für das derzeitige Leben: Machtgier ist das, was Menschen nicht akzeptieren, denken Sie daran! Achten Sie auf Ihre Gesundheit und schonen Sie Ihre Energie. Lieben Sie das Leben und das Leben wird Sie lieben. Seien Sie nicht kleinlich, lernen Sie zu warten.
Schutzhinweise, gültig im letzten Leben sowie im derzeitigen Leben:

Wassermann 21. Januar – 19. Februar

- Gesundheit: Achten Sie auf Ihren Darm, Magen und die Nerven.
- Ihre Schutzblumen sind Lilien, auch Rosen.
- Ihre Schutzfarbe (Bekleidung) ist rot.
- Ihre Glückszahlen sind: 1, 2, 7, 42, 50.
- Amulett: Kleiner Beutel, gefüllt mit Rhodonit und Lilienblüten.

Temperament im derzeitigen Leben:
- Wenn Sie am 21.01., 24.01., 28.01., 12.02., 14.02., 17.02., 19.02. geboren sind, haben Sie sehr viel Temperament.
- Wenn Sie am 22.01., 23.01., 26.01., 01.02., 08.02., 18.02. geboren sind, haben Sie ein mittleres Temperament.
- Wenn Sie an anderen Tagen als Wassermann geboren sind, sollten Sie temperamentvoller werden.

Lebensziel im derzeitigen Leben: Ihr eigenes Leben ist Ihr Ziel. Meistern Sie es. Gehen Sie immer nur bergauf!

Wassermanngeborene der Jahre: 1907, 1919, 1931, 1943, 1955, 1967, 1979, 1991, 2003, 2015

Mitgebrachte Prägung aus Ihrem Vorleben für dieses Leben: *Sie können sich auf Ihre Fähigkeiten verlassen. Mit Geduld, Bescheidenheit und Diplomatie werden Sie weit kommen.*

Karma: Schweres Karma
Land des letzten Lebens mit stärkster Vorprägung für hier: Rumänien
Zeit des letzten Lebens mit stärkster Vorprägung für hier: 17. Jahrhundert
Alter: So alt wurden Sie: 41
Geschlecht: Ob Sie Mann oder Frau waren, ersehen Sie aus der Liste auf Seite 77f.
Beschäftigung: Als Mann: Soldat; als Frau: Sterndeuterin

Charaktereigenschaften, die Sie hatten und für dieses Leben mitbringen:
- \+ Sie waren leidenschaftlich, radikal, freundlich und vital und hatten ein gutes Herz. Sie konnten alles organisieren, waren offen und sehr sympathisch.
- − Ab und zu waren Sie zu stolz, um Ihre Fehler zuzugeben, auch streitbar und kompromisslos. Durch große Kommunikationsprobleme waren Sie oft einsam.

Empfehlungen für das derzeitige Leben: Das Wichtigste ist nicht Geld, sondern das, wofür Sie es verwenden. Tun Sie für die Menschheit etwas Positives. Schauen Sie seltener zurück und streben Sie eindeutiger Ihrem Ziel zu. Vermeiden Sie aggressives Verhalten und beschenken Sie Ihre Familie öfter. Kleine Geschenke machen immer Freude.

Schutzhinweise, gültig im letzten Leben sowie im derzeitigen Leben:
- Gesundheit: Achten Sie auf ihren Darm und auf die Psyche.
- Ihre Schutzblumen sind Salbeiblüten.
- Ihre Schutzfarbe (Bekleidung) ist rot.
- Ihre Glückszahlen sind: 17, 18, 22, 30, 40.
- Amulett: Kleiner Beutel, gefüllt mit Diospid und Hopfen.

Temperament im derzeitigen Leben:
- Wenn Sie am 21.01., 24.01., 28.01., 12.02., 14.02., 17.02., 19.02. geboren sind, haben Sie sehr viel Temperament.
- Wenn Sie am 22.01., 23.01., 26.01., 01.02., 08.02., 18.02. geboren sind, haben Sie ein mittleres Temperament.
- Wenn Sie an anderen Tagen als Wassermann geboren sind, sollten Sie temperamentvoller werden.

Lebensziel im derzeitigen Leben: Das Wichtigste für Sie ist zu lernen, andere Menschen zu verstehen und zu unterstützen. Verbessern Sie damit Ihr Karma.

Wassermanngeborene der Jahre: 1908, 1920, 1932, 1944, 1956, 1968, 1980, 1992, 2004, 2016

Mitgebrachte Prägung aus Ihrem Vorleben für dieses Leben: *Ihre Beweglichkeit führt Sie zu vielen Erfolgen. Sie können alle Ihre Träume verwirklichen. Ihr Geschick öffnet Ihnen alle Türen.*

Karma: Gutes Karma
Land des letzten Lebens mit stärkster Vorprägung für hier: Schweiz
Zeit des letzten Lebens mit stärkster Vorprägung für hier: 16. Jahrhundert
Alter: So alt wurden Sie: 37
Geschlecht: Ob Sie Mann oder Frau waren, ersehen Sie aus der Liste auf Seite 77f.
Beschäftigung: Als Mann: Psychiater oder Helfer; als Frau: Nonne oder Einsiedlerin
Charaktereigenschaften, die Sie hatten und für dieses Leben mitbringen:

- + Sie waren tolerant, optimistisch, zuversichtlich und neugierig. Sie konnten andere leicht begeistern und waren abenteuerlustig. Sie konnten sich gut konzentrieren, waren sensibel und konnten andere Menschen gut verstehen.
- − Oft despotisch, nervös, kompromisslos und impulsiv, auch zynisch und süchtig nach einigen Genussmitteln.

Empfehlungen für das derzeitige Leben: Werden Sie sympathischer für Ihre Umgebung, und das Leben wird Sie ausreichend dafür belohnen. Vertrauen Sie Ihrer Umgebung, öffnen Sie sich. Wenn Sie einen Weg gewählt haben, gehen Sie ihn mit erhobenem Haupt und bleiben Sie auf diesem Weg. Versuchen Sie zuzuhören, andere zu unterstützen und zu verstehen.
Schutzhinweise, gültig im letzten Leben sowie im derzeitigen Leben:

- Gesundheit: Achten Sie auf Ihren Kopf, Rücken und Gelenke.
- Ihre Schutzblumen sind Nelken.
- Ihre Schutzfarbe (Bekleidung) ist blau.

- Ihre Glückszahlen sind: 5,15, 27, 48, 50.
- Amulett: Kleiner Beutel, gefüllt mit Rhodonit und Basilikumblättern.

Temperament im derzeitigen Leben:
- Wenn Sie am 21.01., 24.01., 28.01., 12.02., 14.02., 17.02., 19.02. geboren sind, haben Sie sehr viel Temperament
- Wenn Sie am 22.01., 23.01., 26.01., 01.02., 08.02., 18.02. geboren sind, haben Sie ein mittleres Temperament
- Wenn Sie an anderen Tagen als Wassermann geboren sind, sollten Sie temperamentvoller werden.

Lebensziel im derzeitigen Leben: Die Gesellschaft ist Ihr Ziel. Stellen Sie Menschen zufrieden, finden Sie Ihre goldene Mitte und Harmonie, dann werden auch Sie glücklich.

Wassermanngeborene der Jahre: 1909, 1921, 1933, 1945, 1957, 1969, 1981, 1993, 2005, 2017

Mitgebrachte Prägung aus Ihrem Vorleben für dieses Leben: *Sie sind erfolgsverwöhnt in vielen Bereichen. Glauben Sie an sich, und Sie werden alles erreichen. Nehmen Sie sich viel Zeit für Ihr Privatleben.*

Karma: Neutrales Karma
Land des letzten Lebens mit stärkster Vorprägung für hier: Österreich
Zeit des letzten Lebens mit stärkster Vorprägung für hier: 17. Jahrhundert
Alter: So alt wurden Sie: 86
Geschlecht: Ob Sie Mann oder Frau waren, ersehen Sie aus der Liste auf Seite 77f.
Beschäftigung: Als Mann: Alchemist oder Magier; als Frau: Erzählerin oder Erzieherin
Charaktereigenschaften, die Sie hatten und für dieses Leben mitbringen:

+ Sie waren willig, charmant, freundlich, geheimnisvoll und anziehend. Sie hatten eine leidenschaftliche Natur, waren sexuell sehr aktiv, zudem attraktiv und klug.
− Oft selbstbezogen, geizig in Geldangelegenheiten und etwas stur. Oft masochistisch und chaotisch.

Empfehlungen für das derzeitige Leben: Werden Sie nicht zu vorsichtig, ansonsten verpassen Sie alles Schöne in Ihrem Leben. Achten Sie auf Ihre Gesundheit. Lassen Sie Ihre Freunde auf Sie zählen. Handeln Sie schneller, warten Sie nicht zu lange ab.

Schutzhinweise, gültig im letzten Leben sowie im derzeitigen Leben:
- Gesundheit: Achten Sie auf Ihren Rücken, die Gelenke, die Verdauung und die Haut.
- Ihre Schutzblumen sind Veilchen.
- Ihre Schutzfarbe (Bekleidung) ist gelb.
- Ihre Glückszahlen sind: 9, 19, 29, 41, 44.
- Amulett: Kleiner Beutel, gefüllt mit Jaspis und Baldrianwurzeln.

Temperament im derzeitigen Leben:
- Wenn Sie am 21.01., 24.01., 28.01., 12.02., 14.02., 17.02., 19.02. geboren sind, haben Sie sehr viel Temperament.
- Wenn Sie am 22.01., 23.01., 26.01., 01.02., 08.02., 18.02. geboren sind, haben Sie ein mittleres Temperament.
- Wenn Sie an anderen Tagen als Wassermann geboren sind, sollten Sie temperamentvoller werden.

Lebensziel im derzeitigen Leben: Sie selbst sind Ihr Ziel. Ihr Karma zu verbessern und gute Qualitäten zu erhalten ist Ihr Ziel in diesem Leben; auch offener zu werden und Freunde schätzen zu lernen.

Wassermanngeborene der Jahre: 1910, 1922, 1934, 1946, 1958, 1970, 1982, 1994, 2006, 2018

Mitgebrachte Prägung aus Ihrem Vorleben für dieses Leben: *Sie sind liebenswürdig zu zuverlässig. Von Ihren Freunden werden Sie geschätzt. Verlieren Sie allerdings die Realität nicht aus dem Blick.*

Karma: Schweres Karma

Land des letzten Lebens mit stärkster Vorprägung für hier: Herzegowina

Zeit des letzten Lebens mit stärkster Vorprägung für hier: 16. Jahrhundert

Alter: So alt wurden Sie: 72

Geschlecht: Ob Sie Mann oder Frau waren, ersehen Sie aus der Liste auf Seite 77f.

Beschäftigung: Als Mann: Redner; als Frau: Naturmedizinerin

Charaktereigenschaften, die Sie hatten und für dieses Leben mitbringen:

+ Sie waren sympathisch und impulsiv. Sie hatten sehr gute und schnelle Reaktionen, einen gutmütigen Charakter und konnten gut mit Menschen umgehen. Außerdem waren Sie sexy, anziehend und klug.
− Sie waren widersprüchlich und machten aus einer Mücke einen Elefanten. Ihr Stolz war in vielen Lebenslagen oft unpassend. Sie waren nicht teamfähig und oft einsam.

Empfehlungen für das derzeitige Leben: Überlegen Sie, bevor Sie etwas sagen. Schwindeln und lügen Sie nicht, denken Sie nicht nur mit Ihrem Kopf, sondern hören Sie mehr auf Ihre Intuition. Bilden Sie sich immer weiter und lesen Sie viel.

Schutzhinweise, gültig im letzten Leben sowie im derzeitigen Leben:

- Gesundheit: Achten Sie auf Ihren Rücken, die Gelenke und das Immunsystem.
- Ihre Schutzblumen sind Astern.
- Ihre Schutzfarbe (Bekleidung) ist rosa.
- Ihre Glückszahlen sind: 3, 5, 7, 9, 12, 50.
- Amulett: Kleiner Beutel, gefüllt mit Feueropal und Weide.

Temperament im derzeitigen Leben:

- Wenn Sie am 21.01., 24.01., 28.01., 12.02., 14.02., 17.02., 19.02. geboren sind, haben Sie sehr viel Temperament.

Wassermann 21. Januar – 19. Februar

- Wenn Sie am 22.01., 23.01., 26.01., 01.02., 08.02., 18.02. geboren sind, haben Sie ein mittleres Temperament.
- Wenn Sie an anderen Tagen als Wassermann geboren sind, sollten Sie temperamentvoller werden.

Lebensziel im derzeitigen Leben: Ihre Karriere zu befördern, denn das Arbeitsleben ist Ihr erstes Ziel. Ziehen Sie Ihre Kraft und Befriedigung aus der Arbeit.

Wassermanngeborene der Jahre: 1911, 1923, 1935, 1947, 1959, 1971, 1983, 1995, 2007, 2019

Mitgebrachte Prägung aus Ihrem Vorleben für dieses Leben: *Sie sind ein zuverlässiger, fleißiger Mensch. Bleiben Sie aber immer realistisch. Von Rückschlägen sollten Sie sich nicht beeindrucken lassen.*

Karma: Gutes Karma
Land des letzten Lebens mit stärkster Vorprägung für hier: Irak
Zeit des letzten Lebens mit stärkster Vorprägung für hier: 19. Jahrhundert
Alter: So alt wurden Sie: 29
Geschlecht: Ob Sie Mann oder Frau waren, ersehen Sie aus der Liste auf Seite 77f.
Beschäftigung: Als Mann: Handwerker; als Frau: Diebin oder Verarmte
Charaktereigenschaften, die Sie hatten und für dieses Leben mitbringen:

+ Sie waren natürlich, neugierig, ehrgeizig, auch sehr originell und liebten es, wenn Sie im Mittelpunkt des Geschehens standen. Sie konnten gut denken, planen und sich gut überall anpassen.
− Widersprüchlich, kleinlich und zu vorsichtig. Sie konnten aus einer winzigen Kleinigkeit ein Problem machen.

Empfehlungen für das derzeitige Leben: Seien Sie ehrlich zu allen und zu sich selbst, trinken Sie keinen Alkohol und hören Sie auf zu jammern.

Schutzhinweise, gültig im letzten Leben sowie im derzeitigen Leben:
- Gesundheit: Achten Sie auf Ihren Rücken, Ihre Nerven und Venen.
- Ihre Schutzblumen sind Jasmin und Nelken.
- Ihre Schutzfarbe (Bekleidung) ist rosa.
- Ihre Glückszahlen sind: 7, 25, 84, 92, 99.
- Amulett: Kleiner Beutel, gefüllt mit Granaten und Arnika.

Temperament im derzeitigen Leben:
- Wenn Sie am 21.01., 24.01., 28.01., 12.02., 14.02., 17.02., 19.02. geboren sind, haben Sie sehr viel Temperament.
- Wenn Sie am 22.01., 23.01., 26.01., 01.02., 08.02., 18.02. geboren sind, haben Sie ein mittleres Temperament.
- Wenn Sie an anderen Tagen als Wassermann geboren sind, sollten Sie temperamentvoller werden.

Lebensziel im derzeitigen Leben: Zu lernen, die Verantwortung zu übernehmen, die Massen zu führen und den Menschen zuzuhören.

Wassermanngeborene der Jahre: 1912, 1924, 1936, 1948, 1960, 1972, 1984, 1996, 2008, 2020

Mitgebrachte Prägung aus Ihrem Vorleben für dieses Leben: *Sie können alle Ihre Ziele realisieren. Sie sind außergewöhnlich und charmant. Lernen Sie aber, sich besser auf eine Sache zu konzentrieren.*

Karma: Gutes Karma
Land des letzten Lebens mit stärkster Vorprägung für hier: Iran
Zeit des letzten Lebens mit stärkster Vorprägung für hier: 18. Jahrhundert
Alter: So alt wurden Sie: 52
Geschlecht: Ob Sie Mann oder Frau waren, ersehen Sie aus der Liste auf Seite 77f.
Beschäftigung: Als Mann: Religionslehrer/Mullah; als Frau: Hausdame

Wassermann 21. Januar – 19. Februar

Charaktereigenschaften, die Sie hatten und für dieses Leben mitbringen:
- \+ Sie waren edelmütig, diplomatisch, gefühlvoll, auch tolerant. Ihr Horizont war sehr weit. Sie erreichten alles, was Sie geplant hatten. Sie bildeten sich auch immer weiter. Sie waren sehr spirituell.
- − Oft launisch und chaotisch. Sie konnten sich nicht konzentrieren und auch nicht entspannen.

Empfehlungen für das derzeitige Leben: Die Führung einer Gruppe zu übernehmen, um Menschen neue Richtungen und Wege zu zeigen. Die Gesellschaft ist Ihr Ziel Nummer eins. Alkohol schadet Ihnen.

Schutzhinweise, gültig im letzten Leben sowie im derzeitigen Leben:
- Gesundheit: Achten Sie auf die Nerven, Waden und das Immunsystem.
- Ihre Schutzblumen sind Jasminblüten.
- Ihre Schutzfarbe (Bekleidung) ist schwarz.
- Ihre Glückszahlen sind: 4, 5, 7, 9, 19.
- Amulett: Kleiner Beutel, gefüllt mit Rosenquarz und Johanniskraut.

Temperament im derzeitigen Leben:
- Wenn Sie am 21.01., 24.01., 28.01., 12.02., 14.02., 17.02., 19.02. geboren sind, haben Sie sehr viel Temperament.
- Wenn Sie am 22.01., 23.01., 26.01., 01.02., 08.02., 18.02. geboren sind, haben Sie ein mittleres Temperament.
- Wenn Sie an anderen Tagen als Wassermann geboren sind, sollten Sie temperamentvoller werden.

Lebensziel im derzeitigen Leben: Menschen vom rechten Weg zu überzeugen. Führung zu übernehmen. Sie sind ein Siegertyp! Glauben Sie an sich.

Fische 20. Februar – 20. März

Versuchen Sie, Glück und Geborgenheit zu erlangen, realistischer zu werden und sich nicht mehr zu opfern. Versuchen Sie, geheimnisvoll zu bleiben, auch für sich selbst. Ihnen werden alle Wünsche erfüllt. Versuchen Sie, mutiger zu werden und weniger hektisch zu leben. Lernen Sie zuzuhören.

Länder, in denen Sie schon gelebt haben:
Arabien (Arabische Emirate)
Bhutan
Brasilien
Fidschi
Hawaii
Indonesien
Iran
Kaukasus (Russland)
Kolumbien
Namibia
Portugal
Russland
Spanien
Syrien
Tahiti
Ungarn
Uruguay

Fischegeborene der Jahre: 1901, 1913, 1925, 1937, 1949, 1961, 1973, 1985, 1997, 2009

Mitgebrachte Prägung aus Ihrem Vorleben für dieses Leben: *Ihr taktisches Talent hilft Ihnen, auftretende Probleme zu überwinden und für Ihr Weiterkommen zu nutzen. Verlieren Sie nicht die Geduld, und konzentrieren Sie sich ganz auf Ihre persönliche Entwicklung.*

Fische 20. Februar – 20. März

Karma: Schweres Karma
Land des letzten Lebens mit stärkster Vorprägung für hier: Spanien
Zeit des letzten Lebens mit stärkster Vorprägung für hier: 15. Jahrhundert
Alter: So alt wurden Sie: 32
Geschlecht: Ob Sie Mann oder Frau waren, ersehen Sie aus der Liste auf Seite 77f.
Beschäftigung: Als Mann: Theosoph oder Geistlicher; als Frau: Sklavin oder Unterdrückte
Charaktereigenschaften, die Sie hatten und für dieses Leben mitbringen:

- \+ Sie waren klug, extravagant, gut erzogen und analytisch, auch realistisch und ehrgeizig. Sie waren kompetent, willensstark und beherrscht.
- – Oft zurückhaltend, kühl, abwartend, passiv und schlampig. Sie fraßen Ärger in sich hinein, denn Sie hatten eine ausgeprägte Opfernatur.

Empfehlungen für das derzeitige Leben: Werden Sie offener, robuster, zuverlässiger. Seien Sie weniger pedantisch, dann wird alles klappen. Bauen Sie Ihren Geiz ab, gönnen Sie sich mehr Ruhe.
Schutzhinweise, gültig im letzten Leben sowie im derzeitigen Leben:

- Gesundheit: Achten Sie auf Ihre Psyche, Ihre Beine und Füße.
- Ihre Schutzblumen sind Tulpen.
- Ihre Schutzfarbe (Bekleidung) ist lila.
- Ihre Glückszahlen sind: 1, 4, 11, 18, 22.
- Amulett: Kleiner Beutel, gefüllt mit Topas und Kleeblättern.

Temperament im derzeitigen Leben:

- Wenn Sie am 25.02., 29.02., 10.03., 12.03., 14.03., 20.03. geboren sind, haben Sie sehr viel Temperament.
- Wenn Sie am 24.02., 26.02., 27.02., 01.03., 08.03., 19.03. geboren sind, haben Sie ein mittleres Temperament.
- Wenn Sie an anderen Tagen als Fisch geboren sind, sollten Sie temperamentvoller werden.

Lebensziel im derzeitigen Leben: In Einklang mit der Umwelt zu kommen. Finden Sie Ihr Glück im Privaten. Fühlen Sie, was andere fühlen. Lernen Sie zu verstehen, dass es im Leben auch Misserfolge gibt.

Fischegeborene der Jahre: 1902, 1914, 1926, 1938, 1950, 1962, 1974, 1986, 1998, 2010

Mitgebrachte Prägung aus Ihrem Vorleben für dieses Leben: *Dank Ihrer natürlichen Autorität können Sie sich überall durchsetzen. Beharren Sie nicht stur auf Ihrer Meinung, sondern zeigen Sie sich nachgiebig und besonnen.*

Karma: Schweres Karma
Land des letzten Lebens mit stärkster Vorprägung für hier: Brasilien
Zeit des letzten Lebens mit stärkster Vorprägung für hier: 16. Jahrhundert
Alter: So alt wurden Sie: 50
Geschlecht: Ob Sie Mann oder Frau waren, ersehen Sie aus der Liste auf Seite 77f.
Beschäftigung: Als Mann: Mystiker, Hypnotiseur; als Frau: Heilerin, Kräuterfrau
Charaktereigenschaften, die Sie hatten und für dieses Leben mitbringen:
+ Sie waren klug, originell, robust, intellektuell, auch ehrgeizig und romantisch. Sie hatten einen guten, ausgewogenen Charakter und kamen mit allen Menschen zurecht.
− Oft zurückhaltend, zäh und unzuverlässig. Sie zweifelten oft und waren einsam.

Empfehlungen für das derzeitige Leben: Werden Sie pünktlicher, fördern Sie Ihre Gesundheit, werden Sie aber nicht hypochondrisch. Denken Sie nach, was Sie besser machen können. Wägen Sie Ihre positiven und negativen Seiten ab. Lernen Sie, rechtzeitig das Wort »nein« zu gebrauchen, auch wenn Sie helfen.

Schutzhinweise, gültig im letzten Leben sowie im derzeitigen Leben:
- Gesundheit: Achten Sie auf Ihren Magen und Darm und steigern Sie Ihre Abwehrkräfte.
- Ihre Schutzblumen sind Nelken.
- Ihre Schutzfarbe (Bekleidung) ist weiß.
- Ihre Glückszahlen sind: 2, 8, 16, 28, 31.
- Amulett: Kleiner Beutel, gefüllt mit Bernsteinen und Johanniskraut.

Temperament im derzeitigen Leben:
- Wenn Sie am 25.02., 29.02., 10.03., 12.03., 14.03., 20.03. geboren sind, haben Sie sehr viel Temperament.
- Wenn Sie am 24.02., 26.02., 27.02., 01.03., 08.03., 19.03. geboren sind, haben Sie ein mittleres Temperament.
- Wenn Sie an anderen Tagen als Fisch geboren sind, sollten Sie temperamentvoller werden.

Lebensziel im derzeitigen Leben: Gleichgültigkeit abzubauen, liebenswerter und offener zu werden, die Menschen in schwierigen Lebenslagen zu beraten.

Fischegeborene der Jahre: 1903, 1915, 1927, 1939, 1951, 1963, 1975, 1987, 1999, 2011

Mitgebrachte Prägung aus Ihrem Vorleben für dieses Leben: *Manches in Ihrem Leben verläuft nicht so, wie Sie es sich wünschen. Kümmern Sie sich mehr um Ihre Mitmenschen und um Ihre Familie.*

Karma: Schweres Karma
Land des letzten Lebens mit stärkster Vorprägung für hier: Kolumbien
Zeit des letzten Lebens mit stärkster Vorprägung für hier: 18. Jahrhundert
Alter: So alt wurden Sie: 51
Geschlecht: Ob Sie Mann oder Frau waren, ersehen Sie aus der Liste auf Seite 77f.

Beschäftigung: Als Mann: Bauer, Parapsychologe; als Frau: Adelige oder reiche Frau

Charaktereigenschaften, die Sie hatten und für dieses Leben mitbringen:
- \+ Sie waren selbstbewusst, imponierend, ehrgeizig und zuverlässig, auch ehrlich und prinzipientreu. Sie hatten einen guten Charakter und waren sehr individualistisch.
- − Stur, dickköpfig, kleinlich und asexuell. Anderen gegenüber auch kaltherzig und eingebildet.

Empfehlungen für das derzeitige Leben: Werden Sie einfacher, denken Sie nicht zu kompliziert. Lernen Sie zuzuhören, dann kommen viele Menschen zu Ihnen und fragen Sie um Rat. So werden Sie beliebt. Machen Sie nicht nur das, was Sie selbst für richtig halten, machen Sie auch das, was andere von Ihnen erwarten. Lieben Sie Ihren Partner und Ihre Familienangehörigen. Vertrauen Sie Ihrem Partner mehr.

Schutzhinweise, gültig im letzten Leben sowie im derzeitigen Leben:
- Gesundheit: Achten Sie auf Ihre Psyche, Ihre Gelenke und Ihre Nieren.
- Ihre Schutzblumen sind Flieder.
- Ihre Schutzfarbe (Bekleidung) ist gelb.
- Ihre Glückszahlen sind: 2, 9, 17, 22, 37.
- Amulett: Kleiner Beutel, gefüllt mit Granaten und Holunderblättern.

Temperament im derzeitigen Leben:
- Wenn Sie am 25.02., 29.02., 10.03., 12.03., 14.03., 20.03. geboren sind, haben Sie sehr viel Temperament.
- Wenn Sie am 24.02., 26.02., 27.02., 01.03., 08.03., 19.03. geboren sind, haben Sie ein mittleres Temperament.
- Wenn Sie an anderen Tagen als Fisch geboren sind, sollten Sie temperamentvoller werden.

Lebensziel im derzeitigen Leben: Das eigene Leben einwandfrei zu leben, anderen zu helfen und Egoismus abzubauen.

Fische 20. Februar – 20. März

Fischgeborene der Jahre: 1904, 1916, 1928, 1940, 1952, 1964, 1976, 1988, 2000, 2012

Mitgebrachte Prägung aus Ihrem Vorleben für dieses Leben: *Mit Ihrer Energie können Sie sich selbst übertreffen! Sie sind fantasiebegabt und können damit viel erreichen. Seien Sie so, wie Sie sind.*

Karma: Schweres Karma
Land des letzten Lebens mit stärkster Vorprägung für hier: Arabien (Arabische Emirate)
Zeit des letzten Lebens mit stärkster Vorprägung für hier: 17. Jahrhundert
Alter: So alt wurden Sie: 72
Geschlecht: Ob Sie Mann oder Frau waren, ersehen Sie aus der Liste auf Seite 77f.
Beschäftigung: Als Mann: Mitarbeiter eines Gerichts oder Richter; als Frau: Küchenhilfe oder Köchin
Charaktereigenschaften, die Sie hatten und für dieses Leben mitbringen:
- + Sie waren sehr loyal, ehrgeizig und berufsbezogen. Zudem humorvoll, immer durchdacht, fleißig, zielstrebig und individuell.
- – Sie waren oft geizig und zu sehr geldbezogen, bemerkten und beachteten die wirklichen Schätze des Lebens nicht. Sie waren karrieresüchtig, projektverbissen und von der Realität abgelenkt.

Empfehlungen für das derzeitige Leben: Werden Sie selbstkritisch – ab und zu sind auch Sie im Unrecht. Geben Sie es zu, und das Leben wird einfacher. Denken Sie bei Geschäften nicht zu lange nach, handeln Sie. Sehen Sie in vielem weniger das Problem, sondern die Lösung. Bleiben Sie individuell.
Schutzhinweise, gültig im letzten Leben sowie im derzeitigen Leben:

- Gesundheit: Achten Sie auf Magen, Darm und Psyche.
- Ihre Schutzblumen sind Veilchen.
- Ihre Schutzfarbe (Bekleidung) ist blau.
- Ihre Glückszahlen sind: 3, 4, 7, 14, 26.
- Amulett: Kleiner Beutel, gefüllt mit Onyx und Baldrian.

Temperament im derzeitigen Leben:
- Wenn Sie am 25.02., 29.02., 10.03., 12.03., 14.03., 20.03. geboren sind, haben Sie sehr viel Temperament.
- Wenn Sie am 24.02., 26.02., 27.02., 01.03., 08.03., 19.03. geboren sind, haben Sie ein mittleres Temperament.
- Wenn Sie an anderen Tagen als Fisch geboren sind, sollten Sie temperamentvoller werden.

Lebensziel im derzeitigen Leben: Zu lernen, dass die Liebe die größte Kraft ist und dass alles andere auf der Welt zweitrangig ist. Lernen Sie deshalb zu lieben. Alles andere ergibt sich von allein.

Fischegeborene der Jahre: 1905, 1917, 1929, 1941, 1953, 1965, 1977, 1989, 2001, 2013

Mitgebrachte Prägung aus Ihrem Vorleben für dieses Leben: *Vertrauen Sie Ihrer Intuition, dann werden Sie im Leben viel erreichen. Ihr Charme räumt viele Schwierigkeiten aus dem Weg.*

Karma: Neutrales Karma
Land des letzten Lebens mit stärkster Vorprägung für hier: Iran
Zeit des letzten Lebens mit stärkster Vorprägung für hier: 19. Jahrhundert
Alter: So alt wurden Sie: 44
Geschlecht: Ob Sie Mann oder Frau waren, ersehen Sie aus der Liste auf Seite 77f.
Beschäftigung: Als Mann: Händler; als Frau: Haushälterin, Hexe
Charaktereigenschaften, die Sie hatten und für dieses Leben mitbringen:

+ Sie waren selbstbewusst, intellektuell, offen, initiativ, gerecht und zurückhaltend, konnten sich aber gut durchsetzen. Auch hatten Sie Sinn für Romantik und versuchten, die Umwelt zu verbessern.
− Sie waren oft überfordert, denn Sie belasteten sich selbst mit unnötigen Plänen. Ihre Komplexe verhinderten viel Gutes. Auch waren Sie unpraktisch und jähzornig, wenn etwas nicht Ihrer Vorstellung entsprach. Sie neigten zu Geschwätzigkeit.

Empfehlungen für das derzeitige Leben: Werden Sie offener zu sich selbst. Bauen Sie Komplexe ab und fangen Sie an, sich und Ihre Sexualität auszuleben. Lernen Sie andere Kulturen kennen und versuchen Sie, Fremdsprachen zu erlernen. Verteidigen Sie Ihre Ziele. Lernen Sie neue Menschen kennen.

Schutzhinweise, gültig im letzten Leben sowie im derzeitigen Leben:

- Gesundheit: Achten Sie auf Ihre Psyche und auf chronische Leiden.
- Ihre Schutzblumen sind Rosen.
- Ihre Schutzfarbe (Bekleidung) ist rot.
- Ihre Glückszahlen sind: 7, 13, 16, 23, 33.
- Amulett: Kleiner Beutel, gefüllt mit Achaten und Hopfenzapfen.

Temperament im derzeitigen Leben:

- Wenn Sie am 25.02., 29.02., 10.03., 12.03., 14.03., 20.03. geboren sind, haben Sie sehr viel Temperament.
- Wenn Sie am 24.02., 26.02., 27.02., 01.03., 08.03., 19.03. geboren sind, haben Sie ein mittleres Temperament.
- Wenn Sie an anderen Tagen als Fisch geboren sind, sollten Sie temperamentvoller werden.

Lebensziel im derzeitigen Leben: Zu lernen, sich selbst zu verstehen und sich zu öffnen, damit Sie nicht einsam werden. Lernen Sie, an sich zu glauben, und Sie kommen weiter. Das Privatleben und Ihr Beruf sind beides gemeinsam Ihre Ziele in diesem Leben.

Fischegeborene der Jahre: 1906, 1918, 1930, 1942, 1954, 1966, 1978, 1990, 2002, 2014

Mitgebrachte Prägung aus Ihrem Vorleben für dieses Leben: *Gut reden können allein reicht nicht, man sollte auch zuhören können. Lassen Sie Ihr Glück nicht an Ihnen vorübergehen.*

Karma: Schweres Karma
Land des letzten Lebens mit stärkster Vorprägung für hier: Portugal
Zeit des letzten Lebens mit stärkster Vorprägung für hier: 19. Jahrhundert
Alter: So alt wurden Sie: 71
Geschlecht: Ob Sie Mann oder Frau waren, ersehen Sie aus der Liste auf Seite 77f.
Beschäftigung: Als Mann: Pädagoge; als Frau: Lehrerin oder Erzieherin
Charaktereigenschaften, die Sie hatten und für dieses Leben mitbringen:
- \+ Sie waren klug und taktisch geschickt, auch prinzipientreu, gerecht, kompetent und beherrscht. Man konnte immer auf Sie zählen.
- – Zu oft misstrauisch, was Sie manchmal ausbremste. Ihre Kompromisslosigkeit und Ihre Dickköpfigkeit wirkten sich buchstäblich schädigend für Sie aus.

Empfehlungen für das derzeitige Leben: Werden Sie offener und nehmen Sie angebotene Hilfe an. Fressen Sie Ärger nicht in sich hinein, lassen Sie alles heraus, ohne andere Menschen zu verletzen. Lernen Sie, Gutes von Schlechtem zu unterscheiden. Bleiben Sie immer gelassen, auch wenn Ihnen nicht danach ist.

Schutzhinweise, gültig im letzten Leben sowie im derzeitigen Leben:
- ■ Gesundheit: Achten Sie auf Ihren Magen, den Darm und das Immunsystem.
- ■ Ihre Schutzblumen sind Orchideen.

Fische 20. Februar – 20. März

- Ihre Schutzfarbe (Bekleidung) ist grün.
- Ihre Glückszahlen sind: 1, 9, 45, 48, 56.
- Amulett: Kleiner Beutel, gefüllt mit Perlen und Weißdorn.

Temperament im derzeitigen Leben:
- Wenn Sie am 25.02., 29.02., 10.03., 12.03., 14.03., 20.03. geboren sind, haben Sie sehr viel Temperament.
- Wenn Sie am 24.02., 26.02., 27.02., 01.03., 08.03., 19.03. geboren sind, haben Sie ein mittleres Temperament.
- Wenn Sie an anderen Tagen als Fisch geboren sind, sollten Sie temperamentvoller werden.

Lebensziel im derzeitigen Leben: Zu lernen, sich selbst zu verstehen und sich zu öffnen. Suchen Sie Ihre eigene Perfektion, und wenn Sie sie gefunden haben, stecken Sie sich tapfer weitere Ziele. Ihre eigene seelische Entwicklung ist Ihr Ziel.

Fischegeborene der Jahre: 1907, 1919, 1931, 1943, 1955, 1967, 1979, 1991, 2003, 2015

Mitgebrachte Prägung aus Ihrem Vorleben für dieses Lebens: *Vertrauen Sie immer auf Ihr Können. Bleiben Sie immer geduldig, bescheiden und diplomatisch in Ihrem Leben.*

Karma: Schweres Karma
Land des letzten Lebens mit stärkster Vorprägung für hier: Hawaii
Zeit des letzten Lebens mit stärkster Vorprägung für hier: 17. Jahrhundert
Alter: So alt wurden Sie: 103
Geschlecht: Ob Sie Mann oder Frau waren, ersehen Sie aus der Liste auf Seite 77f.
Beschäftigung: Als Mann: Plantagenarbeiter oder Voodoopriester; als Frau: Arbeiterin oder Voodoopriesterin
Charaktereigenschaften, die Sie hatten und für dieses Leben mitbringen:

- + Sie waren klug, spirituell und befanden sich stets im Einklang mit der Natur. Sie hatten eine blühende Fantasie und verließen sich auf Ihre Intuition. Sie hatten einen ausgewogenen Charakter und meisterten das Leben mit großen Erfolgen. Sie verfügten über einen ausgezeichneten Geschmack.
- − Oft kleinlich und übermäßig sparsam. Ihre Gesprächspartner hatten oft Probleme mit Ihnen, weil Sie sie nicht verstehen konnten. Sie wurden oft ohne Grund nervös und konnten nicht vertrauen. Auch waren Sie impulsiv und weinten zu oft.

Empfehlungen für das derzeitige Leben: Werden Sie offener und nehmen Sie angebotene Hilfe an. Hören Sie auf, zu selbstkritisch zu sein, denken Sie positiv. Finden Sie Ihre Ruhe und versuchen Sie, sich zu entspannen. Die Welt ist nicht perfekt und wird es nie sein. Versuchen Sie, Ihre Gedanken, Worte und Taten zu kontrollieren, so kommen Sie immer voran.

Schutzhinweise, gültig im letzten Leben sowie im derzeitigen Leben:
- Gesundheit: Achten Sie auf Ihren Magen und auf Ihre Psyche.
- Ihre Schutzblumen sind Narzissen.
- Ihre Schutzfarbe (Bekleidung) ist rot.
- Ihre Glückszahlen sind: 3, 9, 19, 24, 43.
- Amulett: Kleiner Beutel, gefüllt mit Bergkristallen und Kleeblättern.

Temperament im derzeitigen Leben:
- Wenn Sie am 25.02., 29.02., 10.03., 12.03., 14.03., 20.03. geboren sind, haben Sie sehr viel Temperament.
- Wenn Sie am 24.02., 26.02., 27.02., 01.03., 08.03., 19.03. geboren sind, haben Sie ein mittleres Temperament.
- Wenn Sie an anderen Tagen als Fisch geboren sind, sollten Sie temperamentvoller werden.

Lebensziel im derzeitigen Leben: Zu lernen, sich selbst zu verstehen und zu öffnen. Ihr Ziel ist die Gesellschaft. Sie sollten die Gesellschaft seelisch beeinflussen. Übernehmen Sie die gerechte Führung.

Fischegeborene der Jahre: 1908, 1920, 1932, 1944, 1956, 1968, 1980, 1992, 2004, 2016

Mitgebrachte Prägung aus Ihrem Vorleben für dieses Leben: *Ihre Flexibilität und Offenheit macht Sie erfolgreich in allen Bereichen Ihres Lebens. Sie können alle Ihre Träume verwirklichen.*

Karma: Schweres Karma
Land des letzten Lebens mit stärkster Vorprägung für hier: Tahiti
Zeit des letzten Lebens mit stärkster Vorprägung für hier: 19. Jahrhundert
Alter: So alt wurden Sie: 76
Geschlecht: Ob Sie Mann oder Frau waren, ersehen Sie aus der Liste auf Seite 77f.
Beschäftigung: Als Mann: Lehrer; als Frau: Verwalterin
Charaktereigenschaften, die Sie hatten und für dieses Leben mitbringen:
+ Sie waren klug, sparsam und vorausschauend. Sie verstanden es, gut zu leben, verfügten über eine gute Intuition und waren auch sehr spirituell und außerdem sehr humorvoll.
− Psychisch instabil, apathisch, einsam und passiv. Sie waren oft pessimistisch und machten aus einer Mücke einen Elefanten.

Empfehlungen für das derzeitige Leben: Werden Sie nicht hypochondrisch, zeigen Sie Initiative und schonen Sie Ihre Psyche. Vergessen Sie alles Negative in Ihrem Leben, denken Sie positiv und erinnern Sie sich nur an die schönsten Momente Ihres Daseins. Lernen Sie zu verzeihen. Seien Sie ehrlich zu allen Menschen.
Schutzhinweise, gültig im letzten Leben sowie im derzeitigen Leben:
- Gesundheit: Achten Sie auf Ihre Psyche, Darm und Nieren.
- Ihre Schutzblumen sind Rosen.
- Ihre Schutzfarbe (Bekleidung) ist schwarz.
- Ihre Glückszahlen sind: 3, 6, 9, 19, 33.
- Amulett: Kleiner Beutel, gefüllt mit Korallen und Kamille.

Temperament im derzeitigen Leben:
- Wenn Sie am 25.02., 29.02., 10.03., 12.03., 14.03., 20.03. geboren sind, haben Sie sehr viel Temperament.
- Wenn Sie am 24.02., 26.02., 27.02., 01.03., 08.03., 19.03. geboren sind, haben Sie ein mittleres Temperament.
- Wenn Sie an anderen Tagen als Fisch geboren sind, sollten Sie temperamentvoller werden.

Lebensziel im derzeitigen Leben: Sich selbst im Leben zu finden und verzeihen zu lernen. Konzentrieren Sie sich auf Ihr Berufsleben.

Fischegeborene der Jahre: 1909, 1921, 1933, 1945, 1957, 1969, 1981, 1993, 2005, 2017

Mitgebrachte Prägung aus Ihrem Vorleben für dieses Leben: *Alle Zeichen in Ihrem Leben stehen auf Erfolg. Sie können alles erreichen. Damit auch das Privatleben nicht zu kurz kommt, sollten Sie Ihre Mitmenschen lieben und sich genug Zeit für sie nehmen.*

Karma: Schweres Karma
Land des letzten Lebens mit stärkster Vorprägung für hier: Uruguay
Zeit des letzten Lebens mit stärkster Vorprägung für hier: 14. Jahrhundert
Alter: So alt wurden Sie: 60
Geschlecht: Ob Sie Mann oder Frau waren, ersehen Sie aus der Liste auf Seite 77f.
Beschäftigung: Als Mann: Arbeiter; als Frau: Arbeiterin
Charaktereigenschaften, die Sie hatten und für dieses Leben mitbringen:
+ Sie waren optimistisch, intelligent, intellektuell, mathematisch begabt und suchten nach Perfektion. Auch waren Sie sexuell anziehend, erotisch, empfindsam und geheimnisvoll. Durch die optimistische Einstellung waren Sie ein Vorbild für Ihre Mitmenschen, die Ihre Lehren gerne annahmen.

– Oft neidisch und geizig. Auch waren Sie oft unpünktlich und verspäteten sich immer wieder. Ihr Selbstwertgefühl war sehr schwankend, denn Sie wussten nicht immer, was Sie wollten.

Empfehlungen für das derzeitige Leben: Werden Sie gelassener und ruhiger. Versuchen Sie, mit anderen Menschen zusammenzuarbeiten, ohne dass Sie sich über sie stellen. Sehen und planen Sie mehr in die Zukunft und denken Sie weniger an die gute alte Zeit. Gewinnen Sie die Gunst der Menschen, indem Sie zuhören und nicht nur selbst erzählen.

Schutzhinweise, gültig im letzten Leben sowie im derzeitigen Leben:

- Gesundheit: Achten Sie auf Ihren Magen und Darm sowie Ihre Psyche und Leber.
- Ihre Schutzblumen sind Astern.
- Ihre Schutzfarbe (Bekleidung) ist rosa.
- Ihre Glückszahlen sind: 2, 4, 8, 14, 21.
- Amulett: Kleiner Beutel, gefüllt mit Mondstein und Lindenblüten.

Temperament im derzeitigen Leben:

- Wenn Sie am 25.02., 29.02., 10.03., 12.03., 14.03., 20.03. geboren sind, haben Sie sehr viel Temperament.
- Wenn Sie am 24.02., 26.02., 27.02., 01.03., 08.03., 19.03. geboren sind, haben Sie ein mittleres Temperament.
- Wenn Sie an anderen Tagen als Fisch geboren sind, sollten Sie temperamentvoller werden.

Lebensziel im derzeitigen Leben: Mutiger und führungsstärker im Berufsleben zu werden. Ihre berufliche Selbstständigkeit und Ihr Geschick sind sehr wichtig für Sie.

Fischegeborene der Jahre: 1910, 1922, 1934, 1946, 1958, 1970, 1982, 1994, 2006, 2018

Mitgebrachte Prägung aus Ihrem Vorleben für dieses Leben: *Ihre Gesellschaft wird allgemein geschätzt. Ebenso Ihre Zuverlässigkeit. Versuchen Sie allerdings, realistisch zu bleiben.*

Karma: Schweres Karma
Land des letzten Lebens mit stärkster Vorprägung für hier: Ungarn
Zeit des letzten Lebens mit stärkster Vorprägung für hier: 19. Jahrhundert
Alter: So alt wurden Sie: 67
Geschlecht: Ob Sie Mann oder Frau waren, ersehen Sie aus der Liste auf Seite 77f.
Beschäftigung: Als Mann: Wachmann oder Polizist; als Frau: für die Kirche tätig, evtl. Nonne
Charaktereigenschaften, die Sie hatten und für dieses Leben mitbringen:
- \+ Sie waren intelligent, intellektuell, optimistisch, fröhlich und treu. Sie waren eine sehr zärtliche, leidenschaftliche Person und suchten stets nach Liebe.
- – Sie waren oft hilflos, irritiert und wussten nicht, wie es weitergehen sollte. Sie hatten große Schwierigkeiten sich durchzusetzen, denn meistens hielten Sie sich zurück, ohne den Mund aufzumachen.

Empfehlungen für das derzeitige Leben: Werden Sie offenherziger, lieben Sie Ihre Mitmenschen mehr, versuchen Sie, sich nicht alles so zu Herzen zu nehmen. Nehmen Sie Hilfe an, bauen Sie Ihren Stolz ab. Mit Hilfe anderer ist das Leben leichter.
Schutzhinweise, gültig im letzten Leben sowie im derzeitigen Leben:
- Gesundheit: Achten Sie auf Ihren Magen und Ihre Psyche.
- Ihre Schutzblumen sind Magnolien.
- Ihre Schutzfarbe (Bekleidung) ist weiß.
- Ihre Glückszahlen sind: 7, 8, 29, 31, 40.
- Amulett: Kleiner Beutel, gefüllt mit Bernsteinen und Schlüsselblumen.

Temperament im derzeitigen Leben:
- Wenn Sie am 25.02., 29.02., 10.03., 12.03., 14.03., 20.03. geboren sind, haben Sie sehr viel Temperament.
- Wenn Sie am 24.02., 26.02., 27.02., 01.03., 08.03., 19.03. geboren sind, haben Sie ein mittleres Temperament.
- Wenn Sie an anderen Tagen als Fisch geboren sind, sollten Sie temperamentvoller werden.

Lebensziel im derzeitigen Leben: Ihre Professionalität zu beweisen und im Berufsleben nach oben zu kommen. Lernen Sie, gerecht zu sein.

Fischegeborene der Jahre: 1911, 1923, 1935, 1947, 1959, 1971, 1983, 1995, 2007, 2019

Mitgebrachte Prägung aus Ihrem Vorleben für dieses Leben: *Sie sind immer aktiv und am Planen. Verlieren Sie aber nicht den Boden unter den Füßen. Lassen Sie sich nicht von Rückschlägen aus dem Konzept bringen.*

Karma: Schweres Karma
Land des letzten Lebens mit stärkster Vorprägung für hier: Russland
Zeit des letzten Lebens mit stärkster Vorprägung für hier: 17. Jahrhundert
Alter: So alt wurden Sie: 89
Geschlecht: Ob Sie Mann oder Frau waren, ersehen Sie aus der Liste auf Seite 77f.
Beschäftigung: Als Mann: Pädagoge, Wissenschaftler; als Frau: Hausfrau, Künstlerin
Charaktereigenschaften, die Sie hatten und für dieses Leben mitbringen:
- \+ Sie waren intelligent, leidenschaftlich, klug und genial. Sie hatten viel Fantasie und träumten sehr gerne von einer schöneren Zukunft.
- – Oft leichtsinnig, launisch, passiv. Sie zweifelten an sich selbst.

Empfehlungen für das derzeitige Leben: Werden Sie geduldiger, vergessen Sie nicht, dass man das, was man sät, irgendwann ernten wird. Tun Sie nur Gutes. Setzen Sie sich durch und meistern Sie alle Schwierigkeiten.

Schutzhinweise, gültig im letzten Leben sowie im derzeitigen Leben:
- Gesundheit: Achten Sie auf Ihre Psyche, Ihre Muskulatur, Ihre Augen.
- Ihre Schutzblumen sind Studentenblumen.
- Ihre Schutzfarbe (Bekleidung) ist violett.
- Ihre Glückszahlen sind: 4, 6, 8, 17, 33.
- Amulett: Kleiner Beutel, gefüllt mit Bernsteinen und Weidenblättern.

Temperament im derzeitigen Leben:
- Wenn Sie am 25.02., 29.02., 10.03., 12.03., 14.03., 20.03. geboren sind, haben Sie sehr viel Temperament.
- Wenn Sie am 24.02., 26.02., 27.02., 01.03., 08.03., 19.03. geboren sind, haben Sie ein mittleres Temperament.
- Wenn Sie an anderen Tagen als Fisch geboren sind, sollten Sie temperamentvoller werden.

Lebensziel im derzeitigen Leben: Ihr eigenes Leben. Ihr Kampf, den Sie erleben. Ihr Sieg, den Sie erreichen.

Fischegeborene der Jahre: 1912, 1924, 1936, 1948, 1960, 1972, 1984, 1996, 2008, 2020

Mitgebrachte Prägung aus Ihrem Vorleben für dieses Leben: *Alles, was Sie planen, lässt sich in die Tat umsetzen. Sie sind genial und charmant. Versuchen Sie aber, sich besser zu konzentrieren.*

Karma: Schweres Karma
Land des letzten Lebens mit stärkster Vorprägung für hier: Kaukasus (Russland)

Fische 20. Februar – 20. März

Zeit des letzten Lebens mit stärkster Vorprägung für hier: 18. Jahrhundert

Alter: So alt wurden Sie: 68

Geschlecht: Ob Sie Mann oder Frau waren, ersehen Sie aus der Liste auf Seite 77f.

Beschäftigung: Als Mann: Senator oder Richter; als Frau: kreative Arbeiterin

Charaktereigenschaften, die Sie hatten und für dieses Leben mitbringen:

- \+ Sie waren leidenschaftlich, schnell im Denken und hatten einen guten Charakter. Auch waren Sie ausgewogen, robust und zuverlässig.
- – Oft leichtsinnig, ängstlich und depressiv, hatten Sie auch Ängste ohne Grund. Sie passten sich zu schnell anderen Meinungen an, ordneten sich zu leicht unter und verloren dabei Ihre Individualität.

Empfehlungen für das derzeitige Leben: Prüfen Sie alles nach und handeln Sie nach Ihrem Bauchgefühl. Versuchen Sie, ausgeglichen zu bleiben, und achten Sie auf Ihr körperliches Wohlbefinden. Helfen Sie anderen Menschen, wenn diese nicht mehr weiterkommen. Sie werden dafür reichlich belohnt.

Schutzhinweise, gültig im letzten Leben sowie im derzeitigen Leben:

- Gesundheit: Achten Sie auf Ihren Magen, Ihre Psyche und Muskulatur.
- Ihre Schutzblumen sind Lilien.
- Ihre Schutzfarbe (Bekleidung) ist rot.
- Ihre Glückszahlen sind: 2, 4, 9, 22, 43.
- Amulett: Kleiner Beutel, gefüllt mit Opal und Malven.

Temperament im derzeitigen Leben:

- Wenn Sie am 25.02., 29.02., 10.03., 12.03., 14.03., 20.03. geboren sind, haben Sie sehr viel Temperament.
- Wenn Sie am 24.02., 26.02., 27.02., 01.03., 08.03., 19.03. geboren sind, haben Sie ein mittleres Temperament.

- Wenn Sie an anderen Tagen als Fisch geboren sind, sollten Sie temperamentvoller werden.

Lebensziel im derzeitigen Leben: Ihr Karma durch gute Taten zu bewältigen. Eine goldene Mitte in allem zu suchen, was sich um Sie herum abspielt. Versuchen Sie, in Harmonie zu bleiben und achten Sie darauf, mit den richtigen Partnern umzugehen.

Nachwort

Wer kennt sie nicht, die Verzweiflung, die uns in schwierigen Situationen das Leben grauenvoll und schlimm erscheinen lässt? Und immer sind es die gleichen Fragen, die uns quälen: Was soll ich tun? Wie soll ich entscheiden? Was muss ich berücksichtigen? Wer gibt mir die richtigen Antworten?

Oft lauten die Antworten von Freunden oder Bekannten dann: Vielleicht hast du ein schlechtes Karma oder wer weiß, für was du jetzt büßen musst. Doch lassen Sie sich nichts erzählen, glauben Sie nichts Schlechtes, sondern versuchen Sie, anhand dieses Buches selbst herauszufinden, wo Ihre Stärken und Schwächen liegen. Denn kein Mensch auf dieser Welt hat ein dermaßen schlechtes Karma, als dass er für immer und ewig leiden müsste. Lernen Sie, sich und Ihre Umwelt zu verstehen und Ihr Leben selbst ins Positive zu verändern.

Dieses Buch habe ich für Sie geschrieben, profitieren Sie von meiner Erfahrung, denn Sie selbst sind es, der sein Leben in der Hand hat und es auch selbst verändern kann. Glück ist kein Zufall, sondern das Ergebnis richtigen Handelns. Das Buch hilft Ihnen und Ihren Mitmenschen, sich selbst zu entdecken, Ihre Talente und Ziele zu entwickeln und Ihre Sorgen zu beseitigen. Karma, das Schlüsselwort zu allem Geschehen, ist eine Lehre, die Ihnen helfen kann, gesünder, wohlhabender und glücklicher zu leben.

Mir ist bewusst, dass dieses Buch nicht alle auftretenden Fragen beantworten kann. Sollten Sie Interesse an Seminaren oder persönlicher Beratung haben, können Sie sich gern mit mir in Verbindung setzen.

Informationen finden Sie unter: www.vadimtschenze.ch

Literatur

Bücher des Autors
»Russisch-tibetische Honigmassage«, Videel 2001
»Das geheime Wissen – Einführung in die Welt der Esoterik«, Silberschnur 2006
»Orientalisches Wahrsagen – Kaffeesatzlesen«, Silberschnur 2007
»Karma-Orakel – der Mensch und die karmischen Gesetze«, Urania 2007
»Geheimnisse der Liebesmagie«, Silberschnur 2008
»Übersinnliche Phänomene«, Silberschnur 2008
»Das alte russische Wissen«, Silberschnur 2009
»Die russische Kräuterheilkunde«, Aquamarin 2012
»Geheimnisse der Edelsteine«, Neuzeit 2013
»Vadims Methode«, Goldmann 2014
»Die Aura und die Haut«, zusammen mit Katarina Michel, Aquamarin 2015
»Vetucha-Heilung – Die russische Magiemethode zur Selbstheilung«, Goldmann 2016

Geführte Meditationen auf CD
»Goldene Mitte: Verändere Dein Leben – Meditation zur Blockadenlösung bei karmischen Ursachen«

»Heilende Gebete für Liebe, Wohlbefinden, Geld und
Blockadenlösung«
»Wasser aufladen: Heilende Töne für die Seele zum Wasseraufladen
und für mehr Lebensqualität«

Seminare auf DVD
»Kartenlegen einfach gelernt, Seminar für Anfänger und
Fortgeschrittene mit Vadim Tschenze – Basiskurs«
»Kartenlegen einfach gelernt, Seminar für Fortgeschrittene
mit Vadim Tschenze – Aufbaukurs«
»Wohlfühlmassagen«
»Aberglaube, Magie, Wünsche und Heilung – Ein Vortrag mit
Vadim Tschenze«

Ausbildungen und Seminare an der Vadim Tschenze Akademie
Eine Auswahl:
Russischer Schamanismus
Heilseminare
Geistheilung und Blockadenlösung
Kartenlegen nach russischer und sibirischer Tradition
Moderne Karmalehre und Numerologie
Engelweisheiten, Traumarbeit und Kaffeesatzlesen
Spirituelle Geistheilung hautnah in der Karibik
Channeling
Vetucha-Heilung
Therapie-Heilstein-Berater
Farb-Aromatherapie-Berater
Selbstheilung durch Kräfte der Natur und Kräuterwissen
Anti-Aging durch Kräuterlehre
Schamanische Aufstellung

Fordern Sie bitte das Gesamtverzeichnis an!
Vadim Tschenze Akademie
Konstanzerstrasse 37
8274 Tägerwilen
Schweiz
Homepage: www.vadimtschenze.ch

Unsere Leseempfehlung

480 Seiten
Auch als E-Book
erhältlich

Vadim Tschenzes Großmutter Baba Walja war eine bekannte Heilerin in Russland. Von ihr hat er viele Heilungsrituale gelernt sowie die typisch russische Auffassung, dass Heilen etwas mit dem Austausch von Energien zu tun hat. Der Autor erklärt, wie man Energie fokussiert, um die Lebenskraft zu stärken und wie man negative energetische Einflüsse ausschaltet. Seine Methode kann jeder Mensch leicht erlernen und anwenden und damit spektakuläre Ergebnisse erzielen.

www.goldmann-verlag.de
www.facebook.com/goldmannverlag

Unsere Leseempfehlung

408 Seiten
Auch als E-Book
erhältlich

Bereits seit Jahrtausenden arbeiten russische Schamanen und Priester mit einer Magiemethode, die noch heute bis ins tiefste Sibirien hinein lebendig geblieben ist: der Vetucha-Heilung. Diese weißmagische Energiearbeit ermöglicht es, Blockaden in den Chakren und im Aurafeld sowie karmische Muster nachhaltig zu lösen. Vadim Tschenze wurde von seiner Großmutter Baba Walja in dieses Wissen eingeweiht. Sein Praxisprogramm umfasst Gebete, Räuchern, die Arbeit mit Ikonen und Geheimrituale der Vetucha.

www.goldmann-verlag.de
www.facebook.com/goldmannverlag

Unsere Leseempfehlung

224 Seiten

Noch im Jenseits legt die Seele ihren Entwicklungsplan fest, der uns durch einen inneren Ruf leitet. Welche Mysterien verbergen sich hinter diesem Seelenplan? Aus den Quellen ihrer Hellsichtigkeit schöpfend, schildert Jana Haas die geistigen Gesetze auf der Erde und den Einfluss des Unter- und Überbewusstseins. Durch das Verständnis dieser Zusammenhänge können wir uns von Blockaden verabschieden und unsere liebevollen Herzkräfte aktivieren. Sie verbinden uns wieder mit der Eigen- und All-Liebe – und öffnen uns den Zugang zu einem lichtvollen Lebensweg.

www.goldmann-verlag.de
www.facebook.com/goldmannverlag

Um die ganze Welt des GOLDMANN
Body, Mind & Spirit Programms
kennenzulernen, besuchen Sie uns doch
im Internet unter:

www.goldmann-verlag.de

Dort können Sie
nach weiteren interessanten Büchern *stöbern*,
Näheres über unsere *Autoren* erfahren,
in *Leseproben* blättern, alle *Termine* zu Lesungen und
Events finden und den *Newsletter* mit interessanten
Neuigkeiten, Gewinnspielen etc. abonnieren.

Ein *Gesamtverzeichnis* aller Goldmann Bücher finden
Sie dort ebenfalls.

Sehen Sie sich auch unsere *Videos* auf YouTube an und
werden Sie ein *Facebook*-Fan des Goldmann Verlags!

www.goldmann-verlag.de
www.facebook.com/goldmannverlag